PSICOLOGIA E ECONOMIA SOLIDÁRIA:
INTERFACES E PERSPECTIVAS

Ana Lucia Cortegoso e
Miguel Gambelli Lucas
(Organizadores)

PSICOLOGIA E ECONOMIA SOLIDÁRIA:
INTERFACES E PERSPECTIVAS

© 2008 Casa Psi Livraria, Editora e Gráfica Ltda.
É proibida a reprodução total ou parcial desta publicação, para qualquer finalidade, sem autorização por escrito dos editores.

1ª Edição
2008

Editores
Ingo Bernd Güntert e Christiane Gradvohl Colas

Assistente Editorial
Aparecida Ferraz da Silva

Produção Gráfica
Ana Karina Rodrigues Caetano

Editoração Eletrônica
Renata Vieira Nunes

Capa
Ana Karina Rodrigues Caetano

Revisão Gráfica
José Luiz Campos Salles

Dados Internacionais de Catalogação na Publicação (CIP)
(Câmara Brasileira do Livro, SP, Brasil)

Psicologia e economia solidária: interfaces e perspectivas. Ana Lucia Cortegoso e Miguel Gambelli Lucas (Organizadores) — São Paulo: Casa do Psicólogo®, 2008.

Vários autores.
Bibliografia.
ISBN 978-85-7396-561-2

1. Economia 2. Psicologia social 3. Sociedades cooperativas 4. Solidariedade I. II Congresso Brasileiro de Psicologia: Ciência e Profissão.

08-03508   CDD-302.14

Índices para catálogo sistemático:
1. Economia solidária e psicologia social   302.14
2. Psicologia social e economia solidária   302.14

Impresso no Brasil
Printed in Brazil

Reservados todos os direitos de publicação em língua portuguesa à

Casa Psi Livraria, Editora e Gráfica Ltda.
Rua Santo Antonio, 1010 Jardim México 13253-400 Itatiba/SP Brasil
Tel.: (11) 45246997 Site: www.casadopsicologo.com.br

All Books Casa do Psicólogo®
Rua Simão Álvares, 1020 Vila Madalena 05417-020 São Paulo/SP Brasil
Tel.: (11) 3034.3600 E-mail: casadopsicologo@casadopsicologo.com.br

Sumário

Apresentação 9
    Ana Mercedes Bahia Bock
    Roberta Gurgel Azzi

Prefácio 13
    Paul Israel Singer
    Sylvia Leser de Mello

PARTE I
Psicologia e Economia Solidária 23

**Economia Solidária: O que é e como se relaciona com a
Psicologia** 25
    Ana Lucia Cortegoso, Fabiana Cia e Miguel Gambelli Lucas

**Reflexões Sobre as Condições Psicossociais do Exercício da
Autogestão** 39
    Bernardo Parodi Svartman, Egeu Gómez Esteves, Maira Alves
    Barbosa e Virgínia Luz Schmidt.

A contribuição da Psicologia na potencialização do coletivo em empreendimentos econômicos solidários 53
Marília Veríssimo Veronese

Necessidades da Economia Solidária e investigação de fenômenos psicológicos: mapeamento de trabalhos realizados por alunos de graduação na Universidade Federal de São Carlos 69
Ana Lucia Cortegoso

Sócio-trabalhador: uma identidade psicossocial em construção? 91
Egeu Gómez Esteves

PARTE II
Educação, Cultura e Práticas em Economia Solidária 115

Comportamentos ao incubar empreendimentos solidários: a descrição do fazer coletivo como referencial para o fazer de cada um 117
Ana Lucia Cortegoso, Ioshiaqui Shimbo, Maria Zanin, Daniela Fontes Amorim, Nádia Fontes, Vanessa Maria Brito de Jesus, Carolina Orquiza Cherfem, Carlos César Mascio, Aline Alberti V. da Costa, Thiago Nardini, Miguel Gambelli Lucas.

Círculo de Cultura: Um Espaço de Educação na Cooperativa 137
Ana Carolina Lemos Pereira, Ana Maria R. Carvalho e Carlos Rodrigues Ladeia

Letramento e Economia Solidária: Ressignificando
Identidades 151
Fernanda Freire Figueira e Miriam Aparecida Graciano de Souza Pan.

Consumo Ético e responsável na Economia Solidária:
Compreensão e Mudança de Práticas Culturais 165
Ana Lucia Cortegoso

PARTE III
Psicologia e Trabalho Coletivo 181

Comportamentos de Mediadores em Processos de Tomada
de Decisão em Empreendimentos Solidários 183
Fabiana Cia e Ana Lucia Cortegoso

Uma Experiência de Trabalho Associado em uma
Cooperativa de Psicologia 195
Cássia Aparecida Garcia dos Santos, Marlise Sardinha Basso,
Oscarina Camillo e Tatiana Fernandes

A Rede de Economia Solidária do Vale do Itajaí (Resvi):
Uma Forma de Potencialização dos Sujeitos Excluídos/
Incluídos no Mundo do Trabalho 205
Andressa Arndt , Edinara Terezinha de Andrade, Lorena de Fátima
Prim e Poliana Ghizoni Schmitz

Inclusão Social Através do Trabalho 219
Jorge de Lima Pacheco

Sistematização e Análise do Processo de Constituição,
Consolidação e Aspectos da Evolução de uma
Cooperativa Popular de Limpeza 225
Danila Secolim Coser e Ana Lucia Cortegoso

PARTE IV
Saúde Mental e Economia Solidária 243

Saúde Mental e Economia Solidária: Construção
Democrática e Participativa de Políticas Públicas de
Inclusão Social e Econômica 245
Rita de Cássia Andrade Martins

O GT Interministerial Saúde Mental e Economia Solidária
no Fórum Brasileiro de Economia Solidária 263
Oscarina Camillo

Apresentação

É com imensa satisfação que na condição de Presidentes da Associação Brasileira de Ensino de Psicologia e do Conselho Federal de Psicologia, entidades que publicam esta obra, estamos encarregadas de apresentar esta publicação. Deste lugar tivemos o privilégio de acompanhar a finalização desta edição, mas queremos contar ao leitor os fios que teceram este momento tão privilegiado.

A obra é resultado de contribuições apresentadas no II Congresso Brasileiro de Psicologia Ciência e Profissão, realizado em São Paulo, em setembro de 2006, pelas dezessete entidades que, naquele momento, compunham o Fórum de Entidades Nacionais da Psicologia Brasileira. Assim, o que está aqui publicado é resultado de um encontro entre pesquisadores e profissionais que têm na economia solidária seu objeto de trabalho ou de estudo.

A publicação se viabilizou pelo esforço dos autores dos trabalhos e pela insistência daqueles que acreditaram importante transferir para o papel as contribuições ali apresentadas, tornando-as públicas e permitindo uma ampla circulação.

Marcos Ferreira, à época presidente da ABEP, foi quem criou e gerenciou as condições que viabilizaram esta publicação, iniciando pelo incentivo para que um conjunto de atividades fosse proposta

10   PSICOLOGIA E ECONOMIA SOLIDÁRIA: INTERFACES E PERSPECTIVAS

durante o II Congresso Brasileiro de Psicologia: Ciência e Profissão, em setembro de 2006. Parte das exposições feitas naquele evento foi transformada em textos e hoje estão aqui reunidas neste livro. Também foi ele que em sua insistente argumentação e incessante compromisso social provocou a todos, e viu seu ideal realizado nesta obra publicada em papel e disponível na Biblioteca Virtual em Saúde – Psicologia (BVS-PSI). A publicação em livro e na BVS-PSI resgata a possibilidade, para aqueles que não puderam acompanhar as apresentações durante o II Congresso Brasileiro de Psicologia: Ciência e Profissão de mergulhar em tema tão instigante e relevante, de qualquer lugar do país, podendo escolher entre a versão on line ou em papel (o livro em papel também pode ser adquirido pela internet).

Ana Lucia Cortegoso e Miguel Gambelli Lucas são os organizadores da obra. Todo o trabalho de reunir as contribuições, organizá-las e dar-lhes um formato de livro foi realizado por Ana Lucia e Miguel, a quem agradecemos.

Não há dúvida de que o leitor que mergulhar nas páginas deste livro se inquietará e questionará suas práticas cotidianas, ampliará sua perspectiva crítica sobre o modelo da economia capitalista encontrando espaço em discussões alternativas, e se transformará durante a interlocução com as diferentes contribuições que compõem a obra. Com certeza este movimento já começa pelos importantes textos dos Prefaciadores, Paul Singer e Sylvia Leser de Mello, e continua pelos textos tão detalhadamente anunciados no Sumário.

A Parte I é composta por cinco capítulos, iniciando com texto de Cortegoso, Cia e Lucas que introduzem o que é a Economia Solidária e como ela se relaciona com a Psicologia. O segundo capítulo aborda discussão sobre certas condições de funcionamento das cooperativas que influenciam na possibilidade do empreendimento organizar-se de maneira autogestionária, e foi escrito por Svartman, Esteves, Barbosa e Schmidt, autores com vivência na condição de cooperados. No terceiro capítulo Veronese desenvolve argumentação importante partindo do pressuposto, como diz a própria autora, de que o trabalho cooperativo e associativo constitui uma importante ponte entre o campo do econômico e a demanda social, sendo a prática da autogestão um dos desafios principais dos empreendimentos econômicos solidários (EES). No penúltimo capítulo desta primeira parte Cortegoso retoma trabalhos de monografia de final de curso e os discute à luz de fenômenos de interesse para o campo da Economia Solidária. Fechando esta parte inicial da obra encontramos o texto de Esteves que revisita seu trabalho de mestrado explorando discussão sobre processo de construção da identidade psicossocial de sócio-trabalhador.

Inicia a segunda parte da obra o texto 'Comportamentos ao incubar empreendimentos solidários: a descrição do fazer coletivo como referencial para o fazer de cada um', escrito por uma grande parceria, onze autores respondem por ele, a equipe da Incubadora Regional de Cooperativas Populares - INCOOP. Na seqüência encontramos o capítulo de Lemos, Rodrigues e Rodrigues sobre trabalho intitulado Círculo de cultura: um espaço de educação na cooperativa, que relata trabalho de educação de jovens e adultos desenvolvido no interior da Cooperativa de Catadores de Materiais Recicláveis de Assis, no estado de São Paulo. Figueira e Pan relatam pesquisa sobre letramento realizada junto a uma cooperativa de produção, através de entrevistas dialogadas e oficinas de letramento. Consumo ético e responsável na Economia Solidária é tema abordado por Cortegoso no encerramento desta segunda parte da obra.

O terceiro segmento do livro é composto de cinco trabalhos, o primeiro de Cia e Cortegoso que buscam 'identificar comportamentos e propriedades de comportamentos de mediadores em processos de incubação de empreendimentos solidários relevantes para promover processos de tomada de decisão compatíveis com princípios cooperativistas'. A seguir encontramos o texto de Santos, Basso, Camillo e Fernandes que relatam uma experiência de trabalho associado em uma cooperativa de Psicologia. Arndt, Andrade, Prim e Schmitz focam seu trabalho na rede de economia solidária do Vale do Itajaí. Pacheco, em suas palavras, nos revela que seu trabalho

12 PSICOLOGIA E ECONOMIA SOLIDÁRIA: INTERFACES E PERSPECTIVAS

'reafirma a inclusão social através do trabalho com a articulação da saúde mental e da economia solidária salientando a importância da Reforma Psiquiátrica, da extinção dos manicômios e do incentivo à criação de uma rede de atenção em saúde mental, onde se incluem os projetos de trabalho'. Fechando esta parte do livro encontramos Coser e Cortegoso trazendo um relato sobre o processo de constituição, consolidação e sobre aspectos relativos à evolução de uma cooperativa popular de limpeza.

A última parte do texto traz dois capítulos, uma discussão sobre Saúde Mental e Economia Solidária realizada por Martins e o trabalho de Camillo que pretende 'contextualizar a formação da economia solidária no Brasil, apresentar relatos de experiências de empreendimentos solidários na Saúde Mental e os fundamentos da Reforma Psiquiátrica e inserção no trabalho'.

Não é demais marcar o potencial que as contribuições aqui disponibilizadas oferecem aos processos formativos dos futuros psicólogos, bem como a visualização de ampliação de espaços de atuação profissional, ambos a partir da referência da possibilidade de um fazer, construir e viver uma lógica de Economia Solidária, uma lógica mais humana, inclusiva, coletiva e outros tantos adjetivos que combinam com a construção de uma sociedade mais justa e igualitária.

Assim, é com orgulho que entregamos aos estudantes, professores, pesquisadores, psicólogos e demais interessados esta contribuição que, vinda do campo da Psicologia, amplia nosso conhecimento e nossas possibilidades de atuação junto às várias formas de Economia Solidária.

Ana Mercês Bahia Bock
Presidente do Conselho Federal de Psicologia

Roberta Gurgel Azzi
Presidente da Associação Brasileira de Ensino de Psicologia
São Paulo, novembro de 2007

Prefácio

A Psicologia e a economia solidária

Paul Singer

A economia solidária, como base material duma outra sociedade, requer uma abordagem multidisciplinar para ser entendida. Embora seu aspecto essencial seja a atividade econômica, nem a ciência econômica, nem qualquer outra das disciplinas das humanidades pode por si só abarcar sua construção, no vácuo deixado pelas insuficiências do modo de produção dominante. Por isso, a economia solidária tem sido objeto de estudos e investigação por parte de engenheiros de produção, sociólogos, politicólogos, economistas e naturalmente também psicólogos.

Este livro reúne diferentes estudos sobre a economia solidária, feitos sob os diversos ângulos que a Psicologia abrange. Estes trabalhos oferecem contribuições extremamente relevantes para a compreensão do tema, sendo sobretudo esclarecedoras para os que estão envolvidos na criação e desenvolvimento de empreendimentos de economia solidária [EES] no Brasil e muito provavelmente também em outros países.

14   PSICOLOGIA E ECONOMIA SOLIDÁRIA: INTERFACES E PERSPECTIVAS

As atuais gerações de trabalhadores foram criadas numa época em que o neo-liberalismo se tornou hegemônico, exacerbando os valores do individualismo, da competição de todos contra todos, de mercados cada vez menos regulados por autoridades políticas representativas do conjunto da sociedade. Nestas condições, para uma parte importante dos trabalhadores o ideal é alcançar o status formal de assalariado, se possível com perspectiva de carreira profissional. Para os demais, relegados ao mundo informal das microempresas, do trabalho individual ou familiar por conta própria, a ambição deve ser garantir a subsistência própria e dos seus, com o máximo de independência, cotidianamente defendida em mercados informais, ferozmente competitivos.

A maioria dos trabalhadores que acaba se juntando à economia solidária o faz inicialmente como estratégia de sobrevivência. São empregados de firmas em crise ou em vias de falir, que ousam se organizar para assumir o patrimônio delas, tendo em vista preservar os seus postos de trabalho. Ou são trabalhadores rurais sem terra, que acampam, por meses, à beira de estradas, ocupam sucessivamente terras ociosas ou mal aproveitadas, esperando obtê-las algum dia por meio da reforma agrária. Ou são ainda catadores de lixo, artesãos de toda espécie, prestadores de serviços braçais e semelhantes, que se organizam em associações ou quando possível em cooperativas, juntando seus esforços para escapar da precariedade e da miséria.

Ao fazer isso, esses trabalhadores se dispõem a entrar em relações sociais inteiramente novas, para as quais não estão preparados. Os que passaram a vida trabalhando para patrões em troca de salário e os benefícios da legislação do trabalho estão acostumados a receber ordens e cumpri-las, ignorando a razão de ser das tarefas que executam e a situação da empresa de que dependem. Os que passaram a vida como micro-operadores, disputando a freguesia com outros igualmente desesperados, aprenderam a ver um rival em cada concorrente, do qual não podem esperar outra coisa que luta incessante para preservar e expandir a nesga de mercado que logram ocupar.

No momento em que passam a integrar EES, suas situações de vida mudam radicalmente. Os ex-assalariados se tornam donos de empresa, pela qual passam a responder coletivamente. Continuam sendo trabalhadores cumprindo tarefas, mas estas não são mais decididas pelos representantes do empregador, mas por todos os sócios, em assembléias gerais ou setoriais. O mesmo acontece com os seus ganhos, com a extensão de suas jornadas de trabalho, com as dívidas da cooperativa ou associação, com as estratégias de marketing, de atualização tecnológica etc., etc.

Os micro-operadores, quando se associam com os seus vizinhos, têm de colaborar em vez de competir com eles, têm de confiar em vez de desconfiar deles. Devem se convencer que agora ou todos se fortalecem, melhoram de vida, adquirem novos conhecimentos e novas habilidades ou seu EES fracassa e todos retornam à sua vida antiga, frustrados e desesperançados. Acostumados a tudo decidir sozinhos, agora têm de aprender a discutir, negociar, votar e aceitar responsabilidades, tanto os vencedores como os derrotados nos embates internos ao empreendimento.

Está claro que a primeira geração dos que aderem à economia solidária tem de passar por uma ampla mudança de hábitos, formas de pensar, valores e atitudes, uma revolução cultural, que equivale ao desabrochar de uma nova personalidade. Embora esta mudança seja obra coletiva, cada indivíduo a sofre a seu modo, conforme seu caráter e o de seus familiares, amigos, vizinhos etc. Do êxito desta transformação, que em seu íntimo não pode deixar de ser individual, depende o destino de cada EES e, portanto, da economia solidária como um todo.

Por isso, a contribuição da Psicologia para a revolução social, representada pela construção da economia solidária, é tão importante. Nenhuma outra ciência humana se ocupa desta mudança de personalidade, exigida pela passagem do capitalismo a um modo de produção com valores opostos, como a Psicologia. Economistas e sociólogos enfocam mais os comportamentos coletivos, avaliando sua maior ou menor adequação aos valores da economia solidária e às exigências

16   PSICOLOGIA E ECONOMIA SOLIDÁRIA: INTERFACES E PERSPECTIVAS

dos mercados, do fisco, das leis e das normas da autogestão. São os psicólogos os que se preocupam com os aspectos subjetivos da revolução cultural, que a construção da economia solidária nos interstícios da economia dominante requer. Os resultados de suas investigações, parte dos quais se encontra nas páginas deste livro, não deixam dúvida que a referida construção depende não apenas das decisões do movimento da economia solidária e dos que lhe dão apoio, mas também, e sobretudo, do êxito da mudança de personalidade de cada mulher e cada homem que participa dessa construção.

Por que economia solidária? Por que Psicologia?

Sylvia Leser de Mello

> Cada erva tem sua propriedade, seu natural e singularidade; todavia o gelo, o tempo, a terra ou a mão do jardineiro nela aumentam ou diminuem muito de sua virtude: a planta que se viu num lugar, noutros não se consegue reconhecer.
> *Etienne de La Boétie[2]*

A Psicologia, desde que se constituiu como ciência, nunca esteve alheia às questões da sociedade industrial. Mas apenas recentemente sua contribuição ao entendimento do que ocorria numa parcela tão significativa da vida humana, o tempo do trabalho, foi deslocada do seu primeiro objeto – que poderíamos denominar a produtividade – para pesquisar o que ocorria com o próprio homem submetido às condições de organização do trabalho na fábrica. Tardiamente, pois muitos já haviam denunciado, entre eles Marx, as condições escabrosas de exploração do trabalho na Inglaterra do século XIX. Nada escapava à voracidade dos donos das fábricas, nem

---

[2] De La Boétie, Etienne – *Discurso da servidão voluntária*, S.P., Brasiliense: p.21, 3ª edição, 1986

PREFÁCIO 17

mulheres nem crianças. Marx descreve com indignação os locais de trabalho, as moradias precárias e infectas, as longas horas despendidas nas fábricas, a escassa e pobre alimentação, a miséria que atingia os trabalhadores.

Que humanidade era aquela? Por que se curvava ao jugo do patrão e à velocidade, tão desumana, das máquinas, horas a fio? Filósofos, religiosos, homens de letras também protestaram contra a transformação que era imposta a milhares nas fábricas do capital, procurando compreender a origem da passividade dos trabalhadores, marca impressa em sua debilidade física, na fome que os consumia e consumia sua família, sua dignidade e seu futuro. O pensamento liberal insistia na capacidade de auto-regulação da sociedade e sustentava que o trabalho era a fonte da riqueza e da prosperidade. Das nações, mas não dos trabalhadores que ficavam mais pobres a cada dia.

Havia revoltas. Mas o poder, apropriado pelos donos do capital, denunciava os que não se curvavam às suas exigências como vagabundos, inúteis e perigosos.

Durante o século XX, as fábricas se multiplicam, e o modo de produção baseado na venda e na compra da força de trabalho se torna hegemônico. No início do século passado a Psicologia é chamada a prestar seu auxílio às empresas, monitorando os trabalhadores em nome do capital. A Psicologia se apresenta como objetiva. Conta, mede, e se recusa a interpretar o que está vendo. O trabalhador, para estes novos técnicos, não vai além da determinação do trabalho. O que se propunham a realizar era a perfeita adequação homem-máquina para que o produto dessa simbiose fosse numeroso, para que se pudesse extrair desse duplo ser sua maior potência e o maior lucro possível. As máquinas eram mais valiosas que o trabalhador: seu ritmo se impunha a ele e, como não se cansavam, era mais fácil substituir o homem que, no extremo de sua força, necessitava atender às exigências do corpo exausto, que ficava doente, que se incapacitava.

Que tipo de racionalidade no trabalho se anunciava então? Que conhecimento se impunha desenvolver?

As respostas são simples: à medida que a ciência e a tecnologia se tornam mais dispendiosas, mais se afastam dos trabalhadores, que têm acesso muito limitado ao seu uso e aos produtos de sua fabricação. As fábricas são invadidas por técnicos que vêem os trabalhadores como engrenagens frágeis. No final do século passado e início deste, o trabalho ou, melhor dizendo, a sociedade toda, é afetado por mudanças radicais cujas conseqüências incidem diretamente sobre a vida de milhões de trabalhadores no mundo todo. Se a distância social se alarga e aprofunda, como sabemos e comprovamos diariamente no Brasil, também se amplia e endurece o controle sobre os trabalhadores. O capital se transforma e passa a exercer um controle de outra natureza, quase de vida e morte, pois os empregos desaparecem, tornando aspiração ideal para os trabalhadores os velhos modos de opressão que eram vividos nas fábricas. Dominação disfarçada, que se pensa mais leve, menos violenta.

A Psicologia continua a colaborar com o capital, enxugando os postos de trabalho, promovendo a chamada reorganização produtiva que utiliza, em muitos casos, um empregado para cumprir as tarefas de dois ou três. E, por fim, transformando o trabalhador em réu do seu próprio desemprego.

Desse modo, só podemos saudar uma publicação como esta, elogiar os que aqui se apresentam com a disposição de construir um novo tipo de diálogo entre a Psicologia e o trabalho humano. A diferença, e a esperança de todos nós, é que ela não está sozinha nesta empreitada. A economia solidária é, desde a origem, multidisciplinar. Não é possível abranger o imenso universo do trabalho humano, e de todas as suas manifestações e conseqüências para a vida social, sem o concurso de todos, da ciência e da filosofia, do conhecimento erudito e do popular.

O que diz a economia solidária que a faz distinguir-se de outros movimentos de trabalhadores? O que singulariza a economia solidária?

PREFÁCIO 19

Ela é, plenamente, um movimento de luta dos trabalhadores e se insere numa longa tradição de resistência que, na verdade, nunca deixou de existir. Com maior ou menor radicalidade, as frentes de luta desde as revoluções às experiências libertárias, às lutas sindicais, convocando os trabalhadores à união. Com força maior ou menor, com maior ou menor sucesso, os trabalhadores enfrentaram o poder desigual do capital e das forças políticas conservadoras.[3]

É, também, um movimento sem respostas prontas e que a tudo se apliquem. Movido por pessoas, cuja necessidade imediata é a resposta às questões de sua vida, há uma enorme força que advém da experiência. Esta não é feita de dogmas ou de fórmulas preexistentes. A experiência incorpora às ações um conhecimento de natureza diferente, mais próximo do cotidiano e das soluções que ele põe à prova. E isso tem a ver com as múltiplas origens da economia solidária, raízes que vêm das utopias e de antigas práticas, populares, renovadas nas novas condições de empobrecimento e precariedade da vida, no campo ou nas cidades.

Por mais variados que sejam, porém, esses modos da economia solidária se apresentarem nos grupos[4], os princípios de organização são comuns.

A autogestão é o princípio que dá a marca distintiva aos grupos. Também é o mais difícil de manter, carecendo de constante observação e prática, pois é antitética à experiência anterior dos trabalhadores. O capitalismo estabeleceu, desde o começo, que o funcionamento satisfatório de seus empreendimentos radicava na submissão dos trabalhadores aos desígnios da produção. Ao longo do tempo, a maneira de submeter assumiu várias modalidades: a que mais

---

[3] No livro *Uma utopia militante*, Paul Singer faz um pequeno apanhado destas formas de resistência que acompanham a implantação do capitalismo nas sociedades ocidentais, tornando-o o modo de produção hegemônico. Singer, Paul – *Uma utopia militante*, Petrópolis, Vozes, 1998.

[4] Não só diferem em forma e número, produção e serviços oferecidos, como podem até mesmo diferir em suas opções teóricas. Fala-se de economia solidária, de economia popular solidária, economia social. Vejam-se os sítios da Secretaria Nacional de Economia Solidária: www.sies.mte.gov.br (Sistema Nacional de Informação de Economia Solidária – MT/SENAES; e do Fórum Brasileiro de Economia Solidária : www.fbes.org.br.

20 PSICOLOGIA E ECONOMIA SOLIDÁRIA: INTERFACES E PERSPECTIVAS

conhecemos é o taylorismo, que radicalizou a expropriação dos conhecimentos dos processos de trabalho e separou a mão que faz e o cérebro que controla e pensa. O controle sobre os trabalhadores deveria ser quase absoluto e envolvia, num primeiro momento, o controle sobre o tempo e os movimentos. Mas hoje, devido em parte à resistência surda e à oposição constante dos trabalhadores, o controle se modifica. Com o desejo expresso de superar o taylorismo e integrar o corpo e a mente dos trabalhadores, surgem novas técnicas de organização do trabalho. Se os trabalhadores sempre foram ativos na sua relação com as tarefas impostas, mantendo uma espontaneidade criativa, encontrando soluções e pondo-as em prática, à revelia das fórmulas de controle, a pretensão dos novos modelos de organizar o trabalho é justamente incorporar a capacidade imaginativa que age na produção, submetendo-a ao capital. Corpo e alma, razão e imaginação, tanto quanto o tempo, o conhecimento e as habilidades no início do capitalismo, passam a fazer parte desse novo trabalhador: dinâmico e versátil, novo a cada dia e sempre atento à melhor maneira de acrescer valor aos produtos do capital. Trabalho ainda mais controlado e heterônomo. Todas as grandes decisões sobre o que afeta a sua vida passam longe do trabalhador.

Há um extenso caminho a ser percorrido no aprendizado da autogestão nos empreendimentos da economia solidária, mas os problemas que ela traz não podem ser dissimulados, pertencem a todos, democraticamente; e se as decisões são coletivas nenhum trabalhador pode ser excluído das escolhas sobre o seu trabalho ou ser responsabilizado nas dificuldades que o empreendimento encontra.

A posse coletiva dos meios de produção é o princípio que dá garantia de que a autogestão plena possa ser realizada, mesmo quando ainda é desejo e aspiração. As pesquisas indicam que a propriedade comum permite que as assembléias, e outras formas de decisões coletivas, tenham caráter democrático e favoreçam formação de um espírito de autonomia e liberdade entre os trabalhadores. Este não é um processo comum: envolve, para o trabalhador historicamente submetido à autoridade e ao controle externos, uma pequena revolução pessoal.

A distribuição eqüitativa dos resultados do trabalho, e a decisão democrática quanto a essa distribuição é o princípio que reforça e consolida o espaço da igualdade e da democracia nos grupos. Entrevistas realizadas com trabalhadores, ou mesmo os seus depoimentos espontâneos, indicam que os ganhos imateriais que conhecem nas suas experiências da economia solidária são, às vezes, mais encarecidos por eles e fornecem uma base sólida a partir da qual cresce a sua disposição e a sua coragem para obter os ganhos materiais. Os trabalhos aqui apresentados mostram bem quanta força pessoal e coletiva é necessária para transformar a condição de trabalhador submisso às ordens do capital, em trabalhador consciente de si e de sua condição de classe. Há uma transformação e um aprendizado pessoal necessários que não são simples: os trabalhadores da economia solidária, em sua grande maioria, continuam acossados pelos problemas que a sobrevivência diária lhes impõem.

Solidariedade parece palavra desgastada pelo abuso. Mas não podemos ser acusados de forjar palavras novas para nomear o óbvio ou o velho. Aprendemos a pensar que não há espaço algum para a solidariedade na economia. Em nome dela se instituem pesadas obrigações à população. O poder político, aliado à definição capitalista e liberal da economia, não favorece a solidariedade: ele configura e sustenta o espaço da competição. Como, então, refazer o caminho do sentido original da solidariedade? Será possível crer que as palavras não são apenas instrumentos de comunicação? Será possível retomar a palavra e criar para ela uma nova carga semântica? Os trabalhadores engajados nos empreendimentos de economia solidária acreditam que sim. Uma significação não romântica, menos ainda idealista, mas sendo preenchida, aos poucos, pela experiência possível de sua eficácia quando se trata de relações entre sujeitos, tão autônomos e livres da carga do trabalho subalternizado quanto forem capazes de criar e de manter. Somente a experiência do trabalho autogestionário e a discussão permanente de sua prática, acrescentando histórias singulares à prática coletiva, darão de novo à palavra solidariedade a densidade humana originária.

Economia solidária é sempre aprendizado. Disseminar seus princípios, trazer para as salas de aula os valores da autonomia, da liberdade, da democracia é contribuir para a transformação da sociedade. A leitura dos artigos deste livro oferece uma evidência interessante de que a Psicologia não está ausente do debate sobre como começar a recriar um mundo mais justo para todos.

Há mais ainda: os autores são todos experientes protagonistas de experiências da economia solidária e já contribuíram com pesquisas fundamentais para a compreensão das inúmeras perguntas que podem, devem e vêm sendo formuladas à proposta de uma nova forma de organizar a economia. Nesses trabalhos não se trata apenas de formulações teóricas ou utópicas sobre uma sociedade do futuro. São experiências que estão acontecendo no presente, de trabalhadores que tomam em suas mãos a responsabilidade por sua sobrevivência e a de seus companheiros, com consciência, competência e, por que não, com alegria.

PARTE I

PSICOLOGIA E ECONOMIA SOLIDÁRIA

ECONOMIA SOLIDÁRIA: O QUE É E COMO SE RELACIONA COM A PSICOLOGIA

Ana Lucia Cortegoso[5], Fabiana Cia[6] e Miguel Gambelli Lucas[7]

Resumo:

Este capítulo tem por objetivo apresentar, a profissionais, pesquisadores e estudantes de Psicologia, o campo da economia solidária, em comparação com a forma predominante de organização do trabalho (economia capitalista), em termos de princípios, objetivos e procedimentos; os principais atores deste campo no Brasil (e suas articulações internacionais); as

---

[5] Professora adjunta do Departamento de Psicologia da Universidade Federal de São Carlos/UFSCar; membro da coordenação colegiada da INCOOP – Incubadora Regional de Cooperativas Populares da UFSCar.

[6] Psicóloga e doutoranda do Programa de Pós-graduação em Educação Especial da Universidade Federal de São Carlos/UFSCar.

[7] Psicólogo, membro da equipe INCOOP – Incubadora Regional de Cooperativas Populares da UFSCar.

26 ANA LÚCIA CORTEGOSO, FABIANA CIA E MIGUEL GAMBELLI LUCAS

dificuldades específicas da economia solidária, particularmente em relação à Psicologia como área do conhecimento e campo de atuação profissional. Palavras-chave: economia solidária, cooperativas, contingências comportamentais em organizações cooperativas.

A conjuntura existente no país nas últimas décadas tem tornado inequívoca a necessidade de promover ou fortalecer outras formas de relação do homem com o trabalho e com a sociedade. A crise do emprego amplia o chamado exército de reserva, colocando à margem do mundo do trabalho um contingente enorme de trabalhadores que, por conseqüência, acabam sendo excluídos sócio-economicamente.

O trabalho, do qual parte considerável da população é excluída, é elemento central nas relações dos homens com a natureza e com os outros homens, porque esta é sua atividade vital. Isto quer dizer que, se o caráter de uma espécie define-se pelo tipo de atividade que ela exerce para produzir ou reproduzir a vida, esta atividade vital, essencial nos homens, é o trabalho - a atividade pela qual ele garante sua sobrevivência e por meio da qual a humanidade conseguiu produzir e reproduzir a vida humana (Marx, 1993).

Necessidade de renda como condição para inserção sócio-econômica da população, garantia de que o ser humano possa contar com condições de trabalho tão essenciais para seu reconhecimento como tal e o impacto ambiental decorrente do modo como são explorados os recursos naturais no planeta são, entre outras, condições que justificam enfrentar as questões de exclusão que decorrem do modo capitalista de organização do trabalho.

Segundo a SENAES (2004):

> A economia solidária é um conjunto de atividades econômicas – de produção, distribuição, consumo, poupança e crédito – organizadas sob a forma de autogestão, isto é, com propriedade coletiva dos meios de produção de bens ou prestação de serviços ou controle destes meios, participação

democrática dos membros nas decisões sobre a organização ou empreendimento e distribuição equitativa dos resultados.

Iniciativas de economia solidária no Brasil vêm sendo impulsionadas, nas duas últimas décadas, a partir de ações de diferentes atores sociais, particularmente organizações da sociedade civil (organizações não governamentais, movimentos sociais, igrejas, incubadoras de cooperativas populares, universidades, etc.), que apóiam iniciativas associativas comunitárias; constituição e articulação de cooperativas populares; redes de produção e comercialização e feiras de cooperativismo e economia solidária, entre outras. Ao longo do tempo, essas agências passaram a articular a organização de vários fóruns locais e regionais de economia solidária e, em 2003, o Fórum Brasileiro de Economia Solidária (Senaes, 2004). Um panorama dos diferentes tipos de atores que, juntamente com os empreendimentos econômicos solidários, têm participado da construção deste campo de atividade humana relevante não apenas do ponto de vista da geração de renda, mas também da construção de uma outra cultura e, conseqüentemente, uma sociedade mais justa e igualitária.

Economia solidária *versus* economia capitalista

Discussões sobre outras maneiras do trabalhador se relacionar com seu trabalho e com os outros trabalhadores, considerando as formas predominantes, tomam corpo no Brasil dentro do movimento sindical da década de 1970. Na década de 1980, estas discussões adentram as universidades e inicia-se a construção de uma proposta de economia diferente da capitalista predominante, tendo como expoente o então professor da Faculdade de Economia e Administração da Universidade de São Paulo, Paul Singer. Com os debates sobre a autogestão, surgem as incubadoras de cooperativas populares nas universidades públicas e que, associadas a outros atores e

28 Ana Lúcia Cortegoso, Fabiana Cia e Miguel Gambelli Lucas

movimentos sociais, e grande estímulo no âmbito do Fórum Social Mundial, ganha força num movimento que acaba por atingir a esfera governamental com a criação da SENAES, Secretaria Nacional de Economia Solidária, ligada ao Ministério do Trabalho, em 2003. A economia solidária constitui uma outra economia frente à economia capitalista, principalmente como possibilidade de geração de trabalho e renda para os segmentos excluídos da população, e também um outro modo de produção e de organização social e cultural. A economia solidária tem, como valores fundamentais, adesão voluntária e esclarecida dos membros, participação democrática em processos decisórios, autogestão, cooperação, intercooperação, promoção do desenvolvimento humano, preocupação com a natureza, preocupação com a comunidade, produção e consumo éticos, solidariedade. Em contraposição, a economia capitalista, forma dominante de organização da produção e do trabalho, tem como característica central a distinção entre quem é proprietário dos meios para a produção ou prestação de serviços (ou controla estes meios), ou seja, do capital, e quem trabalha produzindo ou prestando serviço. Os efeitos deste modo de produção e de organização para o trabalho são, em geral, desigualdade social e exclusão de amplos segmentos sociais não apenas do mercado de trabalho, mas de condições mínimas de vida e cidadania.

A forma mais conhecida de empreendimentos solidários é a cooperativa. No entanto, nem toda cooperativa é, de fato, orientada por estes princípios. Algumas delas são apenas arranjos para se beneficiar de condições especiais (isenta o patrão de pagamento de encargos sociais, por exemplo), precarizando e explorando trabalhadores mais ainda do que no emprego formal, sendo usualmente conhecidas como falsas cooperativas, "coopergatas" ou "cooperfraudes". Outras, por sua dimensão e forma de funcionamento internos, com alto grau de hierarquização e práticas como a contratação ampla de mão de obra mesmo para atividades-fim, ferindo princípios de equidade e participação democrática nos processos decisórios, são muito mais próximas de empresas capitalistas, e não são consideradas como empreendimentos de economia solidária, ficando esta condição reservada, então, aos em-

ECONOMIA SOLIDÁRIA: O QUE É E COMO SE RELACIONA COM A PSICOLOGIA   29

preendimentos que se inserem no que costuma ser denominado de cooperativismo popular, sendo importante traçar uma linha divisória entre o cooperativismo baseado na economia solidária e o cooperativismo tradicional das agroindústrias. Por outro lado, empreendimentos coletivos que, mesmo sem atender às exigências em vigor na ultrapassada legislação brasileira para constituição de cooperativas (por exemplo, mínimo de 20 sócios), organizam-se de acordo com os princípios e características da economia solidária, são considerados como parte deste campo da atividade humana. Atualmente estão em debate, na sociedade e nas instâncias responsáveis, novas leis para o cooperativismo.

São considerados, assim, como empreendimentos do campo da economia solidária:

1- As iniciativas associativas e de cooperação: são cooperativas dos diversos ramos e graus de organização; empresas autogestionárias (com a gestão assumida por trabalhadores após a falência de empresas privadas); associações comunitárias e de produção, redes de produção, comercialização e consumo; grupos informais comunitários ou de segmentos específicos (mulheres, jovens, etc); clubes de trocas e etc. No entanto, na maioria dos casos, essas organizações coletivas agregam um conjunto grande de atividades individuais e coletivas. O que caracteriza a cooperação, de imediato, é a existência de interesses e objetivos comuns, a união dos esforços e capacidades, a propriedade coletiva de bens, a partilha dos resultados e a responsabilidade solidária sobre os possíveis ônus.

2- Empreendimentos econômicos: as iniciativas de economia solidária se organizam em torno da produção, beneficiamento, comercialização, distribuição e consumo de produtos e serviços, abrangendo toda a cadeia produtiva. O fator econômico permeia essas diversas iniciativas, sendo uma das bases de motivação da agregação de esforços e recursos pessoais em um primeiro momento, expandindo para relações solidárias. Envolve o conjunto de elementos de viabilidade econômica, permeados por critérios de eficácia e efetividade das diversas iniciativas. Ao lado da viabilidade econômica, os aspectos culturais, ambientais e sociais têm igual importância na economia solidária.

3- Iniciativas solidárias: em que o caráter de solidariedade nos empreendimentos é expresso em diferentes dimensões: (a) na partilha dos bens e recursos existentes e na distribuição justa e eqüitativa das obrigações e dos resultados alcançados; (b) na construção de oportunidades que levem ao desenvolvimento humano e das potencialidades, da melhoria das condições de vida de cada participante; (c) nas relações que se estabelecem com o meio ambiente, de gestão sustentável dos recursos naturais, expressando o compromisso com as gerações presentes e futuras ao acesso a um meio ambiente saudável; (d) nas relações que se estabelecem com a comunidade ou sociedade local, na participação ativa nos processos de desenvolvimento sustentável de base territorial, regional e nacional; (e) nas relações com os outros movimentos sociais e populares de caráter emancipatório, entre outros. Além disso, as iniciativas solidárias são também iniciativas cidadãs, pois procuram assegurar o bem-estar dos trabalhadores, consumidores e da comunidade, além de respeitar e ampliar os direitos dos trabalhadores como seres humanos.

Mais do que a geração de trabalho e renda, a economia solidária implica em uma opção política, não se restringindo a envolver camadas excluídas da sociedade, e sim todos que buscam uma outra forma de relacionamento do ser humano com o trabalho, com outros seres humanos e com o ambiente. Considerando os impactos ambiental e social que a economia capitalista impõe à humanidade, que mais cedo ou mais tarde atingirão a todos, é possível considerar que a economia solidária diz respeito a todos que habitam o planeta.

Na Tabela 1 pode ser vista uma comparação entre características de empreendimentos de economia solidária e de empresas capitalistas, produzida cumulativamente no âmbito de atividades coletivas de estudo e discussão sobre economia solidária com alunos de graduação de uma universidade pública do estado de São Paulo, em relação a certos aspectos definidores de organizações humanas de trabalho, e a partir tanto de literatura quanto das experiências concretas propiciadas pelo processo de incubação de empreendimentos solidários implementado por incubadoras universitárias deste tipo de empreendimento.

Tabela 1. Distribuição das características da economia solidária e da economia capitalista.

Aspecto considerado	Economia solidária	Economia capitalista
Metas, resultados pretendidos	Bem-estar das pessoas	Acúmulo de capital, lucro
De quem é a posse ou controle dos meios de produção	Trabalhadores	Donos do capital ou seus representantes
Prática cultural predominante	Cooperação	Competição
Quem se apropria dos resultados do trabalho (renda e sobra)	Trabalhadores	Dono do capital
Critério para a distribuição de ganhos	Volume de trabalho	Participação no capital
Padrão de distribuição de renda pelos participantes	Igualitário, equilibrado	Desigual, concentrado em parte dos participantes do processo de trabalho
Forma de organização	Coletiva, associativa	Individualista
Relação entre empreendimentos	Intercooperação, redes	Competição
Organização para o trabalho	Rodízio, integração	Fragmentação, hierarquia, especialização
Natureza da forma de gestão	Autogestão	Heterogestão (ou, no máximo co-gestão)
Condições para o acesso ao empreendimento	Livre, com adesão voluntária e esclarecida	Definido pela necessidade do empreendimento: acesso facultado pelo dono, segundo os seus interesses e baseado na competência individual
Natureza da capacitação	Abrangente, para todos	Restrita à função e individual
Processo decisório	Igualitário para todos	Proporcional ao capital
Abrangência dos resultados sociais	Maior inclusão possível	Exclusão estrutural pela renda e condições dela recorrentes
Relação com o status quo existente	Ênfase na mudança social	Ênfase na manutenção da situação social
Relação entre valores de atividades no empreendimento	Valor equivalente entre atividades diversas	Distinção entre trabalho intelectual e manual, com supervalorização do intelectual
Modo de lidar com a informação	Acesso a todos, transparência na divulgação de informações	Acesso restrito, seletivo, a critério dos donos do capital

Atores da economia solidária no Brasil e América do Sul

De acordo com uma sistematização realizada por Cortegoso e Shimbo (2005), diferentes tipos de atores, além dos próprios empreendimentos solidários, vêm contribuindo para a construção da economia solidária no Brasil, de diferentes maneiras: *gestores públicos*, em nível federal, estadual e municipal; *entidades de fomento*, tais como *organizações civis, agências de financiamento de pesquisa, agências de financiamento de empreendimentos solidários* e *universidades*; *articuladores em economia solidária,* como as *redes universitárias, entidades de pesquisa, centrais de cooperativas, redes de comercialização, feiras e mostras de economia solidária,* e os *fóruns de economia solidária,* instâncias de articulação política e de representação do movimento da economia solidária. Na Tabela 2, adaptada de Cortegoso e Shimbo (2005), pode ser vista uma síntese destes diferentes atores.

No âmbito da América do Sul, existem também iniciativas de apoio e articulação ao cooperativismo e à economia solidária, como por exemplo, a Reunião Especializada em Cooperativas (RECM), do Grupo Mercado Comum, e o Procoas – Comitê Acadêmico para Processos Associativos e Cooperativos, da Associação de Universidades Grupo Montevidéo. No caso da RECM, contudo, a representação da economia solidária no Brasil não se encontra garantida, uma vez que dela participam representantes de organizações que respondem, principalmente, por empreendimentos cooperativistas freqüentemente pouco ou nada orientados pelos princípios de não hierarquização, equidade e autogestão[8].

---

[8] No Brasil, a Organização das Cooperativas Brasileiras (OCB), e seus braços estaduais são consideradas como representantes oficiais de empreendimentos cooperativistas no território nacional; não são, contudo, reconhecidas como legítimas representantes dos interesses dos empreendimentos da economia solidária no país.

Tabela 2. Representação esquemática de entidades de apoio e fomento à economia solidária no Brasil. (adaptada de Cortegoso e Shimbo, 2005)

TIPO DE ATOR	ATORES CONHECIDOS	EXEMPLOS
GESTORES PÚBLICOS	ÓRGÃOS FEDERAIS	Secretaria Nacional de Economia Solidária – SENAES, no Ministério do Trabalho e Emprego; Departamento de Cooperativismo e Associativismo Rural – Denacoop, no Ministério da Agricultura, Pecuária e Abastecimento; Secretaria de Apoio Rural e Cooperativismo – SARC. Serviço Nacional de Aprendizagem do Cooperativismo - SESCOOP
	ÓRGÃOS ESTADUAIS	DRTs - Delegacias Regionais de Trabalho Secretarias de Governos (por exemplo no estado do Paraná)
	MUNICIPAIS	Secretarias, departamentos, setores ou responsáveis por Fomento à Economia Solidária em Prefeituras Municipais
ÓRGÃOS DE FOMENTO	ORGANIZAÇÕES CIVIS	Entidades nacionais : ligadas a movimentos sindicais, religiosos e de economia solid ária com representação nacional Entidades estaduais: ONGs com atuação regional Entidades municipais: ONGs e associações locais
	AGÊNCIAS DE FINANCIAMENTO DE PESQUISA	Financiadora de Estudos e Projetos (FINEP), do Ministério da Ciência e Tecnologia (MCT), Conselho Nacional de Pesquisa (CNPq)
	AGÊNCIAS DE FINANCIAMENTO DE EMPREENDIMENTOS	Banco Nacional de Desenvolvimento Econômico e Social (BNDES), Fundação Banco do Brasil, Banco do Brasil, Caixa Econômica Federal
	UNIVERSIDADES	Incubadoras universitárias, núcleos de estudo, pesquisadores
ARTICULADORES	REDES UNIVERSITÁRIAS	Rede Universitária de ITCPs, Unitrabalho,
	ENTIDADES DE PESQUISA	Associação Brasileira de Pesquisadores em Economia Solidária
	CENTRAIS DE COOPERATIVAS	CONCRAB-Confederação das Coope rativas de Reforma Agrária do Brasil
	REDES DE COMERCIALIZAÇÃO	Rede Gaúcha, Rede Cearense de Sócio -economia Solidária
	FEIRAS E MOSTRAS DE ECONOMIA SOLIDARIA	Feira Estadual do Cooperativismo Alternativo em Santa Maria-RS
	FÓRUNS ECONOMIA SOLIDÁRIA	Fórum Social Mundial Fórum Nacional de Economia Solidária, Fóruns estaduais de Economia Solidária, Fóruns municipais de economia solidária

Desafios da economia solidária

Algumas condições constituem importantes desafios a serem respondidos, no âmbito ou como forma de apoio ao desenvolvimento da economia solidária no Brasil. Uma destas condições é o acesso dos empreendimentos ao crédito compatível com as suas necessidades e das populações excluídas que estão organizadas ou precisam se organizar para o trabalho coletivo. Atualmente, este acesso é limitado pelo alto grau das exigências das entidades financeiras, usualmente impossíveis de serem cumpridas pelos indivíduos e grupos vinculados à economia solidária.

Outra condição que usualmente dificulta a existência e o funcionamento da economia solidária é a inexistência de um marco legal adequado às características e peculiaridades de empreendimentos solidários. Desta forma, são encontradas barreiras tanto para a formação dos empreendimentos quanto para uma inserção justa destes empreendimentos no mercado de produtos e serviços, bem como um tratamento muitas vezes discriminatório destas iniciativas por parte de órgãos trabalhistas, acostumados com a tradição de trabalho formal ou com experiências anteriores relativas a cooperativas fraudulentas.

A produção e a adaptação de tecnologia, seja ela relacionada à atividade produtiva realizada pelos empreendimentos, seja a denominada de tecnologia social, relacionada à autogestão, à administração, e à construção de relações humanas apropriadas para a proposta da economia solidária, constitui um dos mais importantes desafios a serem enfrentados, cabendo particularmente à universidade responder a este desafio, produzindo e tornando acessíveis ferramentas derivadas do conhecimento científico para garantir a sustentabilidade de empreendimentos solidários.

No campo da economia solidária, ainda predominam empreendimentos voltados para a produção de bens e prestação de serviços mal remunerados pela sociedade em que se inserem, dado que é ponto de partida usual, na definição de atividades produtivas dos

Economia solidária: o que é e como se relaciona com a Psicologia   35

grupos, as competências existentes ou que podem ser rápida e facilmente desenvolvidas na população que constitui ou constituirá empreendimentos solidários. A capacitação desta população para que possa oferecer serviços e produtos qualificados e melhor remunerados constitui um importante compromisso neste campo, cabendo também à universidade um importante papel, dada sua responsabilidade pela formação.

O desenvolvimento de uma cultura compatível com a proposta da economia solidária, tanto internamente nos empreendimentos, como na relação entre eles e destes com outros atores sociais (como consumidores, por exemplo), representa também um desafio a ser superado, e em relação ao qual a Psicologia, de modo muito particular, pode contribuir. Um exame mais específico de necessidades e possibilidades de contribuição desta área do conhecimento e dos profissionais psicólogos para o desenvolvimento da economia solidária, pode ser visto a seguir.

Economia solidária e Psicologia

À Psicologia, como área do conhecimento, e aos psicólogos, como profissionais comprometidos com a busca de uma sociedade mais justa e equilibrada, cabe a produção de conhecimento e a transformação deste conhecimento em condutas humanas, de diferentes tipos de atores sociais, capazes de subsidiar as mudanças de diferentes tipos e ordens. Cabe, a pesquisadores e profissionais da Psicologia, descobrir, inventar, promover novas formas de *relações no e com o trabalho*, compatíveis com trabalho coletivo, autogestão, responsabilidade com o ambiente etc; novas *práticas culturais*, por exemplo, em relação a consumo, cooperação e intercooperação, participação em processos decisórios, planejamento de futuro, forma de lidar com diversidade etc; *formas e processos de gestão* compatíveis com propostas de equidade, equilíbrio, democracia, tais como planejamento participativo, procedimentos para tomada de decisão

36 ANA LÚCIA CORTEGOSO, FABIANA CIA E MIGUEL GAMBELLI LUCAS

coletiva etc; *processos grupais* e características relevantes destes processos na construção da autogestão, tais como os processos de liderança, comunicação, processamento de conflitos, planejamento participativo, construção de normas de conduta para o grupo, coesão grupal, etc.

De acordo com Overstreet (1978), o conhecimento característico daquele século era o psicológico, e certamente muito conhecimento neste campo foi produzido. Porém, tal como o conhecimento produzido em outras áreas do conhecimento, a Psicologia também tem servido muito mais aos que podem pagar por este conhecimento, ampliando e perpetuando o desequilíbrio da natureza e entre os seres humanos, do que aos que efetivamente dele necessitam. A economia solidária, como possibilidade que se apresenta principalmente a estas populações excluídas sistematicamente de condições de cidadania e, freqüentemente, mesmo de sobrevivência, parece representar uma importante provocação para que pesquisadores e profissionais desta área e deste campo contribuam para superar dívidas históricas, ao mesmo tempo que constroem um mundo que seja melhor para todos – única forma de convivência digna de seres que partilham a capacidade de superar suas motivações instintivas por meio da construção de cultura.

Referências bibliográficas

Cortegoso, A. L.; Shimbo, I. (2005). Empreendimentos solidários, universidades, movimentos sociais e gestores públicos: articulação de esforços na promoção da economia solidária no Brasil de hoje. In: Jornada Universitaria sobre Cooperativismo, Economía Solidaria y Procesos Asociativos, 2ª, 2005, Montevideo - Uruguai. *2ª Jornada Universitaria sobre Cooperativismo, Economía Solidaria y Procesos Asociativos.* Red Temática de Procesos Asociativos y Cooperativos, 2005.

Forum Brasileiro de Economia Solidária.(2005). *Plataforma de ações.* Brasília. Disponível em: <www.fbes.org.br/plataformadeacoes/>. Acesso: em 15 out.2005

Marx, K. (1974). *Manuscritos econômicos-filosóficos*, in *Os pensadores*. São Paulo: Ed. Abril. *(*ou Lisboa: Edições 70, 1993.*)*

Overstreet, H. A.(1978). *A maturidade mental.* São Paulo: Companhia Editora Nacional.

Brasil.Ministério do Trabalho. Secretária Nacional de Economia Solidária.(2004) *Termo de referência para o mapeamento da economia solidária e sistema nacional de informações em economia solidária.* Brasília.

Singer, P. & De Souza, A. R. (2000). *A economia solidária no Brasil - a autogestão como resposta ao desemprego.* São Paulo: Contexto.

Singer, P. & Machado, J. (2000). *Economia socialista.* São Paulo: Ed. Fundação Perseu Abramo.

Veiga, S. M. & Fonseca, I. (2001). *Cooperativismo? Uma revolução pacífica em ação.* Rio de Janeiro: DP&A/FaseViana.

Sítios na rede mundial de computadores relacionados à economia solidária:

Fórum Brasileiro de Economia Solidária: <www.fbes.org.br>.

Brasil. Ministério do Trabalho e Emprego, Secretaria Nacional de Economia Solidária: <www.mte.gov.br/empregador/EconomiaSolidaria/default.asp>.

REFLEXÕES SOBRE AS CONDIÇÕES PSICOSSOCIAIS DO EXERCÍCIO DA AUTOGESTÃO

Bernardo Parodi Svartman[9],Egeu Gomes Esteves[10], Maira Alves Barbosa[11] e Virgínia Luz Schmidt[12].

Resumo:

Este artigo tem como objetivo discutir certas condições de funcionamento das cooperativas que influenciam na possibilidade do empreendimento organizar-se de maneira autogestionária. A experiência dos autores como cooperados foi fundamental para identificar as condições que podem ser consideradas como os pontos

---

[9] Mestre em Psicologia social pelo IP-USP e sócio fundador da Verso Cooperativa de Psicologia.

[10] Mestre em Psicologia social pelo IP-USP e cooperado da Verso Cooperativa e da Plural Cooperativa.

[11] Mestre em Psicologia social pelo IP-USP, psicanalista e sócia fundadora da Verso Cooperativa de Psicologia.

[12] Psicóloga, cooperada da Verso Cooperativa e formadora da Incubadora Tecnológica de Cooperativas Populares da USP (ITCP-USP).

critics dos empreendimentos, pontos determinantes de sua viabilidade. Pudemos identificar as seguintes condições: 1) possibilidade de geração de trabalho e renda adequada para os cooperados; 2) boa organização administrativa e financeira; e 3) funcionamento autogestionário que permita participação e enraizamento dos cooperados no grupo. A combinação destes três fatores é fundamental para apoiar um bom funcionamento de um empreendimento autogestionário e decisiva para sua viabilidade.

Palavras-chave: autogestão, participação democrática, enraizamento, identidade do cooperado.

Introdução

Atualmente assistimos a um considerável crescimento da economia solidária no país (SENAES, 2005) e o conseqüente aumento da formação de novos empreendimentos nesta área, especialmente a partir do final dos anos 1990 com o incremento da rede de incubadoras universitárias de empreendimentos autogestionários. Este quadro nos coloca diante de desafios relativos à formação de novos empreendimentos, uma vez que esta área está ainda em formação e principalmente porque, pelas próprias características da economia solidária, não é possível estabelecer regras fixas ou "receitas de sucesso" para a constituição de um empreendimento autogestionário. No entanto, quanto mais precisa for a detecção de pontos críticos para a viabilidade do empreendimento, maior chances de êxito terá o trabalho de assessoria à formação.

Nossas experiências de assessoria na área de economia solidária, e também nossa própria condição de cooperados, nos permitiu elencar algumas características do funcionamento dos empreendimentos que podem apoiar sua viabilidade. São aspectos do funcionamento da organização que influenciam diretamente a possibilidade dela seguir adiante e ser considerada como um fator de segurança econômica e realização pessoal dos sócios. Consideramos aqui como fatores de viabilidade do empreendimento a possibilidade da cooperativa:

1) fornecer condições adequadas de geração de trabalho e de renda para os cooperados, 2) realizar uma administração financeira e contábil organizada e transparente, e, 3) criar condições para uma verdadeira participação dos sócios na organização. Este artigo apresentará de forma resumida os dois primeiros fatores e se deterá mais longamente na discussao do terceiro, apresentando o espaço autogestionário como um campo de fala e de negociação de entendimentos, permitindo a criação do sentimento de pertencimento e de enraizamento, assim como apoiando novas formas de identidade dos sujeitos envolvidos (Esteves, 2004).

Em relação à *viabilidade econômica* do empreendimento, poderíamos dizer que esta possui características e relevância quase óbvias. Uma cooperativa é um negócio em que todos os sócios buscam trabalhar conjuntamente para gerar renda, e caso este objetivo não seja alcançado de maneira suficiente para todos, a organização estará em risco. Mas isto que parece óbvio, muitas vezes não é levado em conta nos momentos de constituição de cooperativas ou nos momentos pelos quais se enfrenta uma crise. Como uma empresa autogestionária com o objetivo de geração de renda para os sócios, seria interessante contar com a ajuda de um plano de negócios e de um estudo de mercado, minimizando os riscos de inserção num mercado específico. Faz-se necessário frisar que a garantia de trabalho e renda minimamente satisfatória aos membros do empreendimento é de fundamental importância para a autogestão. São o trabalho e a renda que permitem aos membros do grupo algumas garantias relativas à manutenção da vida, algumas seguranças em relação à sobrevivência, o que se constitui em condição necessária para que essas pessoas se desloquem para o âmbito da política e exerçam uma participação autêntica e democrática no seio desse coletivo (Andrada, 2005).

Quanto ao segundo fator apresentado, a *capacidade administrativa*, notamos que é necessário que o coletivo conte com recursos (conhecimento e assessoria) que tornem a gestão organizada e eficaz, permitindo a transparência do empreendimento para seus sócios. Se o empreendimento não for capacitado contábil e financeiramente não terá como planejar-se e crescer, nem tampouco como adquirir a confiança de seus sócios.

O terceiro fator apresentado diz respeito ao que nomearemos a partir deste texto como *condições psicossociais* necessárias para o exercício da autogestão e da participação democrática, pois pudemos notar que a organização autogestionária solicita determinadas condições psicossociais para que o exercício da autogestão possa acontecer. Estas condições estão intimamente ligadas às relações sociais que ocorrem internamente no empreendimento e foram por nós desmembradas em três, a saber: espaço de fala e negociação; pertencimento ao grupo e enraizamento; e identidade do cooperado – as quais serão detalhadamente apresentadas nos parágrafos seguintes.

Instauração de um espaço de fala e negociação de interesses

A organização administrativa de uma cooperativa prevê formalmente mecanismos que visam assegurar seu funcionamento autogestionário. Entre eles estão as eleições dos conselhos administrativo e fiscal, assim como a realização de assembléias gerais e ordinárias. Mas apenas a realização de assembléias e eleições é suficiente para assegurar o funcionamento autogestionário do empreendimento?

A experiência concreta da autogestão depende da constituição de um espaço de participação igualitária. Esta possibilidade apóia-se no fato de que não existe uma hierarquia que legitime as tomadas de decisões, mas que todos por sua vez assumam a responsabilidade de gerir e organizar o trabalho realizado (Moura, 1998). A propriedade do empreendimento não sendo privada, mas sim coletiva, determina uma situação em que os sócios estão implicados igualmente nas tomadas de decisões.

A partir desta consideração inicial, podemos refletir sobre a relação entre o funcionamento autogestionário e a constituição de um espaço de fala igualitário onde ocorrem debates, negociações e realizações de acordos. As assembléias e reuniões permitem a criação de uma "arena política" na qual todos têm igual direito de fala e as decisões relativas à organização podem ser tomadas a partir de diálogos e discussões, a partir da apresentação de argumentos e contra-argumentos. Nesse sentido, o formato e a freqüência das reuniões devem refletir as necessidades do grupo no que se refere à possibilidade de participação.

Como ocorrem estas negociações e elaborações de acordos coletivos? A experiência da autogestão depende muito da atenção dos cooperados para o seguinte fato: nos espaços de decisão, tanto os formais como os cotidianos, todos são iguais e diferentes ao mesmo tempo. A este respeito, Hannah Arendt afirma que o reconhecimento da pluralidade humana é condição básica da ação e do discurso, e isto carrega o duplo aspecto de igualdade e diferença (Arendt, 1997). Se não fossemos iguais, não poderíamos nos comunicar e nos entender, criar um solo e um projeto comum. Se não fossemos diferentes, não haveria a necessidade de comunicação, uma vez que todos pensariam e sentiriam as mesmas coisas (Arendt, 1997). O reconhecimento de que o grupo é feito de pessoas iguais e diferentes está na base do sentimento de que todos devem ser ouvidos, de que as decisões devem depender de acordos baseados no diálogo e não em qualquer tipo de força ou ameaça.

Numa pesquisa sobre o processo cotidiano de construção da autogestão numa cooperativa, Egeu Gomes Esteves observa a existência de um "*método compartilhado de construção de entendimentos*" sobre o que é ser cooperado e o que é a cooperativa. Neste "método" a negociação assume posição central. Como afirma o autor:

> *A grande maioria dos entendimentos apresentados foi construída coletivamente pelos cooperados no dia-a-dia de trabalho na cooperativa e são compartilhados, circulando cotidianamente entre as pessoas. Nesta circulação, os entendimentos são postos à prova, isto é, são testados nas situações em que se aplicam, são modificados, transformados e reconstruídos de acordo com*

as situações e possibilidades de entendimento entre os coope-rados. Ou seja, os cooperados compreendem (entendem) as questões acerca da cooperativa de uma determinada forma porque chegaram a um acordo coletivo (entendimento) entre eles, através de uma negociação de interesses e entendimentos (Esteves, 2004).

O reconhecimento do outro num espaço de negociação foi observado como uma condição para a autogestão; Esteves (2004) identificou a *"alternância de posições"* como uma condição simbólica dos cooperados essencial para o funcionamento autogestionário da cooperativa. Esta condição se refere ao reconhecimento de que na cooperativa existem diversas posições de interesses, e a partir deste reconhecimento, é possível alternar entre as posições de modo a compreendê-las, num processo em que se ocupa simbolicamente a posição e o interesse dos outros. A *"alternância de posições"* é essencial para um processo de diálogo e de entendimento coletivo.

Como ninguém é investido isoladamente de um "poder" para comandar os outros e as atividades, necessariamente os caminhos seguidos dependem de acordos coletivos. A vida da organização torna-se o resultado de um debate entre as pessoas que fazem parte dele, um debate entre os diversos pontos de vista que contribuem igualmente para a conformação de acordos coletivos. Estes são formados a partir de negociações dos diversos pontos de vista. Isto apóia um sentimento de vida comunitária no trabalho, uma vez que as elaborações de acordos implicam todos e cada um nos rumos da organização.

Poderíamos dizer que num ambiente autogestionário o poder de ação que se forma é sempre coletivo. Baseia-se, como afirma Hannah Arendt, numa *"potencialidade da convivência"*, no acordo frágil e temporário de muitas vontades e intenções, e não pode ser possuído como a força (no caso em que alguém é mais forte ou possui meios de dominação) ou exercido como coação (Arendt, 1997). Isto significa que as ações coletivas estão sempre baseadas num acordo entre várias vontades e pontos de vista. A possibilidade de falar e agir em conjunto instaura uma forma de governo coletivo do trabalho, instaura um espaço político dentro do espaço de trabalho.

Pertencimento ao grupo e enraizamento numa coletividade

A instauração de um campo de fala e de negociação democráticas apóia o sentimento de *pertencimento ao grupo* e o *enraizamento numa coletividade* (nos espaços de trabalho, no bairro e na cidade). No âmbito da autogestão, o conceito de *pertencimento ao grupo* diz respeito à condição em que a pessoa se sente ao mesmo tempo parte e partícipe de um coletivo (Esteves, 2004). Aquele que pertence ao grupo experimenta, a um só tempo, que sua presença e participação contam *para* o grupo e que pode contar *com* o grupo. Significa pertencer a um todo que ao mesmo tempo lhes pertence (Andrada, 2005). Nesse sentido, trata-se também de perceber-se estreitamente ligado a seus companheiros de trabalho, em relações de *interdependência material e simbólica*. Sobre este fenômeno, nos beneficiamos das considerações de Cris Andrada:

> Ao mesmo tempo em que a condição de cooperado liberta o trabalhador do jugo da subordinação, possibilitando e exigindo dele autonomia e poder de intervenção na tarefa de construir e reorientar coletivamente as condições de seu trabalho, também **enreda seu destino aos destinos de seus companheiros, criando e alimentando uma verdadeira teia de interdependência entre eles.** [grifo nosso] (2005, p.128)

Vale ressaltar que o pertencimento ao grupo e a conseqüente interdependência material e simbólica a que nos referimos nada têm a ver com coação ou impedimento da autonomia e da livre manifestação de diferentes pontos de vista. Ao contrário, juntamente com Andrada (2005), pensamos que o exercício pleno da autonomia exige justamente que se tenham raízes fincadas num coletivo capaz de garantir as condições básicas para a revelação política do sujeito.

Uma dessas condições para a revelação do sujeito está ligada ao direito ao trabalho, trabalho que, neste caso, apresenta-se como uma conquista do grupo autogestionário. A garantia, advinda do trabalho, de condições para manutenção da sobrevivência, a segurança de que a vida em certa medida estará a salvo, permite à pessoa deslocar-se para o âmbito da política, para o exercício público da palavra e da ação humanas autênticas.[13]

Isso nos mostra que o sentimento de *pertença* a um espaço em que cada um conta, mas nunca conta isoladamente, apóia os trabalhadores em sua *apropriação como sujeitos* do grupo. O pertencimento ao coletivo embasa a noção de que são os sujeitos do grupo que o constituem, ou seja, cada pessoa influi e é coletivamente responsável pelo destino do empreendimento autogestionário. E nessa medida, o pertencimento está intimamente ligado à noção de enraizamento. Simone Weil apresenta o enraizamento como uma das mais urgentes e importantes necessidades da alma humana, o qual implica uma *"participação real, ativa e natural na existência de uma coletividade, que conserva vivos certos tesouros do passado e certos pressentimentos de futuro"* (1996, p. 411).

Exercer uma *participação real, ativa e natural* numa coletividade diz respeito a uma participação que aconteça naturalmente nos locais de que fazemos parte (a família, o trabalho, os grupos religiosos etc.) e que não envolva qualquer tipo de dominação. Assim, fincar raízes no seio de um grupo implica, entre outras coisas, receber seu passado, apropriar-se do presente e poder projetar o futuro. O enraizamento nos locais de trabalho, de casa, no bairro e

---

[13] Uma discussão detalhada e aprofundada sobre este tema, realizada a partir de um estudo de caso, é apresentada pela dissertação de mestrado de Cris Andrada (2005): *O encontro da política com o trabalho: história e repercussões da experiência de autogestão das cooperadas da UNIVENS.*

na cidade funda e sustenta a apropriação do trabalhador como sujeito nestes espaços e lhe possibilita o solo seguro necessário para o exercício autêntico da palavra e da ação. Esta condição mostra-se altamente importante e favorável para o sucesso do empreendimento autogestionário, pois, ao implicar o sujeito nos espaços em que vive, amplia sua iniciativa na direção de melhorias concretas das condições de trabalho e de vida – o que tem implicações diretas para as relações do empreendimento autogestionário com outros empreendimentos, com seus clientes, com seus fornecedores e, conseqüentemente, com o bairro e com a cidade a que pertence.

Arriscamos ainda dizer que o enraizamento e o pertencimento ao grupo constituem um fenômeno de mão dupla: ao mesmo tempo em que se mostram como condição psicossocial necessária para o exercício da autogestão, também parecem ser alimentados por esse exercício, numa espécie de repercussão da experiência de participação democrática – como se estas condições necessárias para o exercício da autogestão fossem reforçadas e ampliadas à medida que a autogestão é concretamente vivida.

Identidade psicossocial

Considerado o exposto anteriormente, a existência destes empreendimentos que se constituem como espaços de pertencimento ao grupo, de participação cotidiana, de negociação de entendimentos e de enraizamento no coletivo, estaria provocando o surgimento de uma nova identidade entre os trabalhadores envolvidos? Caso a resposta seja afirmativa, até que ponto esta identidade, de sócio-trabalhador, seria diferente das identidades de trabalhador, empregado, autônomo, empresário, empregador?

Para além dos muros e cercas, materiais e simbólicos, que delimitam o espaço do trabalho e da produção, o coletivo dos trabalhadores dos milhares de empreendimentos solidários brasileiros conforma um grupo social com características que os diferenciam dos demais trabalhadores? Mais uma vez, se a resposta for afirmativa, estes trabalhadores lutam por objetivos comuns entre si e diferentes dos demais trabalhadores?

Há ainda muita confusão a respeito do que diferencia os cooperados, ou sócios-trabalhadores, de outros agentes sociais e econômicos e, embora avanços estejam ocorrendo, ainda há problemas advindos da falta de clareza sobre a "natureza" deste novo agente. Por exemplo, este trabalhador, que não é empregado nem patrão, que não possui contrato de trabalho (carteira assinada) nem pró-labore, não pode ser tratado nem como empregado nem como empresário ao solicitar um crédito para financiar qualquer bem. Outro exemplo, a antecipação de sobras, ou a retirada, que é o resultado do ato cooperativo entre o cooperado e a cooperativa, é constitucionalmente imune a qualquer imposto, mas quem consegue efetivar esse direito constitucional, se não há compreensão jurídica suficiente nem sobre o que é a cooperativa de trabalho nem sobre o que é o cooperado?

Mas há novidades. Até junho de 2003 a contribuição dos cooperados de cooperativas de produção e de serviços (legalmente consideradas cooperativas de trabalho) para o INSS (Instituto Nacional de Seguridade Social) era realizada como trabalhador autônomo, ou seja, cada cooperado era individualmente responsável pelo pagamento do seu "carnê do INSS"; entretanto, de julho de 2003 em diante a contribuição passou a ser coletiva, na categoria de trabalhador cooperado, realizada pela cooperativa que recolhe dos cooperados para o INSS. Essa mudança representa uma confirmação pelo poder público da existência de um novo agente social e econômico, diferente dos demais.

Concomitantemente, a criação de uma Secretaria Nacional de Economia Solidária, em 2003, também contribui para a conformação de um coletivo daqueles pertencentes ao movimento da economia solidária, que é reforçado pela realização de atividades nacionais e estaduais, tais como conferências, encontros e feiras. Estas ações ajudam a conformar uma agenda de reivindicações dos trabalhadores da economia solidária, passo fundamental para a consciência do pertencimento a um coletivo e, assim, para a conformação de uma nova identidade.

Estes dois exemplos ilustram o aparecimento no cenário nacional deste novo agente social e econômico, desta "classe em si", com necessidades e interesses diferentes dos demais; entretanto, seria este aparecimento suficiente para a conformação de uma nova identidade psicossocial? Para existir uma nova identidade, ela precisa ser assumida pelos seus portadores e confirmada pelos demais e, embora a rotulação externa seja um dos mecanismos desta assunção, não é suficiente. A identificação pessoal com os valores e princípios do campo social, bem como com as pessoas que o representam, é, junto com a confirmação social da nova identidade, um dos principais mecanismos de formação de uma nova identidade.

Uma identidade psicossocial é caracterizada pela conformação de um campo ou grupo social específico donde emerge uma identidade específica, com padrões de comportamento (papéis) e de expectativas de comportamento de seus membros ligadas às posições relativas que cada membro possui no interior do grupo (Sarbin & Scheibe; 1983). Neste grupo surgem aquelas pessoas que, por terem se destacado socialmente justamente em virtude dessa identidade específica, são o seu ideal (protótipo), sugerindo tacitamente modos de ser e de se relacionar no interior do grupo social que sustenta sua identidade (Turner; 1985).

Embora muitos cooperados de muitas cooperativas país afora já se auto-identifiquem como sócios-trabalhadores, se coloquem nessa posição e lutem pelos interesses coletivos desta "classe para si", possivelmente podemos afirmar que o processo de constituição da identidade psicossocial de sócio-trabalhador, ou de cooperado, foi iniciado e está em curso, mas ainda não chegou ao ponto da generalização, entre os cooperados, da auto-identificação como sócio-trabalhador, com todos os valores, princípios e expectativas que essa assunção promoveria.

Estudos serão certamente realizados em breve para demonstrar ao certo como está ocorrendo esse processo, tanto do ponto de vista individual (a identificação), quanto do social (a confirmação da identidade), assim como para verificar o processo de assunção da identidade no interior de um grupo de cooperados e também na esfera política ampla do movimento da economia solidária.

Conclusões

Apresentamos de forma resumida uma discussão sobre os aspectos que apóiam a viabilidade de um empreendimento autogestionário baseando-nos em pesquisas recentes, nas experiências de assessoria e na própria experiência de cooperados dos autores. Analisamos que a viabilidade apóia-se num tripé: a) possibilidade de geração de trabalho e renda adequada para os cooperados, permitindo uma relativa segurança com relação à manutenção da vida; b) capacidade de gestão administrativa e financeira que permita transparência e planejamento; c) a existência de condições psicossociais que permitam a realização da autogestão e da participação dos sócios no empreendimento. As pesquisas e experiências em assessoria indicam que estes três elementos podem se combinar de muitas formas em cada cooperativa ou empreendimento. Existem grupos que apesar de não gerarem trabalho e renda de forma satisfatória, constituíram um espaço de participação muito importante para seus membros e com inúmeras repercussões em suas vidas. Este grupo pode manter-se unido aproveitando os ganhos psicossociais do encontro, mas provavelmente seus membros irão precisar criar outras formas de trabalho. Da mesma forma, podem existir grupos em que a questão de geração de trabalho e renda está resolvida de maneira satisfatória para seus membros, mas o funcionamento cotidiano da organização pode ter excluído uma experiência de autogestão em nome de uma suposta eficiência ou praticidade. Na realidade, podem existir tantos exemplos da relação entre estes elementos quanto existem casos concretos. Neste trabalho propusemos que um certo equilíbrio entre estas esferas é fundamental para a viabilidade do empreendimento. As conseqüências práticas deste entendimento são visíveis para o trabalho de formação e de assessoria na área de economia solidária: devemos integrar o entendimento de que a cooperativa é um espaço de trabalho e geração de renda, podendo contar com o apoio de economistas e administradores na realização de planos de negócios, planejamentos estratégicos e capacitação para gestão administrativa e financeira, com o entendimento de que é um espaço que depende de certas condições psicossociais para apoiar a experiência da autogestão. Em relação a este último ponto, os psicólogos sociais e do trabalho podem contribuir com seus conhecimentos e experiências para ajudar o grupo a criar uma organização autogestionária.

Referências

Andrada, C. F. (2005). *O encontro da política com o trabalho: história e repercussões da experiência de autogestão das cooperadas da UNIVENS*. Dissertação – mestrado, USP. São Paulo: s.n. – 267p. Disponível na *internet*: *http://www.teses.usp.br/teses/disponiveis/47/47134/tde-22092005-123014/*

Arendt, H. (1997) *A condição humana*. Rio de Janeiro: Forense Universitária.

Esteves, E. G. (2004). *Sócio, trabalhador, pessoa: negociações de entendimentos na construção cotidiana da autogestão de uma cooperativa industrial*. Dissertação – mestrado, USP. São Paulo: s.n. – 177p. *http://www.teses.usp.br/teses/disponiveis/47/47134/tde-11032005-104138/*

Moura, J. G. F. (1998). Humilhação social – um problema político em Psicologia. *Revista de Psicologia da USP*, São Paulo, v. 9, n. 02, p. 11-67, 1998.

Sarbin, T.R. & Scheibe, K.E. (Orgs.) (1983). *Studies in social identity.* New York: Praeger

SENAES/MTE. (2006). *Atlas da economia solidária no Brasil 2005.* Brasília. Disponível na *internet*: *http://www.mte.gov.br/empregador/economiasolidaria/conteudo/atlas.asp*

SCS/MDIC. (2006) *Manual de atos de registro de cooperativa.* Brasília. Disponível na *internet*: *http://www.dnrc.gov.br/legislacao/normativa/in101.htm*

Turner, J.C. (1985). Social categorization and the self-concept: A social cognitive theory of group behavior. In E.J. Lawer (Org.) *Advances in group processes.* Vol.2. Greenwhich, CT: JAI Press

Weil, S. (1996). A *condição operária e outros estudos sobre a opressão.* 2a. ed. Rio de Janeiro: Paz e Terra

A CONTRIBUIÇÃO DA PSICOLOGIA NA POTENCIALIZAÇÃO DO COLETIVO EM EMPREENDIMENTOS ECONÔMICOS SOLIDÁRIOS

Marília Veríssimo Veronese[14]

Resumo

O argumentação desenvolvida no texto parte do pressuposto de que o trabalho cooperativo e associativo constitui uma importante ponte entre o campo do econômico e a demanda social, sendo a prática da autogestão um dos desafios principais dos empreendimentos econômicos solidários (EES). Torna-se necessário, nesses últimos, uma integração das capacidades individuais, visando à formação de um coletivo potente, capaz de realizar o encaminhamento adequado dos inevitáveis conflitos do trabalho associativo. A Psicologia, ao desenvolver pesquisa e

---

[14] Mestre e doutora em Psicologia pela Pontifícia Universidade Católica do Rio Grande do Sul (PUCRS). Docente e pesquisadora do programa de pós-graduação em ciências sociais aplicadas da Universidade do Vale do Rio dos Sinos (UNISINOS).

intervenção nos EES, tem a oportunidade de participar, através de seus agentes (pesquisadores, psicólogos, estagiários), das transformações da subjetividade, da micropolítica das relações laborais, contribuindo para transformar relações de poder autoritárias em relações de autoridade compartilhada, a partir de práticas dialógicas, visando a formação de parcerias. Tais práticas efetivam-se através da participação nos encontros, assembléias, reuniões e espaços de formação profissional. Discutem-se, então, as possibilidades de intervenção nesses espaços públicos laborais típicos da racionalidade dos formatos produtivos autogestionários.

Palavras-chave: economia solidária, Psicologia social, autogestão, poder, autoridade.

Introdução

Nesse texto, irei descrever brevemente o contexto da economia solidária e alguns dos desafios que se apresentam aos empreendimentos econômicos solidários (EES). Esse termo foi cunhado a partir de uma das primeiras pesquisas nacionais sobre o tema (Gaiger, 2003, 2004) e refere-se a empreendimentos econômicos – que possuem viabilidade – organizados de forma cooperativa, associativa e solidária. A partir de uma reflexão sobre os modos de produção do poder e das relações de autoridade nos EES, tento também pensar a inserção da Psicologia no contexto autogestionário, a partir de pesquisas já realizadas, enfatizando a importância dessas práticas assumirem perspectiva emancipatória e interdisciplinar. Esse trabalho baseia-se em dados empíricos obtidos durante minha pesquisa de doutorado e em dados parciais provenientes do projeto de pesquisa em andamento *A constituição do sujeito em processos autogestionários de trabalho* (Veronese, 2004; 2005a e 2005b). Seu principal articulador teórico é Boaventura de Sousa Santos, quando ele discute o poder nos espaços-tempos estruturais da sociedade.

Comecemos retomando o contexto de surgimento da economia solidária. As transformações no universo da produção e do trabalho, já amplamente tratadas na literatura dos últimos anos, conduziram à situação de precarização social de um imenso contingente de trabalhadores, incapazes de conseguirem um lugar ao sol nas empresas "enxutas" do período pós-reestruturação produtiva. Diante dessa realidade, o trabalho associativo e cooperativo parece ser uma das respostas viáveis, em termos de condições e meios de trabalho, ao considerar-se o empobrecimento das populações e a falta de oferta de emprego. O Programa das Nações Unidas para o Desenvolvimento (PNUD) distingue entre o crescimento favorável aos pobres (pro-poor) e o crescimento que discrimina os pobres (anti-poor). Mesmo havendo um relativo crescimento econômico, os pobres não conseguem integrar-se no processo de expansão, podendo tornar-se o trabalho veículo de precarização e não de melhoria da qualidade de vida dos que trabalham (Sachs, 2004).

Nesse contexto, assinala-se vivamente, nas últimas décadas, a ressurgência do trabalho associativo e autogestionário, num mosaico poliforme de organizações que perseguem tanto a geração de renda para os participantes, quanto a dignidade e solidariedade no trabalho (Gaiger, 1999; Santos e Rodriguez, 2002; Coraggio, 2004; Laville, 2005; Laville e França Filho, 2006). A realidade da economia solidária é bastante complexa, formada por EES de diversos segmentos e tipos, que apresentam graus variáveis de gestão coletiva; por fóruns representativos, por entidades de apoio, assessoria e fomento; por órgãos governamentais (SENAES-MTE), redes nacionais e internacionais de consumo e divulgação, o que já faz com que alguns a considerem um movimento social.

Teremos, muito em breve, acesso aos dados do Primeiro Mapeamento Nacional da Economia Solidária no Brasil, vinculados ao Sistema Nacional de Informações sobre a Economia Solidária – SIES. Por agregar informações de aproximadamente 15 mil empreendimentos, distribuídos em 2.274 municípios brasileiros, essa base pode ser considerada altamente representativa das organizações econômicas vinculadas à economia solidária, sendo assim de inegável interesse para os estudiosos desse tema e de temas afins. O Brasil é um dos primeiros países a efetuar um levantamento amplo da economia solidária e a dispor de dados representativos dessa realidade em escala nacional.

As experiências de economia solidária sinalizam um maior protagonismo dos trabalhadores excluídos do mercado formal e empobrecidos, podendo ocasionar alguma ruptura com a lógica dominante de produção de bens e com a divisão entre produção e apropriação dos frutos do trabalho. A economia solidária instituiria uma racionalidade orientada por princípios igualitaristas, quanto à repartição da riqueza material, do poder e dos bens culturais (Gaiger, 2004; Gaiger e Asseburg, 2006).

Justamente por isso, nessa forma de organização do trabalho as relações precisam se estabelecer num patamar de igualdade entre os trabalhadores; sendo egressos de formas de trabalhar heterogestionárias, muitas vezes autoritárias, torna-se vital para os sujeitos desenvolver habilidades sociais necessárias à prática da autogestão, através de processos de liderança que permitam a criatividade e a autoridade compartilhada. Sabe-se, contudo, que dificuldades e contradições obstaculizam esses propósitos, conforme mostram estudos já conduzidos (Santos e Rodriguez, 2002; Veronese, 2004). E é justamente nesse espaço que pode ensejar-se significativa contribuição da Psicologia social aplicada ao trabalho.

Trabalho, poder e autoridade

O trabalho é *locus* do estabelecimento de relações onde as competências cognitivas e afetivas do sujeito são postas à prova, desenvolvidas, intensamente vivenciadas através das múltiplas experiências que o contexto laboral proporciona. É impossível dissociar, nessa perspectiva, psicogênese e sociogênese das emoções, cognições e ações de um sujeito; são processos concomitantes, e os tomamos, articulados, como processos de subjetivação.

Esses processos são gerados no registro do coletivo; cada indivíduo, desde a primeira inserção no mundo, tem de estabelecer com a alteridade uma relação - inicialmente de cuidado - ou não se constitui como um sujeito. O seu acesso ao mundo é mediado, estabelecendo-se uma relação triangular, intersubjetiva, no acesso do sujeito ao mundo no qual se desenvolve, sempre através da *atividade*. Na vida infantil, o "espaço potencial" é onde a criança elabora a realidade, que vai tornando-se mais apropriada na medida em que ela brinca, interage e comunica-se, segundo coloca Winnicott (1974). Esse autor considera a atividade lúdica como a base de toda a criatividade; nesse espaço produzem-se símbolos, que representam entendimentos do mundo. Sem a alteridade que demarca a diferença, a atividade simbólica humana não se sustenta; pois o trabalho, justamente, pode ser considerado o equivalente psicossocial do jogo e do brincar infantil, no mundo adulto (Dejours, 1992; 1994).

Na esfera laboral o indivíduo tem um campo vital, no sentido de Kurt Lewin; seu comportamento terá interdependência com todos os aspectos desse campo. Tanto em nível micro como macrossocial, ou seja, as formas de trabalhar estão conectadas não apenas à produção e distribuição de produtos e serviços, mas à recriação da vida de cada sujeito e da vida em sociedade. Há, portanto, uma interação intrínseca nos seguintes níveis societais:

(de forma cíclica)

SUJEITO ▶ ORGANIZAÇÃO ▶ COMUNIDADE ▶ SOCIEDADE

O trabalho autogestionário vai proporcionar demandas específicas aos trabalhadores associados; deverão adquirir competências de gestão, entendimento dos diversos aspectos de sua empresa cooperativa – produção, comercialização, relação com fornecedores etc – para os quais não se sentem, em regra, preparados.

O despreparo para enfrentar as exigências do trabalho associado é típico de uma sociedade fragmentada, altamente desigual em seu interior, na qual as oportunidades de formação profissional estão concentradas no topo da pirâmide social. Na realidade interna dos empreendimentos, eventualmente são reproduzidas essas relações desiguais, em que os trabalhadores não envolvidos diretamente na gestão assumem uma posição passiva e não protagônica, descaracterizando assim o processo autogestionário.

Conforme resultados parciais da pesquisa em andamento, revelam-se, em alguns EES pesquisados, problemas como: **a**usência de comunicação e informação em rede; formação política fragmentada; dependência excessiva de redes de apoio e agentes mediadores; trabalhadores que ocupam posições de gestão comportando-se como "chefes", em relações de mando e obediência típicos do trabalho heterogestionário.

Nesse particular, as relações de poder e autoridade tornam-se um tópico vital a ser discutido. Partindo de uma crítica a Foucault, bem como da análise das teorias feministas e de outras contribuições ao entendimento de poder, Santos (2000, p. 248) define o poder como relacional, como *qualquer relação social regulada por uma troca desigual*. Tais desigualdades materializam-se em assimetrias de capacidades comunicativas, educativas, técnicas, de tomada de decisão e de autonomia para organizar interesses. Acredita-se que novas relações de poder trazem por conseqüência novos processos de subjetivação (Lazzarato e Negri, 2001), o que instiga a compreender essa realidade e eventualmente empreender esforços conjuntos tencionando transformá-la.

A teorização sobre poder e autoridade proposta por Boaventura Sousa Santos mostra-se particularmente pertinente no caso da análise da autogestão, tema central no campo do trabalho solidário. Ao refletir sobre suas diferenças com Foucault, Santos (2000) avalia que este último não trabalhava com o horizonte de emancipação social que lhe instiga a considerar categorias sociológicas, filosóficas e psicológicas; por isso seu interesse vai centrar-se na transformação das relações de poder existentes como dominação para a forma de relações de autoridade compartilhada. É essa perspectiva emancipatória que assumo, entendendo emancipação social como ampliação da liberdade individual e da justiça social, de modo articulado, dialético e interdependente. Entendo que coletivos potentes só são possíveis através de individualidades propensas ao enfrentamento dos desafios.

Vejamos, na citação de Santos (2000, p. 249), como o poder se enreda nos modos de trabalhar da economia solidária, se transpusermos as fronteiras da definição:

> (...) o que é mais característico das nossas sociedades é o fato de a desigualdade material estar profundamente entrelaçada com a desigualdade não-material, sobretudo com a educação desigual, a desigualdade das capacidades representacionais/comunicativas e expressivas e ainda a desigualdade de oportunidades e de capacidades para organizar interesses e para participar autonomamente em processos de tomada de decisão significativa.

Portanto, faria sentido explicar através dessas assimetrias, a dificuldade que os atores encontram para apropriar-se de novos modos de trabalhar e de se relacionar; quem tem maior capacidade expressiva/discursiva - dentro de uma usual concepção, pode acabar assumindo papel de "chefe", caracterizando a troca desigual. Interessante, ainda, ver como continua o autor (p. 249):

> Medir a desigualdade de uma troca desigual e avaliar até que ponto ela é determinante na forma como afeta as condições de vida e as trajetórias das pessoas ou dos grupos envolvidos não é tarefa fácil, sobretudo porque as relações de poder não ocorrem isoladas, mas em cadeias, seqüências ou constelações.

As constelações de poder, complexas e contraditórias, podem fixar fronteiras – *modo fixação de fronteiras*, – onde irão inibir mudanças de posições e inovações relacionais entre os atores que as protagonizam. Podem ainda, e ao contrário, abrir novos caminhos - modo *abertura de novos caminhos*, - onde permitem formas de ser diversas e partilha relativamente igualitária de capacidades. As configurações de tais modos de poder são ora expressas de um modo, ora doutro, inclusive dentro de um mesmo *setting* entre mesmos atores. Outro conceito central nessa reflexão é o dos espaços-tempo estruturais, definidos como localizações de unidades de ação, apresentadas como: espaço da produção; espaço doméstico; sociedade de consumo; cidadania; comunidade e etnicidade e estado-nação. Cada espaço-tempo estrutural é um auditório, um campo argumentativo (circulação de discursos), epistemológico (circulação de saberes), afetivo (circulação de afetos, emoções), onde são travados embates de poder, cada um com as suas hegemonias próprias. No campo que analisa-se aqui, da produção/serviços e do consumo na economia solidária, há certos aspectos importantes a ressaltar, considerando os espaços estruturais. Engendra-se um espaço misto, pois ao mesmo tempo que se produz, que se trabalha muitas vezes de forma até semelhante a uma fábrica, no caso de cooperativas de produção, é um espaço comunitário, ou em alguns casos também doméstico, no caso de empreendimentos menores que podem funcionar nas casas dos sócios. É um espaço comunitário, pois está fortemente permeado pelo valor da comunidade. O consumo desses produtos também terá um sentido diferente do consumo de massa inerente ao capitalismo tradicional.

No espaço estrutural dos EES, há que aprender a ser gestor do empreendimento, na medida em que costureiras, recicladores de lixo, artesãos, operários de indústria e outros trabalhadores precisam participar de decisões estratégicas – isso considerando a existência de um grau elevado de autogestão –, ou pelo menos conhecê-las e sustentar um posicionamento em decisões importantes. As dificuldades são enormes: falta de interesse nas reuniões e assembléias, ignorância sobre aspectos fundamentais da autogestão, incapacidade de enfrentar as discussões. Os trabalhadores reclamam: *"Na assembléia ninguém fala nada; vira as costas e já tá falando mal, dizendo que não vai dar certo. Mas por que não falou na hora, que tinha que discutir e propôr?"*

A CONTRIBUIÇÃO DA PSICOLOGIA NA POTENCIALIZAÇÃO DO COLETIVO EM ...   61

Para intervir em tal contexto, a Psicologia social do trabalho deverá revelar-se criativa, e, a meu ver, articular-se com outras disciplinas. A educação é um campo que caminha ao lado da Psicologia quando se busca equacionar os desafios do trabalho cooperativo. Minha experiência de pesquisa e intervenção deu-se junto a EES de diferentes segmentos, portes e etapas de desenvolvimento. A participação de alunos e estagiários (neste caso de Psicologia, administração e ciências sociais) é enriquecedora para eles e para os trabalhadores. Nessa experiência, realizada em conjunto com o projeto Tecnologias Sociais para Empreendimentos Solidários do Instituto Humanitas da UNISINOS (que realiza processo de incubação com 10 EES), participamos de reuniões deliberativas e assembléias, com o duplo intuito de pesquisa e intervenção. Dessa experiência, resultou a busca de metodologias que fossem direcionadas à obtenção da autoridade compartilhada.

A aprendizagem cooperativa, por exemplo, é uma metodologia de trabalho em grupo que transforma a heterogeneidade em um elemento que facilita e incentiva o aprendizado (Monereo e Gisbert, 2005). Simulando situações que devem ser resolvidas em colaboração, os aprendizes vivenciam a interação positiva - mesmo que eventualmente conflituosa - com os colegas e aprendem a se expor, argumentar e ouvir. Estimular sentimentos recíprocos de ajuda faz parte da intervenção, como prática pedagogica (busca de novos esquemas cognitivos) e como prática *psi* (busca de novos processos de subjetivação). É preciso construir uma relação onde o sucesso de cada membro está ligado à conquista do grupo, potencializando o coletivo, gerando uma postura mais auto-reflexiva e crítica. Através da participação nas reuniões, os alunos tinham oportunidade de promover a reflexão dos trabalhadores, intervindo no sentido de facilitar o diálogo e a partilha de saberes, na busca da *parceria*.

As articulações com outras disciplinas fazem-se necessárias e profícuas, e a educação cooperativa é um exemplo claro disto, podendo ela própria incorporar contribuições de diversas áreas disciplinares (Monereo e Gisbert, 2005). Estamos trabalhando na utilização de metodologias centradas no trabalho em grupos - oficinas, vivências, seminários, encontros, reuniões para discussão -, viabilizando a troca complementar entre os agentes dos EES, visando o compartilhamento de autoridade e a parceria.

A parceria é vista atualmente pela administração como a forma mais avançada de cooperação, em que pese não apenas o compartilhamento de recursos concretos que envolve, mas, também, de informações, capital e dos próprios riscos inerentes ao empreendimento. Isso demanda confiança, que precisa ser adquirida *no* e *pelo* aprendizado conjunto, na dialogia das interações cotidianas. A parceria tende a gerar um ambiente favorável ao espírito de pertença, o *ésprit de corps* que W. Bion referia na análise de grupos nas instituições.

Um dos objetivos fundamentais da educação cooperativa é o desenvolvimento de habilidades sociais e relacionais. Num processo educativo tradicional, em que a competição é considerada saudável, somente um indivíduo irá destacar-se, na linha de "ser o melhor aluno da classe"; as premiações, elogios etc, são incentivados e distribuídos individualmente, e em regra beneficiam somente o ganhador, desmotivando os perdedores. No processo cooperativo, as benesses são estendidas à equipe como um todo, existindo a presença de reciprocidade (caso contrário, tratar-se-á de *ajuda*, não de *cooperação*) na busca de objetivos comuns (Yus, 2002).

As reuniões de trabalho ou assembléias, com objetivo de planejamento, tomada de decisão, ou simplesmente integração são inevitáveis, mas algumas vezes vistas com desconforto, como pura perda de tempo. Ao contrário, a experiência mostra que são tempo bem empregado, caso sejam tomados alguns cuidados para garantir sua produtividade. Baseio-me na experiência vivenciada com os grupos observados e, teoricamente, na proposta de Yus (2002) para propor alguns tópicos nesse sentido:

- desenvolver programas específicos para aprendizes, minimizando o desconhecimento dos princípios fundamentais da autogestão;

A CONTRIBUIÇÃO DA PSICOLOGIA NA POTENCIALIZAÇÃO DO COLETIVO EM ... **63**

- discutir as experiências pessoais na perspectiva do crescimento coletivo;

- as reuniões têm uma função diagnóstica (pode-se perceber situações-problema) e função terapêutica (possibilita que os problemas sejam explicitados e corrigidos);

- ser críticos com idéias, não com pessoas;

- achar um bode expiatório em nada ajudará os resultados, e acarretará mais ressentimentos. Todos têm responsabilidades em erros e acertos;

- tomar a melhor decisão possível, em contraposição a ganhar/vencer;

- mudar de opinião não deve ser interpretado como derrotismo, quando valores maiores justificam a revisão de pontos de vista;

- o rendimento do grupo e da reunião é resultado da ação coletiva. Todos têm responsabilidade, através de sua contribuição pessoal, pelos bons resultados do encontro;

- incentivo à participação de todos, bem como o domínio de informações relevantes por parte de todo grupo, sem exclusões ou particularismos;

- permitir e acolher a expressão de todos; se alguma participação for desagradável ou obstaculizar a fluência da reunião, o grupo como um todo pode sinalizar isso ao colega, com abertura e franqueza;

- caso alguém não seja bem compreendido, deve ter direito a reformular o que disse;

- o conflito é compreendido como necessário às inovações e à renovação. A busca de soluções contribuirá para o amadurecimento das relações entre as pessoas no empreendimento.

O *con-viver* não é uma tarefa fácil. A convivialidade é apontada por Leonardo Boff como um dos principais valores humanos, sem o qual é impossível estabelecer-se o cuidado, categoria fundamental para a sobrevivência e desenvolvimento dos empreendimentos humanos. Cuidar é sinal de amorosidade, cuidamos bem daquilo que prezamos e estimamos; a ética do cuidado pode estar presente nas práticas de um EES para reforçar o sentido da comunidade de trabalho e aprendizagem, integrando os espaços-tempos da produção e da comunidade.

O afeto e o desejo de aceitação, o desejo pelo reconhecimento do outro, são necessidades humanas *tão prementes* quanto a fome, o frio etc. Sentir humilhação, vergonha, medo e desamparo são experiências que podem ser devastadoras para o psiquismo, caso não haja possibilidade de re-significar esses sentimentos num todo maior positivo. Nesse sentido, a Psicologia - através de seus agentes: psicólogos, estagiários, pesquisadores, estudantes etc, - não pode furtar-se a dar sua contribuição nos projetos solidários, ética e pragmaticamente orientados para a superação da desigualdade social. Por vezes pode ser necessário confrontar os trabalhadores, mediando as discussões de modo a gerar o aprendizado de como torná-las produtivas.

É de extrema importância que a organização do trabalho, nos EES, permita a singularização do sujeito que trabalha. A singularização significa o processo no qual o sujeito se converte em agente de criação e ruptura (Rey, 2003). A singularização no trabalho vai passar, também, pela possibilidade de vivências dialógicas, que se são sofridas – e o sofrimento sempre estará presente, como a dimensão prática da experiência – pelo menos não impedem os processos singulares de apreensão das vivências.

A idéia de que a vida de cada um dos participantes, na sua dignidade e unicidade, possa ser experienciada num coletivo permissivo, singularizador, inclui a certeza de que tal só ocorrerá a partir de *tensões, tensionamentos*; estas serão sentidas ora como dolorosas, ora como estimulantes. É preciso, portanto, desistir de intervenções adaptacionistas, anti-conflito, pois estas últimas constituem somente mais uma relação de troca desigual, mais um engodo anti-singularização. As teias de afinidades e de cumplicidades podem tecer-se em processos permissivos à singularização, tanto através de tranqüilas convergências

A CONTRIBUIÇÃO DA PSICOLOGIA NA POTENCIALIZAÇÃO DO COLETIVO EM ... 65

como de inquietantes divergências, ou mesmo de perturbadoras dissidências; o baluarte ético que impede a dominação de arborescer, nesse contexto, também deve ser construído dialogicamente, no coletivo, como parte dos processos de gestão do empreendimento. Estes necessitam de espaço e de tempo, para transformarem-se.

No que se refere ao campo da formação, da educação para enfrentar as demandas, há mais uma questão a discutir. Como Santos e Rodriguez (2002, p. 64) concluem, em suas nove teses sobre as alternativas da produção: *"os processos econômicos e sócio-culturais-educativos estão profundamente interligados, demandando um encaminhamento amplo e plural"*. Conforme Quijano (2002), a democracia requer um contexto em que o próprio sistema de autoridade deseje um controle democrático da autoridade, e isso só pode ser estabelecido em bases relacionais de comunidade/reciprocidade. Para alterar as condições atuais, são necessárias ações combinadas e novas parcerias que atravessem todos os espaços-tempo: doméstico, da produção, da comunidade, do Estado, do consumo, da cidadania. Na perspectiva da Psicologia, isso implicaria em novos processos de subjetivação, ou no exercício de novas formas de ser sujeito dos processos societais e laborais, estabelecendo parcerias cuja racionalidade é a um tempo pragmática – delas todos se beneficiarão – e solidária. Para recriar a promessa de emancipação social, há que recriar a subjetividade que anima cada pessoa na sua singularidade (Santos, 2000).

Referências

Coraggio, Jose Luiz (2004). *La gente y el capital. Desarrollo local y economía del trabajo.* CIUDAD, Instituto fronesis, EED, ILDIS: Abya-Yala, Quito, 2004; Espacio Editorial: Buenos Aires.

Dejours, Cristophe(1992) . *A loucura do trabalho: estudo da psicopatologia do trabalho.* São Paulo: Cortez.

66 MARÍLIA VERÍSSIMO VERONESE

_____; Abdouchecheli, Elizabeth; Jayet, Cristian (1994). *Psicodinâmica do trabalho: contribuições da escola dejouriana à análise da relação prazer, sofrimento e trabalho.* São Paulo: Atlas.

Gaiger, Luiz Inácio (1999). *O trabalho ao centro da economia popular solidária.* Caxambú, XXIII Encontro anual da ANPOCS.

_____. (2003). Empreendimentos econômicos solidários. In: CATTANI, Antônio David. (Org.). *A Outra economia.* Porto Alegre: Veraz, p. 135-143.

_____. (Org.) (2004). *Sentidos e experiências da economia solidária no Brasil.* Porto Alegre: Editora UFRGS.

Gaiger, Luiz Inácio ; Asseburg, Hans Benno (2006). *A economia solidária e a redução das desigualdades.* Anais da ANPEC-SUL, UFSC, Florianópolis [publicação digital].

Laville, Jean-Luis et al (Orgs.) (2005). *Action publique et èconomie solidaire; une perspective internationale.* Saint-Agne: Éditions Érès.

Laville, Jean-Louis ; França Filho, Genauto (2006). Conclusão. In: França Filho, Genauto et al. (Orgs.). *Ação pública e economia solidária; uma perspectiva internacional.* Porto Alegre: Ed. UFRGS, p. 297-305.

Lazzarato, Maurizio & Negri, Antonio (2001). *Trabalho imaterial: formas de vida e produção de subjetividade.* Rio de Janeiro: D&PA.

Monereo, Carlos ; Gisbert, David (2005). *Tramas: procedimentos para a aprendizagem cooperativa.* Porto Alegre: Artmed.

Quijano, Aníbal (2002). Sistemas alternativos de produção? In Santos, Boaventura de Sousa (Org.) *Produzir para viver: os caminhos da produção não-capitalista,* p. 475-512, Rio de Janeiro: Civilização brasileira.

Rey, Fernando Gonzalez (2003). *Sujeito e subjetividade.* São Paulo: Pioneira Thomson Learning.

Sachs, Ignacy (2004). *Trabalho decente: ponte entre o "econômico" e o "social".* Disponível em: http://www.ilo.org/public/portugue/region/ ampro/brasilia/hst_pgemp/downloads/sachs_td_ponte.doc.. Acessado em 10 de março de 2005.

Santos, Boaventura Sousa (2000). *A crítica da razão indolente. Contra o desperdício da experiência.* Porto: Afrontamento.

Santos, Boaventura Souza ; Rodriguez, Cesar (2002). Introdução: para ampliar o cânone da produção. In Santos, B. S. (Org) *Produzir para viver:*

os caminhos da produção não-capitalista, p. 23-78, Rio de Janeiro: Civilização brasileira.

Veronese, Marília Veríssimo (2004). *A Psicologia na transição paradigmática: um estudo sobre o trabalho na economia solidária.* Tese de doutorado em Psicologia. Pontifícia Universidade Católica do Rio Grande do Sul, Porto Alegre, Brasil.

Veronese, Marilia Veríssimo (2005a). Análise de um empreendimento de economia solidária sob a ótica da sociologia das ausências e das emergências. *Ciências sociais Unisinos*, São Leopoldo, v. 41, n. 2, p. 89-99.

Veronese, Marília Veríssimo; Guareschi, Pedrinho Arcides (2005b). Possibilidades solidárias e emancipatórias do trabalho: campo fértil para a prática da Psicologia social crítica.. *Psicologia & Sociedade*, São Paulo, v. 17, n. 2, p. 58-69.

Winnicott, Donald W (1974). *Playing and reality*. Harmondsworth: Penguin.

Yus, Rafael (2002). *Educação integral: uma educação holística para o século XXI.* Porto Alegre, Artmed.

NECESSIDADES DA ECONOMIA SOLIDÁRIA E INVESTIGAÇÃO DE FENÔMENOS PSICOLÓGICOS: MAPEAMENTO DE TRABALHOS REALIZADOS POR ALUNOS DE GRADUAÇÃO NA UNIVERSIDADE FEDERAL DE SÃO CARLOS

Ana Lucia Cortegoso
Incubadora Regional de Cooperativas Populares/UFSCar

Resumo

A partir de oferta sistemática de vagas para desenvolvimento de monografias no Curso de Graduação em Psicologia da Universidade Federal de São Carlos, em linha de pesquisa relacionada à Economia Solidária, têm sido desenvolvidos estudos

70 ANA LUCIA CORTEGOSO

sistemáticos relacionados a aspectos como liderança, relações de amizade, prazer e sofrimento no trabalho, comportamento verbal, inserção de novos membros em empreendimentos solidários, comportamento de consumo, motivação para o trabalho coletivo, conflitos em empreendimentos solidários e processo de incubação e trajetória de empreendimentos solidários, dentre outros. É objetivo, neste texto, apresentar uma síntese dos resultados obtidos com estes estudos, como base para examinar variáveis e fenômenos de interesse para a Economia Solidária.

Como parte das exigências para bacharelado e formação de psicólogo do curso de Psicologia da Universidade Federal de São Carlos, os alunos desenvolvem uma monografia, que é iniciada no quinto semestre do curso e desenvolvida por no mínimo dois anos, com orientação contínua feita por orientadores credenciados para esta finalidade. A definição de temas para desenvolvimento destas monografias, que podem ser de estudos empíricos ou de natureza teórica, é feita a partir de linhas de pesquisa mantidas por esses orientadores. Uma destas linhas, sob a responsabilidade da autora deste texto, denominada *Análise e programação de contingências comportamentais no âmbito da economia solidária*, tem por objetivos identificar, descrever e avaliar contingências comportamentais na organização e funcionamento de cooperativas populares de trabalho e em incubadoras de cooperativas populares, bem como em relação a outras questões comportamentais de interesse para a economia solidária.

Alunos do curso de Psicologia que se inscrevem para vagas no âmbito desta linha, entram então em contato com literatura no campo da economia solidária, sobre cultura e práticas culturais no âmbito da análise do comportamento e atividades desenvolvidas na Incubadora Regional de Cooperativas Populares da UFSCar. Definem, gradualmente, temas de interesse, a partir de possibilidades espontaneamente apresentadas ou propostas pelo orientador e selecionados pelos alunos a partir de interesse pessoal.

A incubação de empreendimentos solidários constitui a atuação preferencial da INCOOP, e se dá por meio de assessoria a grupos para formação deste tipo de empreendimento, de natureza popular. Implica em oferta de subsídios e acompanhamento do processo de tomada de decisão e implementação de atividades, para realização de trabalhos, intervenções, etc, com envolvimento dos assessores com todas as etapas do trabalho, incluindo avaliação de resultados. Encontram-se identificadas e descritas, até o momento, um conjunto de dezesseis tipos de ação da incubadora como parte de processos de incubação, que incluem processamento de demanda, identificação ou caracterização de população para constituir empreendimento e de outros atores relevantes no processo, apresentação da economia solidária, apoio ao grupo para sua organização inicial, elaboração de proposta de trabalho conjunto, apoio para escolha ou exame de atividade produtiva quanto à viabilidade, formação para cooperativismo popular e economia solidária, autogestão, promoção de capacitação técnica, apoio para legalização, implantação inicial e de sistema de monitoramento por indicadores, implementação e participação no movimento da economia solidária.

No período de 2000 a 2006, foram ou estão sendo desenvolvidos, como monografias, na linha de pesquisa vinculada a economia solidária, os trabalhos indicados na Tabela 1. Na seqüência, são apresentadas breves descrições dos trabalhos desenvolvidos ou em desenvolvimento, como contribuição para a compreensão de fenômenos de interesse para este campo da atividade humana.

Quadro 1. Relação de monografias de alunos de graduação em Psicologia da UFSCar vinculadas a linha de pesquisa em economia solidária.

• Contingências para comportamento verbal em cooperativas populares de trabalho (Kélen Aniuska Lopes Vieira, 2002);

• Rodízio de funções e funções fixas no trabalho: reflexos na satisfação de trabalhadores em cooperativas populares (Larissa Silva Alves Ferreira, 2002)

• Comportamentos de mediadores em processos de decisão na incubação de cooperativas populares (Fabiana Cia, 2002)

72 ANA LUCIA CORTEGOSO

• Condições para organização de demanda e consumo por empreendimentos solidários em diferentes cadeias produtivas (Antonio Tadeu de Figueiredo Júnior, 2003)

• Valor do reforço: identificação de condições associadas à manutenção de colaboradores em cooperativas populares de trabalho (Thais Saglietti Meira Barros, 2003)

• Procedimento para elaboração de um código de condutas cooperativo em cooperativas populares de trabalho em incubação (Vanessa de Arruda Camargo Franchini, 2003)

• Processo de inserção de novos membros e sua influencia sobre o trabalho coletivo em cooperativas: estudo de caso (Simone Gibran Nogueira, 2004)

• Impactos da participação de pessoas em cooperativas populares de trabalho sobre outras esferas de sua vida social (Emileane Costa Assis de Oliveira, 2004)

• Condições de trabalho relacionadas a prazer e sofrimento dos trabalhadores no âmbito de cooperativas populares (Lia B. Riani Costa, 2005)

• Formação, ruptura e reorganização de empreendimentos solidários: estudo de um grupo autogestionário de artesanato (Carolina Valério, 2005)

• Sistematização e análise do processo de constituição e consolidação de uma cooperativa popular de limpeza (Danila Secolim Coser, 2005)

• Avaliação dos impactos da organização de pessoas para o consumo ético e solidário: caso município de São Carlos (Maria Christina Leme Cezário Garcia, 2005)

• A Influência das Relações Pessoais de Amizade Extra-trabalho entre os Membros de um Empreendimento Solidário sobre as Relações Pessoais de Trabalho (Mírian Jacob Polastrini, 2006)

• Condições relacionadas ao surgimento e manutenção de comportamentos de liderar em cooperativas populares (Ana Cláudia Gonçalves, 2006)

• Motivação para capacitação por parte de membros de empreendimentos solidários (Carina V. C. Matheus) *

> • Práticas de consumo e economia solidária: caracterização de comportamentos e contingências (Guilherme Bergo Leugi) *
> • Impacto da participação de usuários de serviços de saúde mental em empreendimento solidário (Tiago Santa Cruz de Andrade) *

* trabalhos em andamento na época da apresentação, em 2006.

Contingências para comportamento verbal em cooperativas populares de trabalho (Vieira, 2002)

Este trabalho teve como objetivo identificar condições favorecedoras ou desfavorecedoras de comportamento verbal inadequado (boato, fofoca), no âmbito de empreendimentos solidários. A coleta de dados foi feita por meio de entrevistas estruturadas com membros de uma cooperativa prestadora de serviços de limpeza e com o técnico que implementou o processo de incubação do empreendimento, sendo feito um confronto entre os relatos verbais dos entrevistados. Os dados apontaram para a importância de situações formais de comunicação, como reuniões, para promover comunicação apropriada e reduzir a ocorrência de fofocas e boatos, assim como para a importância de que outras formas de comunicação ocorram, como no caso de problemas interpessoais, de modo que estes possam ser solucionados sem prejudicar o andamento das reuniões, nas quais devem ser abordados aspectos de interesse comum. Foi possível identificar, ainda, algumas estratégias utilizadas, particularmente pelos responsáveis pelo processo de incubação do grupo, que parecem relevantes para minimizar a prática de fofoca e de disseminação de boatos, como evitar dar atenção excessiva a tais iniciativas e encaminhar a solução para os envolvidos diretamente nos problemas ou situações. Uma possível contradição em relação à transmissão de informações foi identificada, à medida que a necessidade de confirmar informações antes de transmiti-las ao grupo é considerada pertinente, tanto quanto a garantia de

74 ANA LUCIA CORTEGOSO

transparência e acesso amplo à informação como condição para a democracia interna, princípio fundamental na economia solidária, não sendo simples identificar o limite entre estas duas possibilidades, na prática diária do grupo. A autora examina, ainda, à luz da literatura, outros aspectos identificados como relevantes no âmbito do empreendimento considerado no estudo, e que oferecem perspectivas de atuação em outros contextos.

Rodízio de funções e funções fixas no trabalho: reflexos na satisfação de trabalhadores em cooperativas populares (Ferreira, 2002)

O objetivo, neste estudo, foi verificar reflexos de diferentes formas de organização do trabalho (função fixa e funções em rodízio) na satisfação de membros de empreendimentos solidários. Participaram deste estudo 10 membros de uma cooperativa de trabalho no ramo de limpeza e serviços gerais, cinco deles de um subgrupo que atua em um mesmo local de trabalho realizando serviço de limpeza, com experiência acumulada no empreendimento de pouco mais de dois anos, e cinco de outro subgrupo, que haviam assumido postos de trabalho em um mesmo local, para realizar apoio a atividades didáticas (transporte de equipamentos para sala de aula, pequenos reparos etc), há cerca de um ano quando da obtenção dos dados. Os participantes foram entrevistados pela pesquisadora, a partir de um roteiro. Os dados obtidos indicam um maior grau de satisfação dos participantes com a situação de rodízio de funções, para pessoas que já haviam experimentado as duas possibilidades e mesmo para pessoas que não haviam experimentado a situação de funções rodiziadas. Os dados permitiram identificar relações entre experiências de trabalho fora do empreendimento solidário, tempo no empreendimento e situações já vividas como membro do grupo, tipo de atividade realizada etc. Foram obtidos, ainda, dados relativos ao grau de satisfação dos entrevistados em relação a aspectos diversos do trabalho e do funcionamento da cooperativa; as respostas sugerem relações entre graus de satisfação indicados e os subgrupos a que pertenciam os entrevistados, apontando para possíveis variáveis relevantes na determinação da satisfação dos participantes no que se refere ao trabalho.

Comportamentos de mediadores em processos de decisão na incubação de cooperativas populares (Cia, 2002)

Constituiu objetivo deste estudo identificar, na atuação de mediadores junto a grupos que passavam por processo de incubação para formação de cooperativas populares, aspectos que podem constituir condições facilitadoras ou dificultadoras de processos de tomada de decisões compatíveis com os princípios e objetivos do cooperativismo. Os dados foram obtidos em reuniões de membros de uma cooperativa de costura, filmadas em VHS, a partir das quais foram obtidas informações sobre as características do processo de tomada de decisão e propriedades de comportamentos do mediador. Participaram da filmagem aproximadamente 20 cooperadas e um mediador. A análise dos dados ocorreu a partir de observação direta dos filmes gravados de reuniões das cooperadas, tendo sido transcritos, destes, apenas os episódios que envolviam tomada de decisão. Os dados obtidos permitiram identificar que o mediador apresentou, com maior freqüência, comportamentos como: apresentar informações para as cooperadas de maneira clara, completa e objetiva; promover a participação das cooperadas (solicitando manifestações, dando a palavra e apresentando perguntas), alcançando com estes comportamentos resultados compatíveis com os objetivos. Apresentou, ainda, a conduta de propor encaminhamentos e representou, na maioria das vezes, a função de facilitador, evidenciando um padrão de comportamento compatível com aquilo que pode ser esperado no processo de assessoria para formação de empreendimentos da economia solidária, facilitando processos de tomada de decisão em grupo e uma apropriada formação das participantes para uma atuação autônoma do grupo.

Condições para organização de demanda e consumo por empreendimentos solidários em diferentes cadeias produtivas (Figueiredo Jr, 2003)

No caso deste estudo, o objetivo foi caracterizar as maneiras como empreendimentos solidários têm lidado com a demanda (existente ou potencial) e os consumidores de seus produtos e serviços, as dificuldades que encontraram e as soluções que apresentaram em relação a estes desafios, de forma a sistematizar o conhecimento existente e produzir elementos para melhorar as condições favorecedoras de sucesso de empreendimentos solidários em relação à organização de demanda e consumidores. Os dados foram obtidos por meio da aplicação de questionários e realização de entrevistas com participantes de três empreendimentos, um com atuação na área financeira, um de costura e um de artesanato, tendo sido obtidas descrições de cada grupo em relação à organização de demanda e de consumo. Os resultados indicaram que todos os grupos conheciam e atuavam sobre algumas variáveis relacionadas à organização de demanda e consumo, havendo variação em relação a quais eram as variáveis consideradas em cada grupo. No entanto, foi possível notar que o conhecimento disponível era restrito a alguns aspectos e limitado a verificações práticas do dia-a-dia, sem que tenha sido possível identificar sistematização do conhecimento disponível como ponto de partida para a definição de ações mais estratégicas e avanço no conhecimento sobre todos os aspectos relacionados à organização de demanda e consumo. Foram encontradas diferenças entre os grupos investigados, no que se refere aos vários aspectos, tais como condições e recursos disponíveis para organização da demanda e consumo, definição de preços, co-

NECESSIDADES DA ECONOMIA SOLIDÁRIA E INVESTIGAÇÃO DE FENÔMENOS PSICOLÓGICOS... **77**

nhecimento sobre investimentos necessários e disponíveis para os empreendimentos, distribuição de produtos e/ou serviços, caracterização de concorrentes, caracterização do consumidor, caracterização de parcerias, controle/garantia da qualidade do produto e/ou serviço, assistência, manutenção, acompanhamento de usuários ou consumidores, caracterização de fornecedores, adequação da matéria-prima, garantia de direitos aos cooperados, preservação do meio-ambiente, capacidade de fornecimento de produtos e/ou serviços, condições existentes e potencial de consumo, distribuição geográfica do produto ou serviço, adequação dos produtos e/ou serviços às necessidades do mercado, preparo de consumidores em potencial.

Valor do reforço: identificação de condições associadas à manutenção de colaboradores em cooperativas populares de trabalho (Barros, 2003)

Com o objetivo de investigar a relação entre a atribuição de valor a eventos que podem ser reforçadores para condutas relacionadas ao trabalho e à participação no grupo, além da remuneração, e a permanência ou não neste grupo, por parte de pessoas que participam da etapa de formação de uma cooperativa popular de trabalho, foram entrevistados 14 participantes, sendo sete membros e sete ex-membros de uma cooperativa popular de costura. Os dados coletados informam sobre valores atribuídos pelos participantes a aspectos diversos usualmente presentes em situações de trabalho ou decorrentes delas. Os dados permitem comparar valores relativos atribuídos pelos participantes a: a) estímulos tangíveis, tais como: valor do salário, condições e recursos para realizar o trabalho, benefícios - planos de saúde, férias, 13o salário, aposentadoria; b) prazer e realização pessoal no trabalho, como: gosto pelo trabalho, participação nas decisões, autonomia, aperfeiçoamento profissional; e c) relações humanas no trabalho, tais como:

78 Ana Lucia Cortegoso

amizades, ambiente de trabalho agradável, igualdade entre os membros, trabalho em grupo, etc. De acordo com os dados obtidos foi possível notar que a permanência de pessoas em um empreendimento solidário é influenciada pelos resultados e conseqüências dessa participação, tais como envolvimento com outros membros, prazer em desempenhar determinado trabalho e participação nas decisões. Entretanto, os dados indicaram que pessoas permaneciam nestes empreendimentos por falta de oportunidades no mercado de trabalho, ou seja, falta de vagas em que pudessem ser adequadamente remuneradas. Uma possível interpretação para o grande número de indicações da classe de relações humanas no trabalho, tais como relações interpessoais, como fator importante para a permanência ou saída do grupo, particularmente no caso de ex-membros entrevistados, aponta para a ocorrência de conflitos que, pouco antes do desenvolvimento deste estudo, geraram uma cisão entre os membros da cooperativa, fazendo com que alguns cooperados abandonassem o grupo.

Procedimento para elaboração de um código de condutas cooperativo em cooperativas populares de trabalho em incubação (Franchini, 2003)

Foram propostos como objetivos, neste estudo, identificar comportamentos cooperativos e não cooperativos em cooperativas populares de trabalho em incubação e propor um procedimento para elaboração de um código de condutas cooperativo, guiado por princípios norteadores de uma organização cooperativista. Foram realizados, assim, dois estudos: o primeiro estava relacionado à identificação de comportamentos cooperativos e não cooperativos em grupo de trabalho cooperativo e caracterização da percepção dos participantes sobre esses comportamentos no grupo. Participaram deste estudo treze membros de uma cooperativa popular em processo de incubação. Os dados foram coletados em dois tipos de situações: entrevistas com membros do grupo e observação de reuniões. O objetivo da coleta de dados feita por meio de entrevistas foi verificar em que medida cada membro da cooperativa sabia quais comportamentos eram esperados e quais não eram esperados dentro do grupo, caracterizar a incidência de comportamentos cooperativos no grupo, e indicar o grau de acordo dos participantes sobre a ocorrência ou não desses comportamentos por parte de membros do grupo. A observação da situação de reunião foi realizada para permitir a identificação de possíveis comportamentos de cooperação e não-cooperação dos membros. Os resultados indicam que foi possível identificar uma quantidade significativa de comportamentos considerados como de cooperação e de não-cooperação, que cada membro acredita que o grupo espera que eles apresentem. Contudo, foi encontrado um baixo grau de acordo sobre a ocorrência ou não de comportamentos cooperativos dentro do grupo.

O segundo estudo referiu-se à avaliação de um procedimento proposto para elaboração em grupo de um código de condutas cooperativo. A coleta de dados foi realizada em três grupos constituídos ou em processo de constituição como empreendimentos solidários. Considerando as diferentes características apresentadas pelos grupos, foi necessário, e também possível, produzir adaptações no procedimento original, e verificar seu potencial para evitar e lidar com conflitos freqüentemente encontrados em grupos de trabalho, particularmente naqueles em que o grupo está em processo de consolidação e não conta com estabilidade financeira. Foi possível notar que o grau de motivação para abordar e tratar do assunto (regras para o grupo), e a dinâmica interna de funcionamento do grupo são essenciais para que o procedimento possa ser aplicado e gere resultados positivos.

Processo de inserção de novos membros e sua influência sobre o trabalho coletivo em cooperativas: estudo de caso (Nogueira, 2004)

Foi objetivo, neste trabalho, identificar possíveis relações entre características observadas nos processos de inserção de novos membros em empreendimentos solidários e aspectos do funcionamento, sobrevivência e sucesso deste tipo de empreendimento, bem como possível impacto destes processos de inserção para a vida dos envolvidos nestes processos. Para tanto, foram analisados os documentos (relatórios e atas) de uma cooperativa que atua na cadeia de resíduos sólidos e da equipe de incubação de uma incubadora universitária de cooperativas responsável por este grupo, e realizadas entrevistas com alguns membros da cooperativa e da equipe da incubação. Foram obtidas informações sobre dois processos de inserção de novos membros de um mesmo grupo que estava em processos de incubação para formar cooperativa. Os dados obtidos indicaram que a permanência de novas pessoas foi favorecida ou desfavorecida conforme a maneira como estas pessoas foram inseridas no grupo. Um processo mais estruturado de inserção de novos membros, com participação importante dos membros pré-existentes, oportunidades para esclarecimento sobre características e objetivos do empreendimento aos membros ingressantes (dentre outras variáveis consideradas) apresentou-se como favorecedor de melhores resultados, tanto para o funcionamento do grupo quanto para as pessoas envolvidas, do que um processo do qual participaram pouco os antigos membros, desencadeado por análise e ação externas ao grupo e com baixo esclarecimento dos ingressantes sobre o tipo de empreendimento em que estavam sendo inseridos.

Impactos da participação de pessoas em cooperativas populares de trabalho sobre outras esferas de sua vida social (Oliveira, 2004)

Neste estudo a pesquisadora buscou identificar possíveis impactos da participação de pessoas em empreendimentos solidários sobre outras esferas de sua vida. Participaram dele 32 pessoas, sendo 16 delas membros de um empreendimento solidário de artesanato e as outras 16 pessoas indicadas por estes cooperados (familiares ou amigos) e a coleta de dados foi feita por meio de entrevistas, uma com o cooperado e outra com um parente ou amigo indicado pelo membro, separadamente. Os dados indicam a ocorrência de mudanças na vida da pessoa em função da participação no empreendimento solidário, sendo estas consideradas positivas tanto pelos cooperados quanto por seus familiares ou amigos entrevistados. A maioria dessas mudanças ocorreu na maneira das pessoas se comportarem, apresentando-se mais comunicativas, compreensivas, tolerantes, organizadas em casa, participativas em atividades, além de estarem mais calmas, felizes e adoecendo menos, de acordo com os relatos. Foi indicado, ainda, o aumento das relações de amizade e da freqüência de atividades fora de casa, envolvendo o cooperado.

No geral, os relatos indicam ainda melhora de qualidade no relacionamento com a família, desde a inserção no grupo. Entretanto, a maior parte dos conflitos relatados aparecem nesse âmbito, à medida que o tempo reduzido em casa, em função das atividades na cooperativa, passou a gerar reclamações de familiares. Foi possível constatar, contudo, que, apesar de alguns conflitos, o desenvolvimento de novos repertórios comportamentais relacionados à participação no empreendimento solidário pode ser importante não apenas para a adaptação do membro ao ambiente no qual foi inserido, mas pela possibilidade de que estes novos comportamentos também sejam generalizados para outras esferas, acarretando melhoras na vida da pessoa.

82 ANA LUCIA CORTEGOSO

Condições de trabalho relacionadas a prazer e sofrimento dos trabalhadores no âmbito de cooperativas populares (Costa, 2005)

Neste estudo, a pesquisadora buscou identificar quais seriam fatores relacionados a prazer e sofrimento no trabalho em empreendimentos solidários, autogestionários. Foram realizadas, para isso, entrevistas com membros de uma cooperativa de limpeza, observação de reuniões do grupo e de momentos de execução das tarefas, bem como análise de documentos. Tais dados permitiram a identificação da forma como os trabalhadores estão organizados e o reconhecimento de indicativos de prazer e sofrimento nestas pessoas, decorrendo daí a produção de conhecimento a respeito da problemática abordada. Os dados indicam, dentre outras descobertas, relação interpessoal, participação em processos de tomada de decisão, inexistência de hierarquia, diferenciação de papéis, funcionamento de assembléias, remuneração, entre outros, foram aspectos indicados como relacionados a sofrimento no trabalho, ainda que alguns deles, para alguns dos entrevistados, apareçam como fonte de satisfação. Foram também obtidos dados indiretos, a partir da indicação de componentes relevantes de uma condição de trabalho "ideal", do ponto de vista dos participantes, bem como sugestões para melhoria do empreendimento, sendo que em todos estes casos são apontados aspectos que estão, de algum modo, relacionados a sentimentos de prazer e sofrimento experimentados por membros de empreendimentos autogestionários – ou que se pretendem como tal.

Formação, ruptura e reorganização de empreendimentos solidários: estudo de um grupo autogestionário de artesanato (Valério, 2005)

Considerando a ocorrência de rompimento de um grupo de pessoas que constituíam um empreendimento solidário de artesanato, este estudo foi implementado com o objetivo de identificar variáveis potencialmente relacionadas ao rompimento dos grupos, a partir da reconstituição de sua história de criação e funcionamento. Para tanto, foram realizadas entrevistas com membros dos dois grupos surgidos a partir da ruptura do inicial. Os resultados apontaram, como condições favorecedoras do rompimento, de acordo com os entrevistados, condições de centralização de informações, fofocas, problemas de comunicação e falta de dinheiro como condições favorecedoras para a geração dos conflitos iniciais e para ruptura do empreendimento. Para um dos subgrupos, o rompimento foi explicado, preponderantemente, pela ação de um dos membros, que ocupou papel de liderança na criação do grupo e também nas atividades administrativas, de modo desfavorecedor de transparência e participação de outros; para o outro subgrupo preponderam indicações de variáveis relacionadas a deficiências na comunicação e desconfiança. O conjunto dos dados permitiu identificar um padrão claramente complementar entre os envolvidos, sendo que a concentração de atividades, informações e mesmo poder nas mãos de uma pessoa parece ter sido não apenas consentida como desejada, inicialmente, tendo sido esta condição mantida por omissão de parte importante dos membros na gestão do empreendimento. No entanto, a polarização decorrente de um rompimento conflitual do grupo original dificultou a obtenção de informações mais descritivas das condições que contribuíram para o desfecho sob exame.

Sistematização e análise do processo de constituição e consolidação de uma cooperativa popular de limpeza (Coser, 2005)

Este estudo teve como objetivo sistematizar e examinar, à luz do conhecimento disponível, o processo de desenvolvimento de um empreendimento autogestionário assessorado por uma incubadora universitária de cooperativas populares, uma cooperativa prestadora de serviços de limpeza, há sete anos no mercado de trabalho quando da coleta de dados, apresentando tanto ganhos para os cooperados quanto para a comunidade na qual está inserida. O trabalho inclui um histórico do empreendimento, construído a partir de informações sobre variáveis compreendidas como relevantes para empreendimentos e o exame específico da evolução do grupo em relação a dois aspectos considerandos como relevantes neste processo, a inserção de novos membros e o desenvolvimento de assembléias como situações de tomada de decisão coletiva. As informações utilizadas foram obtidas a partir de consulta a documentos diversos (da incubadora, da cooperativa e resultantes de outros estudos e intervenções realizadas junto ao grupo), entrevistas com participantes do processo de incubação do empreendimento e submissão de informações organizadas, para conferência e complementação, por estes participantes. No caso do Estudo 1 (reconstituição da história do grupo), foi construída uma linha do tempo, indicativa dos principais fatos ocorridos em relação a aspectos identificados como relevantes para este tipo de empreendimento e para o processo de incubação, tais como: equipe de incubação presente em cada momento, parcerias estabelecidas, cursos de capacitação realizados/oferecidos, conquista/perda de postos de trabalho, indicação dos critérios para seleção de novos membros, eleições realizadas, comissões formadas e demais eventos que se destacaram nesse processo.

Com relação ao processo de inserção de novos membros, foram comparadas características dos diferentes momentos em que foram inseridos novos membros na cooperativa, por iniciativa do próprio grupo (e destas características com processos de recrutamento e seleção na economia capitalista). Foi possível verificar que o recrutamento ocorreu, na cooperativa, basicamente como nos empreendimentos tradicionais; porém, na seleção, as escolhas se deram principalmente pelas condições sócio-econômicas da população, por meio de critérios definidos pelas próprias cooperadas (menor renda, número de filhos, tempo de desemprego), e não por habilidades ou capacidades previamente existentes, o que vem ao encontro dos princípios autogestionários.

Quanto a situações de tomadas de decisão, foram produzidos exames das assembléias realizadas pelo grupo, a partir das atas, em busca de dados sobre distribuição de ocorrência destas assembléias no tempo e assuntos abordados nestas reuniões, relacionando-os com eventos concomitantes dentro da cooperativa, princípios cooperativistas e efetividade da assembléia como principal fonte de transmissão de informações e indicações de necessidades de mudanças. As situações de assembléias parecem adequadas quanto a serem situações em que são tomadas decisões e realizadas as votações do grupo, porém outras estratégias mais informais para transmissão de informações também foram identificadas. Foram sugeridas, a partir dos resultados, intervenções a fim de melhorar a comunicação do grupo e os processos de autogestão. Além disso, de maneira geral o método proposto favoreceu a coleta e organização de dados na reconstrução da história do empreendimento, podendo ser utilizado em outros estudos de caso.

Avaliação dos impactos da organização de pessoas para o consumo ético e solidário: caso município de São Carlos (Garcia, 2005)

Constituíram objetivos deste trabalho, a partir do acompanhamento e do registro de informações no decorrer do processo de constituição de um grupo organizado de consumidores, produtores e distribuidores (ConsumoSol – Articulação Ética e Solidária para um Consumo Responsável) em favor de práticas de consumo éticas, responsáveis e solidárias, a sistematização constante de dados referentes à estruturação do grupo, identificação das variáveis que influem ou podem influir neste processo de incubação e a realização de um diagnóstico das práticas de consumo dos membros do grupo.

Para tanto, foram elaborados relato e síntese de todos os encontros, propostos, utilizados e avaliados recursos de monitoramento

86 ANA LUCIA CORTEGOSO

de atividades, controle de freqüência dos membros nos encontros, registro permanente de outras atividades desenvolvidas pelo grupo etc. Foi realizada, ainda, a identificação das principais variáveis no processo de incubação do grupo, em termos de variáveis concernentes aos membros, relativas aos encontros e à equipe de incubação.

A partir destas variáveis foi elaborado um questionário que visou identificar as principais características das práticas de consumo dos membros ConsumoSol. Ao todo, 28 membros responderam o questionário. Com relação ao perfil dos participantes do estudo, os resultados mostram que a maior parte tinha entre 21 e 30 anos, do sexo feminino, estavam cursando ou haviam completado o ensino superior. Sobre as práticas de consumo dos participantes, a maior parte das compras era realizada em empreendimentos distribuidores de grande porte; entretanto, os entrevistados relatavam que alimentos perecíveis eram comprados, preferencialmente, direto de produtores. Dos critérios usados para a compra de um produto ou serviço, o mais indicado como utilizado era o preço, e dos critérios considerados importantes e *não* utilizados o mais citado foi origem ou procedência do empreendimento que oferece o serviço ou produto. O relato dos participantes sobre como *gostariam* de comprar indicava haver congruência dos anseios dos participantes com os principais objetivos do grupo ConsumoSol; entretanto, a prática de compras destes não correspondia a grande parte desses objetivos.

A influência das relações pessoais de amizade extra-trabalho entre os membros de um empreendimento solidário sobre as relações pessoais de trabalho (Polastrini, 2006)

Com o objetivo de ampliar o conhecimento sobre relacionamentos interpessoais, em especial relacionamentos de amizade, no âmbito da economia solidária, quanto a características das relações pessoais de trabalho, comportamentos relacionados à amizade e seus resultados para o trabalho em grupo e a satisfação do membro em relação ao seu trabalho, foram realizadas entrevistas semi-estruturadas com membros de uma cooperativa que atua na cadeia de coleta seletiva, observações diretas nos locais de reuniões e trabalho do grupo, e aplicação do teste sociométrico. Os dados obtidos indicaram a existência de relações de amizade entre alguns membros do empreendimento, assim como a exclusão de alguns outros que não eram incluídos nos agrupamentos formados. Este tipo de formação do grupo indicou que relações de amizade no ambiente de trabalho de um empreendimento solidário podem afetar negativamente o trabalho em grupo, pois com a formação de agrupamentos e exclusão de alguns membros surgem diferenças em relação a acesso a informações e participação na gestão do grupo, bem como divergências relacionadas à satisfação com o trabalho e comprometimento com o funcionamento da cooperativa, gerando distanciamento do ideal de participação igualitária no grupo. Dados obtidos junto a grupos com características diferentes (de constituição, atividade produtiva etc) seriam relevantes para identificar, de forma mais precisa, idiossincrasias e peculiaridades nas formas de lidar com relações de amizade.

Condições relacionadas ao surgimento e manutenção de comportamentos de liderar em cooperativas populares (Gonçalves, 2006)

Neste estudo a pesquisadora pretendeu identificar comportamentos relevantes para a definição de liderar em empreendimentos solidários. A coleta de dados incluiu observação direta de reuniões dos membros do empreendimento (cooperativa de limpeza), além de entrevistas semi-estruturadas com os membros de empreendimentos solidários que aceitaram participar da pesquisa. Os resultados indicaram que há divergências sobre o conceito de "líder" dentro do grupo. Com relação aos comportamentos relacionados à liderança

88 ANA LUCIA CORTEGOSO

foi possível notar que todos foram indicados como estando presentes quando a coletividade é considerada.

Os três últimos estudos indicados no Quadro 1 encontram-se, ainda, em andamento. O primeiro deles, é voltado para o estudo de motivação para capacitação, nos diferentes níveis (escolar, técnico, para economia solidária e cooperativismo, e para a autogestão) em uma cooperativa de limpeza; buscou obter informações sobre aspectos motivacionais para capacitação e sobre o impacto da implementação de uma atividade informativa e motivacional nesta direção junto a um conjunto de membros voluntários do empreendimento (Matheus, 2005). No segundo, estão sendo buscadas informações sobre práticas de consumo de membros de um empreendimento solidário, com vistas à sua organização como consumidores éticos, responsáveis e solidários, bem como formuladas classes de respostas de diferentes níveis de especificidade que caracterizem consumo ético, responsável e solidário (Leugi, 2006). O terceiro, ainda em fase inicial de formulação de projeto, buscará avaliar o impacto da participação de usuários de serviços de saúde mental em uma oficina de preparo para o trabalho, com ênfase no trabalho coletivo, com possibilidades de formação de empreendimento solidário ou participação destas pessoas em iniciativas deste tipo (Andrade, 2007).

Inumeráveis são as necessidades em termos de produção, adequação e transformação de conhecimento em condutas humanas compatíveis com os princípios da economia solidária e com os desafios que este campo de atuação humana tem que enfrentar, dentro e fora da Psicologia. Contudo, o desenvolvimento deste tipo de atividade científica por alunos do curso de graduação em Psicologia, assim como a participação de muitos destes alunos em atividades de intervenção neste campo, em estágios curriculares e extracurriculares, tem sido de grande importância tanto pela qualidade da formação profissional que é favorecida por este tipo de inserção e compromisso com a compreensão de necessidades sociais como aquelas das quais se ocupa a economia solidária, quanto pela contribuição que oferecem estes alunos, com seus produtos, mesmo quando modestos, para a consolidação desta outra economia, que é possível e urgente!

Referências

Andrade, T. S. C. de - *Impacto da participação de usuários de serviços de saúde mental em empreendimento solidário*. Projeto de monografia, Curso de Graduação em Psicologia da universidade Federal de São Carlos, 2007 (em elaboração).

Barros, T. S. M. - *Valor do reforço: identificação de condições associadas à manutenção de colaboradores em cooperativas populares de trabalho*. Monografia desenvolvida no Curso de Graduação em Psicologia da Universidade Federal de São Carlos, São Carlos, 2003.

Cia, F. - *Comportamentos de mediadores em processos de decisão na incubação de cooperativas populares*. Monografia desenvolvida no Curso de Graduação em Psicologia da Universidade Federal de São Carlos, São Carlos, 2002.

Coser, D. S. - *Sistematização e análise do processo de constituição e consolidação de uma cooperativa popular de limpeza*. Monografia desenvolvida no Curso de Graduação em Psicologia da Universidade Federal de São Carlos, São Carlos, 2005.

Costa, L. B. R - *Condições de trabalho relacionadas a prazer e sofrimento dos trabalhadores no âmbito de cooperativas populares*. Monografia desenvolvida no Curso de Graduação em Psicologia da Universidade Federal de São Carlos, São Carlos, 2005.

Ferreira, L. S. A. - *Rodízio de funções e funções fixas no trabalho: reflexos na satisfação de trabalhadores em cooperativas populares*. Monografia desenvolvida no Curso de Graduação em Psicologia da Universidade Federal de São Carlos, São Carlos, 2002.

Figueiredo Jr, A. T. - *Condições para organização de demanda e consumo por empreendimentos solidários em diferentes cadeias produtivas*. Monografia desenvolvida no Curso de Graduação em Psicologia da Universidade Federal de São Carlos, São Carlos, 2003

Franchini, V. de A. C - *Procedimento para elaboração de um código de condutas cooperativo em cooperativas populares de trabalho em incubação*. Monografia desenvolvida no Curso de Graduação em Psicologia da Universidade Federal de São Carlos, São Carlos, 2003.

Garcia, M. C. L. C. (2005) - *Avaliação dos impactos da organização de pessoas para o consumo ético e solidário: caso município de São*

90   ANA LUCIA CORTEGOSO

Carlos. Monografia desenvolvida no Curso de Graduação em Psicologia da Universidade Federal de São Carlos, São Carlos, 2005.

Gonçalves, A. C. - *Condições relacionadas ao surgimento e manutenção de comportamentos de liderar em cooperativas populares.* Monografia desenvolvida no Curso de Graduação em Psicologia da Universidade Federal de São Carlos, São Carlos, 2006.

Leugi, G. B. *Práticas de consumo e economia solidária: caracterização de comportamentos e contingências.* Projeto de monografia, Curso de Graduação em Psicologia da universidade Federal de São Carlos, 2006

Matheus, C. *Motivação para capacitação por parte de membros de empreendimentos solidários.* Projeto de monografia, Curso de Graduação em Psicologia da universidade Federal de São Carlos, 2005

Nogueira, S. G. - *Processo de inserção de novos membros e sua influencia sobre o trabalho coletivo em cooperativas: estudo de caso.* Monografia desenvolvida no Curso de Graduação em Psicologia da Universidade Federal de São Carlos, São Carlos, 2004.

Oliveira, E. C. A - *Impactos da participação de pessoas em cooperativas populares de trabalho sobre outras esferas de sua vida social.* Monografia desenvolvida no Curso de Graduação em Psicologia da Universidade Federal de São Carlos, São Carlos, 2002.

Polastrini, M. J. - *A Influência das Relações Pessoais de Amizade Extra-trabalho entre os Membros de um Empreendimento Solidário sobre as Relações Pessoais de Trabalho.* Monografia desenvolvida no Curso de Graduação em Psicologia da Universidade Federal de São Carlos, São Carlos, 2006.

Valério, C. - *Formação, ruptura e reorganização de empreendimentos solidários: estudo de um grupo autogestionário de artesanato.* Monografia desenvolvida no Curso de Graduação em Psicologia da Universidade Federal de São Carlos, São Carlos, 2005.

Vieira, K. A. L - *Contingências para comportamento verbal em cooperativas populares de trabalho.* Monografia desenvolvida no Curso de Graduação em Psicologia da Universidade Federal de São Carlos, São Carlos, 2002.

SÓCIO-TRABALHADOR: UMA IDENTIDADE PSICOSSOCIAL EM CONSTRUÇÃO?

Egeu Gómez Esteves[15]

Resumo:

Revejo aqui minha dissertação de mestrado à luz das teorias da Identidade Psicossocial; nela discuti a negociação cotidiana de entendimentos em uma cooperativa industrial como método da construção de sua autogestão, na qual ganharam forma algumas regras tácitas de funcionamento coletivo, algumas características psicossociais dos cooperados e, finalmente, o que chamei à época de uma condição simbólica dos cooperados: a capacidade de alternar entre as posições de sócio, trabalhador e pessoa. Considero agora que estes achados foram pistas para revelar um processo de construção da identidade psicossocial de sócio-trabalhador, construção esta simultânea à construção da cooperativa, da autogestão, das regras etc.

---

[15] Psicólogo, mestre e doutorando em Psicologia social pelo Instituto de Psicologia da Universidade de São Paulo (IP-USP), professor do curso de Psicologia da Universidade Cruzeiro do Sul – UNICSUL, membro da VERSO Cooperativa de Psicologia e da PLURAL Cooperativa de Consultoria, Pesquisa e Serviços. Contato: egeu@usp.br.

Palavras chave: identidade; autogestão; economia solidária; classe trabalhadora; trabalho.

A intenção deste ensaio é propor um tema de discussão e pesquisa para os pesquisadores e estudiosos latino-americanos do campo das ciências sociais que trabalham com as temáticas da autogestão, das empresas recuperadas, do cooperativismo e da economia solidária; trata-se da *identidade psicossocial de sócio-trabalhador*, tema que abordei lateralmente em minha dissertação de mestrado (Esteves, 2004), que revejo aqui à luz das teorias da Identidade Psicossocial.

Naquele trabalho discuti a *negociação cotidiana de entendimentos* entre os sócios-trabalhadores de uma empresa recuperada como o método da construção de sua autogestão, no qual emergiram algumas regras tácitas de funcionamento coletivo (*"todos são iguais"*, *"todos são responsáveis"* e *"todos estão no mesmo barco"*, ou seja, todos terão o mesmo destino), algumas características psicossociais dos sócios-trabalhadores (eles se preocupam com o grupo-empresa, controlam o grupo-empresa em seu cotidiano e se sentem parte do grupo-empresa) e o que chamei à época de uma condição simbólica dos sócios-trabalhadores: a capacidade de alternar entre as posições de sócio e de trabalhador através da mediação e integração realizada por aspectos pessoais tais como a família, a comunidade e a perspectiva de futuro pessoal. Considero agora que estes achados foram pistas para revelar o processo de construção da identidade psicossocial de sócio-trabalhador.

A proposta com esta revisão é apresentar uma hipótese sobre como a construção e a manutenção da Identidade Psicossocial de Sócio-Trabalhador acontece, ao mesmo tempo e na mesma situação social em que ocorre a autogestão, qual seja, em um cotidiano de trabalho onde interesses e entendimentos diversos são negociados, resultando em toda ordem de mudanças organizacionais e subjetivas. Para tal, apresentarei uma breve descrição da pesquisa realizada no mestrado, da empresa recuperada estudada e das conclusões obtidas, para então analisar novamente a situação estudada à luz das Teorias da Identidade Psicossocial.

A pesquisa

O trabalho de campo foi iniciado em agosto de 2002 com a realização de uma prospecção de campo que teve por objetivo a escolha da cooperativa industrial que seria estudada. Os critérios para a escolha da cooperativa foram inicialmente três: *que os cooperados a denominassem autogestionária, que tivesse um número de sócios-trabalhadores inferior a cem pessoas* e *um tempo de existência superior a dois anos.* O primeiro critério era uma condição necessária para a realização do trabalho de campo, já que esta pesquisa não deveria atribuir o significado de autogestionária – e tudo o que ele carrega – a uma empresa recuperada que assim não se reconhecesse. Já o segundo e terceiro critérios eram desejáveis, isto é, ambos tentavam assegurar que os trabalhadores da cooperativa estivessem juntos em condições de se reconhecerem mutuamente como "os cooperados da cooperativa tal". Ou seja, partiu-se do suposto de que, com estas condições satisfeitas, os trabalhadores teriam estabelecido simbolicamente os limites do grupo e se colocado "dentro" deste, em situação de pertencimento como membro da cooperativa. A estes critérios, posteriormente, agregou-se um quarto, também necessário, *que a cooperativa fosse economicamente viável e estivesse financeiramente equilibrada,* tentando assim garantir que a discussão sobre a viabilidade da cooperativa estivesse ausente ou em segundo plano.

A cooperativa escolhida foi a UNIWIDIA, Cooperativa Industrial de Trabalhadores em Ferramentas de Metal Duro, criada em março de 2000 e que contava em 2002 com 42 sócios-trabalhadores. Os cooperados tanto afirmavam o caráter autogestionário da cooperativa que o presidente dela foi eleito, em 2003, também presidente de uma central de cooperativas que possui como marco distintivo a autogestão, a UNISOL – União e Solidariedade das Cooperativas do Estado de São Paulo. Ademais, a cooperativa à época da pesquisa faturava, como resultado de suas vendas, cerca de cento e vinte mil dólares americanos por mês, que resultavam em uma remuneração média por cooperado de quinhentos dólares americanos.

A pesquisa visou compreender os processos envolvidos em uma situação social em acontecimento – *a construção cotidiana da autogestão pelos sócios-trabalhadores de uma cooperativa industrial* – e para tal utilizei a observação etnográfica, que é um método das ciências sociais, especialmente caro à antropologia, que me possibilitou uma interlocução direta e desarmada de instrumentos técnicos com os sujeitos da pesquisa no dia-a-dia de trabalho deles. Realizei a observação entre novembro de 2002 e maio de 2003, através de visitas esporádicas à cooperativa (de um dia inteiro), e da imersão durante uma semana no cotidiano de trabalho deles. As visitas e a imersão foram documentadas através da elaboração de um diário de campo, com anotações posteriores a cada dia de visita, em que foram registradas minhas observações, impressões e relatos a mim dirigidos.

Também realizei, entre fevereiro e abril de 2004, entrevistas individuais semi-estruturadas com seis cooperados – Aziel, Alexandre, Waldir, Paulo, Eucélia e Daniel – que contemplavam funções na produção e na administração, além de cargos eletivos. O roteiro contava com os seguintes tópicos orientadores:

Autogestão – que indagou sobre o processo de negociação envolvido nas tomadas de decisões (formais ou informais, no cotidiano de trabalho ou nas assembléias) que acarretam em todo tipo de escolha organizacional;

Organização do trabalho – que verificou as possibilidades de mudanças organizacionais e subjetivas advindas do controle do trabalho pelo coletivo de trabalhadores;

Condição de sócio-trabalhador – que investigou as condições simbólicas de um trabalhador cooperado ao indagar sobre as vantagens, desvantagens, os riscos e motivos envolvidos nesta condição. Este último tópico é o que mais se aproximava, à época, dessa discussão sobre que agora proponho sobre identidade de sócio-trabalhador.

A UNIWIDIA

A UNIWIDIA é fruto da recuperação, pelos trabalhadores, de uma empresa privada que fora sociedade anônima e também sociedade limitada, e que está desde o ano 2000 sob propriedade e controle dos trabalhadores, embora ainda locatários da massa falida[16] da antiga empresa, a CERVIN – Indústria e Comércio de Ferramentas de Precisão Ltda. Antes da falência, em 1999, a CERVIN passou por duas concordatas, uma entre 1982 e 1983 e outra entre 1995 e 1997. No processo de falência e de transição a empresa demitiu e perdeu trabalhadores: em 1995 eram 130 e, em 1999, somente 85. Destes, apenas 45 decidiram *"aventurar-se"* na cooperativa.

O percurso realizado por este coletivo de trabalhadores, na transição entre duas condições de trabalho, a de empregado de uma empresa privada para a de cooperado de uma cooperativa industrial autogerida, foi longo e difícil. A recuperação da empresa passou: pelas concordatas da CERVIN, quando perderam a segurança de trabalhar e de terem seus direitos trabalhistas atendidos; pela falência da CERVIN, que resultou na expulsão pela polícia dos trabalhadores da fábrica e na luta por seu direito de trabalhar; pela permanência dos trabalhadores por um período de 55 dias acampados em frente ao fórum de Mauá, esperando e lutando por uma decisão do Poder Judiciário que fosse favorável a estes trabalhadores, o que não aconteceu; pelo retorno às instalações industriais da CERVIN, decorrente da de-

---

[16] Segundo NUNES, P. (1976), massa falida é a *"universalidade de bens e obrigações que constituem o ativo e o passivo do comerciante em estado de falência, (...) um instituto de ordem pública, a que se tem atribuído personalidade jurídica"* (p. 588), sendo esta, segundo SILVA (1963), uma *"personalidade própria, que não se confunde com a do falido nem com a dos credores, vigiada e protegida pela lei e assistida pelo juiz oficiante da falência, sendo representada por um delegado inicialmente nomeado pelo juiz, o síndico, que é, depois, o liquidatário"* (p. 999).

cisão judicial em segunda instância que permitiu o aluguel da massa falida da CERVIN pela UNIWIDIA; pela retomada das atividades empresariais (produtivas e comerciais), em que provaram sua capacidade de produzir e administrar coletivamente; e pela conquista de novos direitos e benefícios, agora na condição de cooperados.

Dos 45 sócios fundadores, três saíram logo no início das atividades, dois se aposentaram em 2003, dois deixaram a cooperativa por desentendimentos e dois preferiram mudar da condição de cooperados para a de empregados da cooperativa alegando idade avançada (mais de 70 anos) combinada com o desejo de continuarem trabalhando, mas sem os riscos e compromissos esperados de um sócio. Dos 36 cooperados em 2004, quatro eram mulheres e 32 homens, cinco tinham até 30 anos; 11 entre 31 e 40 anos; 13 entre 41 e 50 anos e sete mais de 51 anos. Os 36 cooperados estavam distribuídos pelas atividades da cooperativa da seguinte forma: sete na administração (destes, dois eram conselheiros: o presidente e o tesoureiro), três nos fornos (pré-sinterização e sinterização); um na manutenção; dois nos controles de qualidade; oito no setor do metal duro e 15 na ferramentaria.

O processo produtivo da UNIWIDIA é basicamente a preparação da liga metálica chamada tecnicamente metal duro. A cooperativa produz sob encomenda ferramentas de precisão, geralmente de aço, com *componentes* (núcleos, facas etc.) de metal duro. De um modo geral a produção compreende a mistura de elementos químicos (cobalto, carbureto de tungstênio, níquel, entre outros), a usinagem e a sinterização dos *componentes* de metal duro e a usinagem de blocos de aço que formam o *corpo* da ferramenta.

As conclusões da pesquisa

A principal tese apresentada e discutida na dissertação de mestrado foi a de que a <u>negociação cotidiana de entendimentos</u> em uma cooperativa industrial conforma um <u>método de construção da</u>

autogestão. Através deste *método psicossocial* os cooperados negociam interesses diversos entre si e alcançam entendimentos que possuem uma dupla valia, visto que são – a um só tempo – entendimentos cognitivos e entendimentos sociais. Nestas negociações constroem-se novas compreensões coletivas (entendimentos cognitivos) sobre as situações e sobre as razões das pessoas envolvidas e, simultaneamente, novos acordos coletivos (entendimentos sociais) entre estas pessoas que possibilitam uma acomodação, ainda que temporária, dos interesses em jogo na negociação. Assim, afirmei que para cada nova compreensão coletiva sobre situação social emerge um novo acordo coletivo e vice versa, pois um novo acordo coletivo só é possível junto com uma nova compreensão coletiva sobre a situação social em acontecimento.

Na cooperativa estudada, o exemplo cabal da relevância e das possibilidades deste método de construção da autogestão foi o aparecimento de um conjunto de três importantes regras tácitas (não expressas formalmente) sobre o funcionamento deste coletivo de trabalhadores: "todos são iguais"; "todos são responsáveis" e "todos estão no mesmo barco". Cada regra destas apresenta um conjunto próprio de significações e possibilita um leque de ações aos cooperados na defesa dos interesses próprios e coletivos. Simplificando, as três regras são utilizadas pelos cooperados para, respectivamente: manter a simetria de poder na cooperativa; cobrar atitudes uns dos outros e manter a coesão do grupo. O conjunto destas três regras define o funcionamento coletivo real desta cooperativa e é muito mais relevante no cotidiano que as regras formais expressas no estatuto ou no regimento interno.

Além de conformar entendimentos cognitivos e sociais, naquele trabalho inferi que este método de negociação cotidiana de entendimentos também contribuiu para a conformação de características psicossociais e condições simbólicas dos cooperados, que hoje, pondero, podem ser elementos de uma identidade psicossocial dos sócio-trabalhadores. São as principais características psicossociais dos cooperados: eles <u>se preocupam com a cooperativa</u>; <u>controlam os</u>

demais cooperados em seu cotidiano de trabalho e se sentem membros, partes e partícipes, da cooperativa. Isto significa que os cooperados pensam sobre a cooperativa fora do espaço e do tempo de trabalho (em casa, à noite, principalmente); que eles se vigiam e se cobram reciprocamente durante o trabalho (em termos de eficiência e dedicação) e que eles referem-se à cooperativa como um grupo do qual fazem parte (grupo que detém um patrimônio e uma atividade econômica dos quais todos dependem).

Finalmente, conclui que havia uma participação desta mesma negociação na construção do que chamei à época de uma condição simbólica dos cooperados: a necessária capacidade de alternar as posições de sócio, trabalhador e pessoa. Esta condição é fundamental para a participação de cada cooperado na autogestão da cooperativa, visto que possibilita que convivam, como legítimos, os interesses de trabalhador e de sócio, mediados pelos interesses da pessoa, que integra os demais.

Esta alternância possibilita que os interesses por melhores condições de trabalho, principalmente em termos de remuneração, benefícios e segurança (geralmente defendidos pelo "chão-de-fábrica") convivam e sejam abertamente negociados com os interesses por melhores condições de competitividade no mercado, principalmente em termos de preço, prazo e qualidade (geralmente defendidos pela "administração"), mediados por interesses pessoais que são conformados pelo momento e pela condição de vida de cada um. Dessa maneira, os cooperados mais jovens geralmente defendem maiores investimentos na cooperativa, tais como aquisição de máquinas e equipamentos ou qualificação dos cooperados, esperando um retorno futuro destes investimentos, enquanto os cooperados mais velhos geralmente defendem um maior retorno presente dos investimentos realizados anteriormente, através da distribuição de sobras ou do aumento dos benefícios concedidos. O que importa, entretanto, é que através desta alternância simbólica de posições não é necessária uma alternância real, concreta (tal como ocorre em um rodízio de funções) para que os cooperados entendam e legitimem os diferentes interesses e posições presentes.

Por que discutir identidade?

Apesar de a economia solidária atrair atualmente o interesse da Psicologia social brasileira, sendo diversos os trabalhos apresentados em congressos e artigos publicados, ainda não foram apresentados ou publicados estudos relativos à Identidade de Sócio Trabalhador. As dissertações e teses defendidas por psicólogos sociais nos últimos anos atentam para questões como os múltiplos sentidos que o cooperativismo assumiu para os sócios das cooperativas (Oliveira, 2005), as repercussões psicossociais da experiência da autogestão para os cooperados (Andrada, 2005) e as negociações no cotidiano de trabalho nas cooperativas (Esteves, 2004), entre outros.

Embora esses pesquisadores não tenham evidenciado diretamente a questão da identidade psicossocial, eles diversas vezes tangenciaram essa temática, descrevendo modos como geralmente os cooperados agem, pensam ou se sentem dentro e fora das cooperativas. Feliz ou infelizmente, conjecturar livremente acerca do "modo de agir" ou do "jeito de ser" dos cooperados tornou-se corriqueiro entre os próprios sócio-trabalhadores e aqueles que com eles realizam algum tipo de trabalho ou pesquisa. O lado socialmente negativo disto é que, muitas vezes, essas conjecturas carregam preconceitos diversos e não contam com o necessário rigor na descrição e definição dos atributos e da dinâmica destes modos de agir e de ser. O lado positivo é que essas conjecturas apontam para a existência de uma identidade específica de sócio-trabalhador, ainda não descrita nem compreendida. Mas o que teria motivado seu aparecimento e reconhecimento, ainda que incipiente?

Segundo Bauman (2005), a emergência da identidade enquanto questão relevante ocorreu em função da "crise do pertencimento", uma forma de ruptura moderna com as identidades, comunidades e pertencimentos tradicionais, fruto da exposição do indivíduo à possibilidade de filiar-se a novas comunidades e construir novas identidades, o que é próprio do nosso mundo policultural, pleno de diversidades e de possibilidades. Ademais, ele complementa que a aceleração da globalização acarretou, em meio ao seu rol de conseqüências, na ruptura da classe (no caso, da classe trabalhadora) como elemento de identificação que *"oferecia um seguro para reivindicações discrepantes e difusas"*. *"O 'efeito imprevisto' disso foi uma fragmentação acelerada da dissensão social, uma progressiva desintegração do conflito social numa multiplicidade de confrontos intergrupais e numa proliferação de campos de batalha"* (p.42). Tais *"campos de batalha"* referem-se a lutas defensivas contra os efeitos excludentes da globalização, cujo instrumento é a afirmação das identidades locais, étnicas, raciais, sexuais etc.

De modo confluente, o desemprego estrutural – fruto da globalização e da nova divisão internacional do trabalho (Pochmann, 2001) – causou como uma resposta o surgimento da autogestão (Singer, Souza, 2000) como mais uma entre as lutas defensivas dos trabalhadores no rol dos *"campos de batalha"* de que fala Bauman. Essa é, provavelmente, a resposta mais apropriada para os questionamentos apresentados, pois parece emergir uma nova identidade deste movimento econômico-social cuja afirmação é também uma forma de resistência aos efeitos desta globalização perversa aos interesses dos trabalhadores.

E o que entender por identidade?

Como representante de uma visão estritamente psicológica, Erikson (1968) afirma sobre a Identidade Pessoal (Personal Identity): *"it includes a subjective sense of continuous existence and a coherent memory"* (p.61). Por essa concepção, a identidade seria aquela parte do indivíduo que continua apesar das mudanças advindas com o passar dos anos, e que, com a ajuda da memória, formaria um todo coerente. Esta concepção traria talvez a resposta para a pergunta essencial da identidade, relativa a quem alguém foi, ou quem alguém é, cuja resposta poderia então acentuar os traços mais permanentes da personalidade. Esta formulação, própria de uma Psicologia individualista, traz consigo a idéia de individuação por autodescoberta, de que nós poderíamos nos descobrir em nós mesmos e assim nos tornaríamos nós mesmos.

Pelo lado da sociologia, Berger & Berger (1977) oferecem uma concepção radicalmente antagônica, dizendo que "*a parte sociali-zada da individualidade costuma ser designada como identidade (...) [A identidade] é sempre assimilada através dum processo de interação com os outros. (...) Só depois que uma identidade é confirmada pelos outros, é que pode tornar-se real para o indivíduo ao qual pertence*" (p.212). Esta formulação sobre a Identidade Pessoal descreve um caminho para a construção da identidade pessoal calcado na idéia de socialização e de interação e demonstra seu caráter nitidamente sociológico ao atribuir aos demais – os "outros" – quase a totalidade da responsabilidade pela construção da identidade de alguém. Essa é uma concepção de individuação por socialização, ou seja, de que são os "outros", especialmente aqueles com quem convivemos, que nos tornam singulares.

Quiçá formulando uma síntese, Frable (1997), oferece uma resposta psicossocial: "*Identity is the individual's psychological relationship to particular social category systems*" (p.140). Ela complementa que as múltiplas identidades de uma pessoa (gênero, raça, etnia, sexo, classe etc.) são construídas através de um processo de negociação intra e inter pessoal dentro dos sistemas sociais específicos em que estão inseridas. Ela também considera que mudanças nesses sistemas sociais específicos promovem a necessidade de uma readequação da identidade. Esta formulação rompe o antagonismo das noções estritamente psicológicas ou sociológicas, apresentando-se de forma psicossocial, pois leva em consideração a atividade individual (a negociação) no processo de construção da identidade que, entretanto, depende sobremaneira dos sistemas sociais em que as pessoas estão inseridas. Essa é, portanto, uma formulação de individuação através de uma socialização negociada ativamente entre cada pessoa e os outros nas instituições e sistemas sociais em que participam e se encontram. Por essa concepção, psicossocial, nós nem nos descobrimos em nós mesmos nem somos um resultado passivo de nossas interações sociais, mas nos tornamos singulares à medida que negociamos ativamente com os outros os aspectos de nossa própria identidade.

Outra formulação advinda da sociologia, mas que também valoriza os aspectos psicossociais da identidade, provêm de Bauman (2005), e afirma que *"nós nos identificamos em referência a pessoas com as quais nos relacionamos* [grifos nossos]" (p.98). Essa proposição apresenta a identidade como resultante de um processo de identificação eu-outros mediado pelas relações que mantemos com nossas comunidades, sejam às que simplesmente pertencemos, buscamos pertencer ou somos impelidos a pertencer. Em outras palavras, Bauman sugere que há identidades adscritas (por nascimento), outras escolhidas (por livre filiação) e ainda outras que são política, social ou economicamente atribuídas (por rotulação). O amplo leque resultante dessas possibilidades abre, segundo Bauman, grande possibilidade de desentendimento e de negociação permanente eu-eu e eu-outros. Essa formulação corrobora e complementa a de Frable (1997), acima apresentada.

Em resumo, é característico das formulações psicossociais sobre a identidade que elas preservem e valorizem essa tensão existente entre as pessoas e as situações, grupos e sistemas sociais em que elas estão inseridas, destacando o processo de negociação *intra* e *inter* pessoal necessário para a construção, a manutenção e a transformação da identidade.

Escolas e teorias da Identidade Psicossocial

Geraldo Paiva (no prelo) apresenta o conjunto de escolas e teorias que abordam a questão da Identidade Psicossocial, que resumo aqui. Herdeiras da corrente da Psicologia social sociológica da Escola de Chicago, mais especificamente do interacionismo simbólico de Blumer, estão a Teoria do Papel de Theodore Sarbin e a Teoria da Identidade de Stryker. Como representantes da Escola de Bristol estão a Teoria da Identidade Social de Tajfel e a Teoria da Auto-Categorização de Turner. Já o próprio Paiva (2004) tem *"explorado a peculiaridade da construção pessoal da identidade com os conceitos, de inspiração lacaniana (...), de imaginário e de simbólico"* (p.22). Apresentarei esquematicamente os principais aspectos que caracterizam e diferenciam estas teorias.

A Teoria do Papel, de Sarbin (1986), explica que em um grupo estabelecem-se relações de papel entre seus membros em função das expectativas de comportamento recíprocas entre eles, associadas às posições, sempre relativas aos demais, que cada membro ocupa no grupo. O **desempenho pessoal do** papel é avaliado pelos demais membros do grupo, acarretando em emoções ligadas ao respeito e à estima. Segundo Sarbin há papéis em que somos lançados (papéis conferidos) e outros pelos quais batalhamos (papéis alcançados). O bom exercício de um papel conferido resulta no respeito do grupo por aquele a quem o grupo conferiu tal papel. Já o sucesso no desempenho de um papel alcançado resulta na estima (admiração) dos membros do grupo por aquele que alçou tal condição. Ao conjunto destas relações, posições e expectativas Sarbin chamou *"sistema de papéis"*.

A Teoria da Identidade, de Stryker (1987), atribui o fato conhecido de uma pessoa possuir múltiplas identidades à multiplicidade de papéis que ela exerce (em um ou vários grupos) simultaneamente e ao longo da vida. Entretanto, a pessoa não vive todos os papéis do mesmo modo ou com a mesma intensidade, já que alguns são transitórios e outros permanentes, alguns são centrais e outros periféricos etc. Este repertório de papeis sofre, portanto, uma hierarquização segundo o envolvimento e a centralidade de cada papel na psicodinâmica da identidade de cada pessoa.

Para a Teoria da Identidade Social, de Tajfel (1981), é fundamental a tomada de consciência da própria identidade, advinda da tomada de consciência do pertencimento a um grupo e não a outros, o que é possível através do processo cognitivo da categorização pelo qual a pessoa compara os grupos (suas características e membros), classifica-os em próprios (*in-group*) e alheios (*out-group*) e localiza-se no próprio grupo. Ao perceber sua pertença ao grupo com o qual se identifica, ocorre um processo motivacional pelo qual a pessoa reforça sua auto-estima. Outro aspecto interessante do processo de categorização dos grupos em *in* ou *out* e da comparação entre eles, é a percepção subjetiva das características do *in-group* como mais heterogêneas e as do *out-group* como mais homogêneas.

Para a Teoria da Auto-Categorização, de Turner (1985), na interação social cada pessoa reconhece os atributos que caracterizam os grupos sociais dos quais participa e cria um auto-conceito (*self-concept*) coerente com esses atributos, de modo a se autocategorizar socialmente como participante destes grupos (classe social, etnia, cor, nacionalidade etc.). Também por essa teoria, emerge e estabelece-se nos grupos um protótipo do grupo, que representa o conjunto dos atributos deste grupo. Este protótipo, abstrato ou pessoalizado, agrega as características ideais do grupo e de seus membros, possibilitando uma comparação de cada pessoa com ele, com os outros membros do grupo em relação a ele, e consigo mesma em relação a ele, ao que Turner chamou autoprototipicalidade.

Quanto à inspiração lacaniana presente na obra de Paiva (2004; 2005), ressalta-se o uso dos conceitos de imaginário e de simbólico. Nas palavras de Paiva (2004): "*Característico do imaginário é reduzir o outro ao mesmo, o diferente ao igual, o estranho ao conhecido, e nutrir-se de sinônimos, homologias, metonímias e isomorfismos*". E também: "*O simbólico transita, assim, pela diferença, pela alteridade, pela metáfora, e produz um significado novo*". E conclui: "*Sugere-se que a transformação da identidade se realiza em sentido próprio apenas no simbólico*" (p.22).

Um mosaico dos principais conceitos

Será composto um mosaico dos diversos conceitos das teorias da identidade, tanto da Psicologia social quanto da sociologia e da Psicologia, que pretende compor um quadro referencial para a investigação da identidade psicossocial dos sócio-trabalhadores. Parece possível falar em identidade psicossocial a partir dos seguintes conceitos:

Identificação (Laplanche, 1992). Aqui compreendido como o processo psicológico pelo qual uma pessoa identifica, reconhece e assimila aspectos, propriedades, atributos, qualidades, valores presentes em pessoas, grupos, comunidades ou sistemas sociais e, reflexivamente, se identifica com tais aspectos e com aqueles que os carregam, sentindo-se confortável entre eles. A identificação é condição necessária, mas não suficiente, para que haja transformação da identidade.

Sistema social (Frable, 1997). As identidades são construídas sempre referentes a um determinado grupo, comunidade, campo ou sistema social (a religião, a classe social, a sexualidade, o futebol, a nacionalidade, a política etc.). Cada campo possui limites com outros e divisões internas (grupos) com relações sempre relativas de distinção e/ou identidade (franceses x alemães; europeus x americanos; ocidentais x orientais etc.).

Posição (Sarbin, 1986). Noção intrinsecamente relativa aos outros e ao campo social como um todo, descreve a particularidade de cada um dentro na generalidade do sistema. Um padre ocupa uma posição diferente dentro da estrutura da igreja católica em relação a um fiel, assim como fiéis de credos distintos ocupam diferentes posições relativas dentro de cada credo, pois as diferentes estruturas (sistemas de significação, hierarquia etc.) de cada um tornam diferente ser um fiel católico, muçulmano ou judeu, por exemplo.

Papel (Sarbin, 1986). Indica o que a pessoa deve pensar e agir dentro do sistema social específico e da posição relativa específica que ocupa aí. O papel é derivado da posição que se ocupa no campo social; entretanto, pode-se ocupar uma nova posição no campo ao desempenhar um novo papel. Acompanhando a noção de papel vem a de expectativa, pois para cada papel, conferido ou alcançado, há uma expectativa correspondente, seja dos demais membros do grupo, seja uma expectativa própria (reflexiva).

Categorização social (Tajfel, 1972). A categorização social é o processo cognitivo pelo qual uma pessoa reconhece os aspectos dos diversos grupos sociais existentes e os categoriza como grupos aos quais pertence (*in-group*) ou não (*out-group*). Ao classificar os grupos e categorizá-los conforme um critério de próprio e alheio, a pessoa se localiza socialmente e, ao tomar consciência de seu pertencimento ou não a cada grupo (auto-categorização), a pessoa constrói sua identidade psicossocial.

Pertencimento (Tajfel,1981). A percepção do pertencimento a um determinado grupo através da afinidade com os elementos que o caracterizam e compõem é fundamental para a consciência da própria identidade e para a auto-estima dos pertencentes. Alguém somente pode dizer: "Sou palmeirense", afirmando esta identidade, porque tem consciência do próprio pertencimento à esta torcida futebolista e não a outra. Dessa forma ele terá um reforço em sua auto-estima quanto mais se identifique com este grupo e com aquilo que ele representa.

In group e *Out group* (Tajfel,1981). Também relativa à percepção do pertencimento a um grupo e não pertencimento a outro está a realização de uma divisão cognitiva dos grupos em *in-group* e *out-group*, atribuindo *a priori* qualidades mais heterogêneas a uns e homogêneas a outros, respectivamente. Ou seja, há uma tendência de perceber os grupos dos quais pertencemos como mais heterogêneos e mais complexos do que os grupos aos quais não pertencemos, que percebemos como mais homogêneos e mais simples.

Protótipo (Turner, 1985). Cada grupo possui um tipo ideal que melhor representa o conjunto de valores ou atributos que o identifica e o torna reconhecível. A existência deste protótipo opera psiquicamente por meio de processos reflexivos e auto-reflexivos (autoprototipicalidade) de comparação entre todos, inclusive entre o sujeito que compara e o protótipo. A distância relativa do sujeito em relação ao protótipo, mediada pela distância relativa dos demais em relação ao mesmo protótipo, define o grau de identidade e identificação dele com o grupo.

Multiplicidade (Stryker, 1987). Refere-se ao conjunto de identidades que uma pessoa detém em função de pertencimentos igualmente múltiplos a diversas comunidades ou sistemas sociais simultaneamente. Derivam da multiplicidade de identidades as noções de hierarquia, centralidade e envolvimento pelas quais se estabelece em cada pessoa uma dinâmica entre suas identidades – que podem coexistir cooperando ou conflitando ou mesmo tornarem-se mutuamente excludentes – levando a pessoa a uma crise de identidade com conseqüências psicológicas e sociais.

Elaboração (Paiva, 2004). No processo de transformação da identidade que acompanha a passagem de uma pessoa de um grupo a outro, ocorre uma elaboração psíquica de uma entre duas maneiras. No modo imaginário há *"um rearranjo dos múltiplos elementos no sentido de reprodução do mesmo, (...) que assimila os elementos novos ao eixo simbólico anterior, de qualquer natureza"*. Já no modo simbólico, ocorre *"uma reorganização dos múltiplos elementos, antigos e novos, ao redor de um novo eixo de significação, (...) que substitui o simbólico anterior de natureza religiosa ou outra"* (p.28). Portanto, se a elaboração imaginária reproduz mais do mesmo, sem transformação real, a elaboração simbólica, por outro lado, produz uma nova identidade.

Uma análise da identidade psicossocial dos sócios-trabalhadores da UNIWIDIA

Voltando à UNIWIDIA, veremos como nesta situação social específica operam os diversos conceitos apresentados, verificando aí a validade da hipótese da existência de uma identidade psicossocial de sócio-trabalhador.

Nela operam as noções de posição no grupo e de expectativa relacionado à posição. A posição da função de fresador no conjunto da cooperativa, por exemplo, acompanha uma expectativa distinta daquela do cargo de presidente da cooperativa, ainda que eventualmente o presidente possa ser um fresador, como ocorrera na época da pesquisa. A mudança de papel de fresador para presidente altera a expectativa que todos os membros do grupo (incluindo o próprio) têm em relação à pessoa em questão. Outro exemplo interessante é que, apesar da posição ocupada por um engenheiro ter se mantido a mesma antes e depois que a empresa privada se tornar uma cooperativa autogerida, o papel dele na cooperativa mudou, bem como as expectativas dos demais cooperados em relação a ele. Se antes devia prescrever aos trabalhadores as formas de realização de determinados trabalhos, agora deve convencer, por negociação, seus sócios dos benefícios que a adoção de tais formas pode acarretar.

Também operam aí as noções de multiplicidade, hierarquia, centralidade e envolvimento. Segundo minhas observações do cotidiano da cooperativa, a vida de uma pessoa fora da cooperativa, essencialmente no que diz respeito à família e ao momento relativo que cada um ocupa em sua própria vida, funciona como uma dimensão mediadora e integradora das negociações entre as posições de sócio e de trabalhador. Quando um trabalhador compara a condição de vida de sua família à condição econômica de sua cooperativa, carrega, de um lado a outro, expectativas e ressentimentos. Assim, a posição que um assume em um assunto da cooperativa é tomada levando em consideração interesses externos a esse âmbito, porém considerados igualmente legítimos para aquele que assim procede. Este mesmo raciocínio pode ser adotado em relação ao momento da vida de cada um, o que justifica as tomadas de decisão (calcadas nas posições de sócio ou de trabalhador) em negociações da cooperativa que consideram o tempo de retorno que cada pessoa pode suportar, em função de suas expectativas em relação à sua própria vida. A essa vida "fora da cooperativa" chamei de "pessoa" (uma suposta identidade pessoal integrada), compondo a tríade sócio-trapalhador-pessoa. Essa identidade pessoal entraria aí numa posição privilegiada na hierarquia de envolvimento das identidades de uma pessoa.

Os sócios-trabalhadores da cooperativa realizam uma classificação e categorização social sobre os diversos grupos aos quais estão expostos, assim eles classificam as empresas entre cooperativas autogeridas e "empresas convencionais", categorizando-se dentro do primeiro grupo, junto a outras cooperativas similares e ajudando a fortalecer o movimento da economia solidária através da UNISOL. Também classificam as empresas entre clientes, fornecedoras e concorrentes dentro do segmento de mercado das ferramentas de precisão que utilizam metal-duro (widia), do qual a cooperativa participa ativamente. Assim, a identidade psicossocial destes trabalhadores inclui os fatos de serem, simultaneamente, uma cooperativa autogestionária e uma empresa do segmento do metal-duro.

A noção de pertencimento é muito cara à situação estudada, pois os cooperados sentem-se membros, parte e partícipes da cooperativa; têm consciência de sua condição de cooperados – diferente da condição de empregados ou de patrões – bem como de cooperados desta cooperativa específica, representando-a e defendendo-a nos diversos espaços sociais de que ela participa. Em resumo, na cooperativa "todos estão no mesmo barco" e "todos caminham para o mesmo lugar". Para os trabalhadores em questão, a sensação de pertencimento foi profundamente alterada quando da transição de empresa capitalista convencional para empresa cooperativa autogerida, pois a antiga identidade de companheiros de trabalho – empregados de uma mesma empresa – não foi suficiente para a nova realidade, em que "todos são iguais" e "todos são responsáveis". Foi necessário, portanto, construir uma nova relação de pertencimento, relacionada à nova identidade de cooperados, ao mesmo tempo sócios e trabalhadores do empreendimento.

As noções de *in-group* e *out-group*, ademais de localizarem os sócios-trabalhadores dentro do cooperativismo autogestionário e do segmento do metal-duro, também ajudam a compreender a conformação de subgrupos a partir de divisões da própria cooperativa (escritório x "chão de fábrica", ferramentaria x "metal-duro", cooperados x conselheiros etc.), bem como a descrever os processos de negociação e conflito entre as partes. É interessante notar que tais "divisões" se encontram ora respaldadas na atividade produtiva (ferramentaria x "metal-duro"), ora na estrutura organizacional (escritório x "chão de fábrica") e ora na condição societária (cooperados x conselheiros), o que indica que as posições dos cooperados em relação à cooperativa variam conforme o tema do conflito e da negociação.

A noção de protótipo também está lá, pois os cooperados referem-se muito ao que deveria ser ou como deveria comportar-se um cooperado, muitas vezes apontando desta maneira as imperfeições próprias ou de colegas da cooperativa, outras vezes fazendo o oposto simétrico, ou seja, utilizando um cooperado como "tipo ideal" para afirmar suas ações ou as de outros membros do grupo. A designação de um membro do grupo como protótipo pessoal que porta e representa os atributos da identidade de cooperado também ocorreu, feito confirmado por sua eleição para presidente da cooperativa. Entre suas características, é interessante destacar, está saber coordenar sem impor, agregar sem comandar, ou seja, a capacidade de negociar entre iguais, na qual é fundamental a habilidade discursiva e a capacidade de alternar as posições de sócio, trabalhador e pessoa.

Finalmente, a noção de elaboração psíquica é igualmente importante. A descrição realizada por Paiva (2004) sobre o papel cumprido pelo imaginário ou pelo simbólico nos processos de transformação da identidade pode ser transportado para o que ocorreu com os ex-empregados que aderiram à condição de cooperados na cooperativa estudada. Entretanto, se ali não houve propriamente uma mudança na comunidade de pertencimento (pois se mantiveram os mesmos trabalhadores no mesmo local de trabalho), mudou todo o conjunto de qualidades, atributos, valores, etc. que caracterizam essa comunidade e a qualidade desse pertencimento. Para os trabalhadores que decidiram tentar manter os postos de trabalho, constituindo a cooperativa, veio a necessidade premente de construir uma nova identidade, de cooperado, que reunisse os atributos de sócio e de trabalhador e que levasse em consideração os interesses de cada pessoa.

Embora esse processo tenha afetado todos aqueles que se tornaram cooperados, e apesar desta discussão sobre "o que é ser cooperado" ser tema recorrente na cooperativa, a elaboração de uma nova identidade é também pessoal, sendo diferentes as formas como se deu em cada uma das pessoas envolvidas. Parece haver ali também aqueles que fizeram uma elaboração imaginária, de uma forma ou de outra tentando agregar elementos do cooperativismo a uma identidade essencialmente de trabalhador empregado, processo que resultou inclusive em sofrimento psíquico para alguns cooperados em função dos muitos elementos divergentes nestas identidades. Outros cooperados, como esperado, assumiram plenamente o novo simbólico de cooperado, realizando uma elaboração simbólica completa (cada qual à sua maneira), sendo esses os trabalhadores que tomaram a frente da cooperativa. Há muitos outros que possivelmente estavam, à época da pesquisa, em algum ponto parcial, tentando ainda elaborar essa transição, entender as mudanças em sua realidade e construir uma nova identidade.

Negociação de entendimentos na construção da Identidade Psicossocial de Sócio-trabalhador

A análise realizada permite afirmar que existe uma identidade psicossocial de sócio-trabalhador em construção no cotidiano das empresas autogestionárias e também afirmar que, pelo quadro referencial adotado, nesta construção participam os seguintes processos:

- a percepção cognitiva e o reconhecimento, por parte do trabalhador, dos aspectos, propriedades, atributos, qualidades, valores etc. que caracterizam o <u>sistema social</u> da autogestão e a diferenciam de outras formas de organização empresarial e do trabalho e, em especial, daquelas propriedades que a diferenciam da forma de trabalho empregatícia;

- a <u>identificação</u> pessoal dos trabalhadores com estes atributos da autogestão, ou seja, a sensação de estarem confortáveis entre esses valores e qualidades, bem como de sentirem-se confortáveis entre aquelas pessoas que defendem tais valores;

- a <u>auto-categorização</u> do trabalhador agora como um membro cônscio de sua condição de sócio-trabalhador de uma empresa autogestionária, na qual compartilha esses atributos distintivos e luta por eles;

- as negociações, no interior do grupo-empresa, sobre o <u>protótipo</u> de sócio-trabalhador, ou seja, as conversas – geralmente informais e sem grande ambição – nas quais os trabalhadores expressam o que eles pensam sobre como eles deveriam ser e se comportar na condição de sócio-trabalhador.

A análise também permite propor a hipótese de que haja uma importante contribuição da <u>negociação cotidiana de entendimentos</u> para a construção dessa Identidade Psicossocial específica de sócio-trabalhador, já que o protótipo do que é ser um sócio-trabalhador é um entre diversos entendimentos – quiçá um dos mais importantes e recorrentes – em negociação, discussão e elaboração no interior da cooperativa. Se tal método participa ativamente da construção de um entendimento sobre essa identidade prototípica, então ele participa indiretamente da construção da identidade de cada um dos cooperados, embora a tomada de consciência implicada nesse processo seja um trabalho em grande parte pessoal.

Se a autogestão carrega o surgimento de um novo sujeito social, o sócio-trabalhador, investido em sua nova identidade psicossocial, homônima, que merece ser reconhecida e respeitada por suas características próprias, há então um chamado aos diversos cientistas sociais, entre eles os psicólogos sociais, para que se dediquem a essa temática, colocando a identidade psicossocial dos sócios-trabalhadores como objeto de suas pesquisas ou, ao menos, considerando-a ao tratar de outros assuntos neste mesmo contexto.

Referências

Andrada, C. F. (2005). *O encontro da política com o trabalho: história e repercussões da experiência de autogestão das cooperadas da UNIVENS*. Dissertação de mestrado não-publicada. Programa de pós-graduação em Psicologia social, Universidade de São Paulo. São Paulo. Disponível na internet: http://www.teses.usp.br/teses/disponiveis/47/47134/tde-22092005-123014/publico/ANDRADA,C.F.2005.pdf'

Bauman, Z. (2005). *Identidade: entrevista a Benedetto Vecchi*. Rio de Janeiro: Jorge Zahar.

Berger, P.L. & Berger B. (1977). Socialização: como ser um membro da sociedade. Em M.M Foracchi & J.S Martins (Orgs.) *Sociologia e sociedade: leituras de introdução à sociologia*. (pp. 200-214). Rio de Janeiro: Ed. LTC.

Erikson, E.H. (1968). Identity, psychosocial. Sills. D.L. (ed.) *International Encyclopedia of Social Sciences*. New York, The Macmillan Company and The Free Press. 7, 61-65.

Esteves, E.G. (2004). *Sócio, trabalhador, pessoa: negociações de entendimentos na construção cotidiana da autogestão de uma cooperativa industrial*. Dissertação de mestrado não-publicada. Programa de pós-graduação em Psicologia social, Universidade de São Paulo. São Paulo. Disponível na internet: http://www.teses.usp.br/teses/disponiveis/47/47134/tde-11032005-104138/publico/EgeuEsteves-dissertacao.pdf'

Frable, D.E.S. (1997). Gender, racial, ethnic, sexual, and class identities. *Annual Review of Psychology*, 48, 139-162.

Laplanche, J. (1992). *Vocabulário de psicanálise*. São Paulo: Martins Fontes.

Nunes, P. (1976). *Dicionário de tecnologia jurídica.* Vol. II. Rio de Janeiro: Freitas Bastos.

Oliveira, F. (2005). *Relações de trabalho e sentidos do cooperativismo.* Tese de doutorado não-publicada. Programa de pós-graduação em Psicologia social, Pontifícia Universidade Católica de São Paulo. São Paulo.

Paiva, J.G. (2004). Identidade e pluralismo: identidade religiosa em adeptos brasileiros de novas religiões japonesas. *Psicologia: Teoria e Pesquisa.* 20, 021-029. Disponível na internet: http://test.scielo.br/pdf/ptp/v20n1/a04v20n1.pdf

Paiva, J.G. (no prelo). *Identidade psicossocial e pessoal como questão contemporânea.* São Paulo, 11p.

Pochmann, M. (2001). *O emprego na globalização: a nova divisão internacional do trabalho e os caminhos que o Brasil escolheu.* São Paulo: Boitempo.

Sarbin, T.R. (1986) (Org.), *The storied nature of human conduct.* New York: Praege.

Silva De Plácido e. (1963). *Vocabulário jurídico.* Vol. III. Rio de Janeiro: Forense.

Singer, P; Souza, A. R. (2000) (orgs.). *A economia solidária no Brasil: autogestão como resposta ao desemprego.* São Paulo: Ed. Contexto.

Stryker, S. (1987). Identity theory: Developments and extensions. Em K. Yardley & T. Honess (Orgs.), *Self and identity: Psychosocial perspectives.* New York: Wiley.

Tajfel, H (1972). La catégorization sociale. In: S. Moscovici (Org.) *Introduction à la psychologie sociale,* Vol. 1. Paris: Larousse.

Tajfel, H. (1981). *Human groups and social categories. Studies in social psychology.* Cambridge: Cambridge University Press.

Tajfel, H.; Turner, J.C. (1986). The social identity theory of intergroup behavior. In: S. Worchel & W.G. Austin (Eds.), *Psychology of intergroup relations,* 2nd ed. Chicago, IL: Nelson-Hall.

Turner, J.C. (1985). Social categorization and self-concept: A social cognitive theory of group behavior. In: E.J. Lawler (Org.), *Advances in group processes.* Vol.2. Greenwich, CT: JAI Press.

PARTE II

EDUCAÇÃO, CULTURA E PRÁTICAS EM ECONOMIA SOLIDÁRIA

COMPORTAMENTOS AO INCUBAR EMPREENDIMENTOS SOLIDÁRIOS: A DESCRIÇÃO DO FAZER COLETIVO COMO REFERENCIAL PARA O FAZER DE CADA UM

Ana Lucia Cortegoso, Ioshiaqui Shimbo, Maria Zanin, Daniela Fontes Amorim, Nádia Fontes, Vanessa Maria Brito de Jesus, Carolina Orquiza Cherfem, Carlos César Mascio, Aline Alberti V. da Costa, Thiago Nardini, Miguel Gambelli Lucas

Resumo:

Neste capítulo são feitas apresentação e discussão da representação do método de incubação que orienta a atuação da Incoop/UFSCar ao assessorar empreendimentos solidários, a partir da indicação de classes de comportamentos organizacionais da Incubadora e da descrição de algumas destas classes em termos de ações, condições diante das quais estas ações são consideradas desejáveis, condições necessárias

118 ANA LUCIA CORTEGOSO, IOSHIAQUI SHIMBO, MARIA ZANIN, DANIELA AMORIM E OUTROS

para apresentação das ações, resultados, produtos e efeitos desejáveis destas ações e propriedades das ações que se relacionam à produção destes resultados, produtos e efeitos.

Desde meados da década iniciada em 1990 vêm sendo criadas, em universidades brasileiras, particularmente públicas, unidades de estudo e fomento à economia solidária, que se denominam incubadoras de empreendimentos desta natureza. De um modo geral, propondo e praticando, de forma radical, a indissociabilidade entre pesquisa, ensino e extensão, estes coletivos de professores, alunos de graduação e pós-graduação e profissionais de diferentes níveis e formação, têm se dedicado a buscar respostas concretas na compreensão do papel e do potencial desta forma ainda pouco conhecida e disseminada de organização coletiva para o trabalho e para atender, com conhecimento novo e tecnologia, às necessidades desta forma de organização econômica e de prática social representada pela economia solidária.

O cenário diante do qual as universidades criaram estas incubadoras apontava a necessidade urgente de desenvolver alternativas capazes de promover condições mínimas de cidadania a uma parcela muito significativa da população brasileira. Embora mudanças nestes cenários dependam de várias e diferentes condições, a produção específica de conhecimento e tecnologia capazes de oferecer maior compreensão e ferramentas para que os segmentos excluídos de cidadania pela lógica capitalista de mercado sejam sujeitos desta mudança é uma delas, e corresponde exatamente ao papel social da universidade. A criação das incubadoras de cooperativas populares surgiu como uma das possíveis respostas a esta necessidade, e como mecanismo de aproximação da população excluída, tanto em busca de melhor conhecer as necessidades e saberes desta população, quanto para transformar conhecimento produzido no âmbito da universidade em comportamentos humanos.

Desde então, um dos desafios enfrentados por estes núcleos de ensino, pesquisa e extensão que se dedicam à economia solidária é

COMPORTAMENTOS AO INCUBAR EMPREENDIMENTOS SOLIDÁRIOS: A DESCRIÇÃO DO FAZER... **119**

desenvolver formas de ação capazes de viabilizar não apenas a existência de coletivos organizados para o trabalho, mas seu funcionamento como células efetivamente autogestionárias e comprometidas com os princípios orientadores deste campo de atividade humana; bem como a inserção dessas células em complexas redes de relações que envolvem outros empreendimentos solidários, outros atores sociais da economia solidária e mesmo no mercado capitalista, em geral pouco amistoso em relação a esta forma de organização do trabalho e gestão.

Comprometidas com a produção de conhecimento desenvolvida no contato direto com a população que dele necessita, garantindo atuação profissional ao mesmo tempo em que o conhecimento é produzido, e condições permanentes para a formação de todos os envolvidos no processo, estas incubadoras vêm acumulando experiências, sistematizando-as e, juntamente com seus parceiros participantes de redes, buscando respostas para as dúvidas e inseguranças inerentes ao fazer crítico e ao convívio com o sofrimento humano de populações desprovidas de condições dignas de alimentação, educação, moradia e trabalho.

A diversidade de situações com as quais estas incubadoras se defrontam, em termos de tipos de problemas da população, de demandantes para seu trabalho, de recursos disponíveis para implementar processos de incubação, e muitas outras variáveis que vão sendo identificadas como relevantes para este processo, tem colocado em evidência muitos dados, bem como a importância de sistematizá-los e, com isso, estabelecer novos horizontes em termos tanto do avanço do saber sobre este processo, quanto para indicar ações necessárias para conduzi-lo em diferentes contextos e sob diferentes condições. Esta mesma diversidade, que revela as muitas faces que este processo pode assumir em função de muitas especificidades, evidencia, também, aspectos que se mostram muito similares quanto ao papel que ocupam na condução e nos resultados dos processos de incubação. Sua sistematização e representação, então, parece ter tanto valor heurístico, em termos de produção de novos conhecimentos, quanto constituir condição para dialogar com outras incubadoras similares, bem como com outros atores da economia solidária e mesmo com a população com quem a incubação é construída.

A INCOOP – Incubadora Regional de Cooperativas Populares da UFSCar existe desde 1998, e respondeu ou responde pela incubação de um conjunto relativamente amplo e diversificado de empreendimentos solidários do ponto de vista de atividades econômicas: produção de alimentos orgânicos, processamento de alimentos, hortifruticultura, limpeza de ambientes, costura, artesanato, resíduos, marcenaria, lavanderia, panificação etc. Suas atividades envolvem, ainda, um conjunto diversificado de pessoas, incluindo moradores de bairros de baixa renda, de assentamentos rurais, catadores de resíduos, egressos de programas de assistência social e de cursos de qualificação etc. Neste período, além de garantir registro e avaliações contínuas das atividades realizadas, e de garantir condições para produção de conhecimento sobre aspectos específicos do processo de incubação, tem investido no esforço de identificar, em sua prática e na literatura relacionada à economia solidária, os aspectos essenciais de sua maneira de conduzir processos de incubação. Realizou e realiza, periodicamente, seminários internos, nos quais as experiências são apresentadas por aqueles que respondem diretamente pelos processos de incubação, e examinadas naquilo que pode ser considerado como avanços no alcance dos objetivos pretendidos (indicados mais adiante neste texto em relação aos empreendimentos que, espera-se, devem emergir destes processos de incubação), bem como naquilo que parece distanciar este processo dos mesmos objetivos. Ao mesmo tempo, ao se articular com outras incubadoras e com outros atores da economia solidária, como é o caso dos fóruns de economia solidária, tem ficado exposta ao relato e à observação de outras experiências e modos de realizar e representar processos de incubação, bem como participado do debate conceitual e empírico sobre questões de interesse na economia solidária. E é com base neste acúmulo de dados e de reflexões que vem construindo como resposta, necessariamente provisória, à questão sobre seu modo de proceder ao implementar processos de incubação de empreendimentos solidários, uma sistematização de "fazeres" que podem ser esperados de uma incubadora universitária de cooperativas populares ao realizar um processo de incubação.

Contribuiu para a caracterização do processo de incubação implementado (ou, em alguns aspectos, pretendidos) pela INCOOP, uma noção de comportamento que, formulada a partir de conhecimento produzido no âmbito da análise do comportamento, enfatiza que esta unidade de análise é mais do que apenas aquilo que um organismo (ou, no caso da Incubadora, uma coletividade) faz: é a relação daquilo que é feito com o contexto em que se insere, e somente assim pode apresentar um significado efetivo e útil como orientação para a compreensão e para a ação em relação a fenômenos relacionados ao agir no mundo. Este conceito, tal como sistematizado por Botomé (1981), constitui a base da linguagem utilizada para representar o processo de incubação, tal como se apresenta, no momento em que este texto é produzido, para a INCOOP.

A compreensão do processo de incubação, na concepção da equipe da INCOOP, requer a explicitação dos resultados pretendidos a partir deste processo, ao menos do ponto de vista do coletivo que tem esta responsabilidade. Dentre os resultados desejáveis deste tipo de fazer da Incubadora, são destacados: empreendimentos solidários de natureza popular, organizados para o trabalho coletivo, que funcionem de forma autônoma, com capacidade para identificar suas próprias necessidades e providenciar para que sejam atendidas, inseridos no mercado e no contexto mais amplo da economia solidária e com características gradualmente mais compatíveis com princípios e diretrizes do cooperativismo (adesão livre e voluntária, controle democrático pelos sócios, participação econômica dos sócios, autonomia e independência, educação, treinamento e informação, cooperação entre cooperativas, preocupação com a comunidade: Rech, 2000) e da economia solidária (autogestão, cooperação, solidariedade e valorização do trabalho), aprimoramento da sensibilidade daqueles que atuam neste processo para identificar necessidades e potenciais das populações envolvidas, para levar em consideração tais necessidades e potenciais na interação que se estabelece no processo de incubação, aprimoramento da capacidade destas pessoas para aprender a partir destas interações, para produzir conhecimento e tecnologia adequados a estas necessidades e condições, bem como para tornar conhecimento existente acessível à população envolvida, de modo compatível com suas características, interesses e necessidades.

Para alcançar estes resultados, a INCOOP propõe como sua forma preferencial de intervenção o atendimento direto a grupos para formação de empreendimentos solidários de natureza popular, por meio da oferta de subsídios e acompanhamento do processo de tomada de decisão e da implementação de atividades, com participação dos responsáveis pela incubação em todas as etapas do trabalho, incluindo avaliação de resultados, em conformidade com a definição daquilo que, no âmbito da Universidade Federal de São Carlos, é entendido como assessoria, uma das possíveis modalidades de atividade de extensão (Anexo I da Portaria GR n°. 220/93).

Proposição de classes gerais de comportamentos organizacionais para a incubação de empreendimentos econômicos solidários

A partir da descrição geral dos resultados pretendidos por meio da forma prioritária de ação da Incubadora, foram identificadas 16 classes gerais de comportamentos organizacionais que representam aquilo que vem sendo denominado de método de incubação na INCOOP. Descrições parciais destas classes de comportamento, com indicação de alguns dos componentes da relação comportamental, principalmente em relação a resultados, produtos e efeitos desejáveis das ações da Incubadora consideradas relevantes no processo de incubação, podem ser vistas a seguir:

1) Processar demandas para incubação de empreendimentos solidários, recebidas de diferentes atores sociais, de modo que estas sejam aceitas ou recusadas em função de critérios estabelecidos pela equipe da INCOOP e de recursos existentes para incubação de novos empreendimentos, de forma transparente para todos os envolvidos e com encaminhamentos realizados para aqueles casos em que a demanda não puder ser atendida;

2) identificar população em potencial para formação de empreendimento solidário compatível com a demanda, quando esta população não está identificada na demanda, de modo o mais possível inclusivo em relação à população potencial;

3) caracterizar cada um dos atores, de diferentes tipos, envolvidos, ou que devem ser envolvidos, no processo de incubação específico a ser realizado, de forma o mais completa possível, como condição para elaborar propostas de atuação junto ao grupo e, de preferência, com participação efetiva destes envolvidos, particularmente a população em potencial para formação do grupo;

4) apresentar economia solidária como possibilidade de organização com vistas à geração de trabalho e renda, à população ou grupo em potencial para constituição de empreendimentos solidários, de modo que cada um dos membros desta população fique *esclarecido* quanto a características de empreendimentos no âmbito da economia solidária, princípios do cooperativismo, alternativas existentes para geração de trabalho e renda, forma e condições de trabalho da INCOOP e *competente* no uso e compreensão da linguagem e dos conceitos no campo da economia solidária, que possa *escolher* de forma livre e esclarecida sobre adesão à proposta cooperativista e *contribuir* na busca de recursos para viabilizar o atendimento da INCOOP, se for necessário;

5) apoiar o grupo em sua organização inicial para que os participantes possam tomar decisão democrática e esclarecida sobre formação (ou não) de empreendimento econômico solidário, caso o grupo apresente grau insuficiente de organização autônoma para isto;

6) elaborar proposta conjunta de trabalho, com participação dos membros em potencial do grupo a ser incubado, que indique o mais claramente possível os acordos coletivos sobre responsabilidades mútuas no processo de incubação, objetivos, metas, prazos, formas de trabalho, contrapartidas e outros aspectos que possam contribuir para a regulação das condutas de todos os participantes, bem como sirvam como parâmetros para avaliação do trabalho, atendendo a necessidades, interesses e possibilidades de todos os envolvidos;

7) apoiar escolha de atividade econômica a ser realizada pelo grupo a partir do exame de cadeias produtivas, de modo que esta apresente viabilidade econômica, relevância social e compatibilidade com recursos materiais e capital humano disponíveis, com recursos adicionais e infra-estrutura necessária para implementação da atividade devidamente identificados e potencialmente acessíveis;

8) promover formação dos membros do grupo para o cooperativismo popular e para a economia solidária de forma contínua e permanente, de todas as maneiras e em todos os tipos de situação possíveis, com ampliação de autonomia do grupo e sua inserção no contexto maior da economia solidária, e aumento da probabilidade de que os membros dos empreendimentos atendidos apresentem condutas gradualmente mais compatíveis com a cultura da economia solidária;

9) promover formação contínua e permanente dos membros para a autogestão e para a gestão administrativa, em todas as oportunidades e de todas as maneiras possíveis, de modo

que todos os membros do empreendimento econômico solidário tenham acesso a oportunidades de aprendizagem, tornem-se gradualmente mais capazes de participar de sua administração, utilizando técnicas e procedimentos adequados para suas atividades e compatíveis com os princípios do movimento de economia solidária; condutas administrativas de membros destes empreendimentos gradualmente mais compatíveis com a cultura da economia solidária; trabalhadores e trabalhadoras com controle sobre todo o processo econômico (produção, financiamento, administração, distribuição, troca e consumo ético, critico, consciente dos frutos do seu trabalho);

10) promover condições para capacitação técnica dos participantes em relação ao serviço ou produto ofertado pelo empreendimento, de forma permanente, de modo que seja possível manter e ampliar a sua viabilidade econômica, gerando melhores condições para enfrentar concorrência e pleitear melhores postos e condições de trabalho, que o grupo esteja preparado para manter busca de oportunidades de capacitação e capacitação técnica de forma autônoma e para estabelecer parcerias neste sentido e que cada um dos membros possa alcançar desempenho técnico de alta qualidade, melhoria de auto-estima e melhores condições para colaborar no grupo;

11) promover elaboração de normas de funcionamento do empreendimento, particularmente o regimento interno, de maneira participativa e o mais precocemente possível, de modo que estas indiquem claramente <u>comportamentos</u> significativos esperados dos membros e do empreendimento, definidos pelo grupo de acordo com suas necessidades e características, de forma compatível com a legislação existente e de maneira a minimizar a probabilidade de conflitos e distorções em relação aos princípios da economia solidária, bem como <u>conseqüências</u> capazes de manter estes comportamentos, pelo que agregam ou garantem de efeitos benéficos para

cada indivíduo e para o grupo em termos do atendimento de suas necessidades e alcance de seus objetivos, com especificação de conseqüências para não cumprimento de regras que sejam viáveis, proporcionais à gravidade das condutas desviantes, e compatíveis com o conhecimento sobre o comportamento humano, particularmente aquele controlado por regras, de modo a promover compreensão dos membros sobre a função de cada norma.

12) apoiar grupo para legalização do empreendimento, de modo que este fique regularizado de acordo com definição do grupo quanto à sua natureza jurídica e leis vigentes, com menor custo possível, e membros capacitados em relação a este processo no grau máximo possível;

13) apoiar grupo para implantação do empreendimento, de modo que este tenha sua inserção inicial no mercado, com capacidade de funcionar, no grau máximo possível, de acordo com princípios cooperativistas e da economia solidária, com normas internas mínimas estabelecidas e capacidade de autogestão e gestão administrativa, possibilitando avaliação do funcionamento e ampliação das condições para viabilidade econômica;

14) apoiar grupo para implantação de sistema de monitoramento por meio de indicadores sobre seu funcionamento, de modo que este seja utilizado de forma rotineira, com o grupo produzindo, de forma autônoma dados de modo a subsidiar suas decisões táticas, estratégicas e do dia a dia; sistema implantado com o maior grau possível de compatibilidade com outros sistemas de monitoramento em economia solidária;

15) apoiar o grupo na implementação do empreendimento, de forma episódica e esporádica, de modo que se mantenha inserido no mercado, funcionando de forma crescente em consonância com princípios cooperativistas e da economia solidária e com suas normas internas, com sua capacidade

COMPORTAMENTOS AO INCUBAR EMPREENDIMENTOS SOLIDÁRIOS: A DESCRIÇÃO DO FAZER... **127**

para autogestão e gestão administrativa, contando com parcerias e articulado com outros empreendimentos solidários, particularmente os da cadeia produtiva em que se insere, com grau crescente de autonomia em relação à Incubadora, com posse ou domínio crescente dos meios de produção, e ampliação das condições de viabilidade econômica;

16) apoiar grupo para participação em redes de cooperação e em iniciativas do movimento de economia solidária, de modo que o empreendimento esteja articulado com outros empreendimentos solidários, apoiado por outros empreendimentos similares, participando do maior número possível de iniciativas organizativas deste campo, tanto para viabilização da atividade produtiva quanto para a sua defesa política.

A indicação das classes de comportamentos componentes do processo de incubação não significa que, em todos os processos de incubação, todas estas classes estejam ou devam estar presentes, nem tampouco que estes comportamentos sejam ou devam ser apresentados na seqüência em que aparecem anteriormente. A descrição de cada uma destas classes completa este referencial para o processo de incubação, de modo que seja possível proceder, a partir dele, ao exame das condições específicas de incubação de cada grupo, e à conseqüente adaptação da atuação dos incubadores a estas condições, sem perder de vista aspectos essenciais do processo.

Importante lembrar que as dezesseis classes gerais de comportamentos que foram identificadas como essenciais no processo de incubação de empreendimentos solidários, considerando experiência e reflexão acumuladas pela INCOOP nestes anos de funcionamento, não estão descritas, neste texto, de forma completa, considerando todos os elementos que podem ser relevantes para a descrição de relações comportamentais complexas, como é o caso do fazer da Incubadora. Em uma descrição mais completa deste tipo de relação, ainda que sempre e indiscutivelmente provisória (considerando a dinâmica do campo da economia solidária, da produção de conhecimento sobre este campo e até mesmo da composição da equipe), são especificados, de forma o mais completa e consensual possível, aspectos que se referem ao ambiente (em termos de aspectos que indicam a conveniência, necessidade ou oportunidade de apresentar certo tipo de ação, aspectos que devem ser levados em consideração ou com que é preciso entrar em contato para apresentar esta ação, resultados, produtos e efeitos desejáveis desta ação) e, ainda, propriedades desta ação que são, do ponto de vista da Incubadora, relevantes para que os resultados desejáveis possam ser, com maior probabilidade, alcançados.

Exemplo de descrição de classe de comportamento: "Promover formação dos membros do grupo para economia solidária"

Uma descrição mais completa de uma das classes de comportamentos indicadas anteriormente (*promover formação dos membros do grupo para a economia solidária*) pode ser vista, por partes, nos Quadros 1 a 4, ilustrando o tipo de produto coletivo gerado a partir do exame das experiências vividas no âmbito da Incubadora e da interpretação feita dos princípios e diretrizes da economia solidária, considerando contribuições dos diferentes membros da equipe ao refletir sobre estas experiências, a partir de suas diferentes histórias de vida, concepções teóricas preferenciais e propostas estratégicas, táticas e operacionais.

Tais descrições são produzidas a partir de um esforço coletivo para responder um conjunto de "perguntas" correspondentes aos aspectos relevantes da relação, a partir da ação que está sendo analisada: Em que situações esta ação deve ou deveria ocorrer? O que a Incubadora leva ou deveria levar em conta para apresentar esta ação, para que os resultados desejáveis sejam produzidos? O que é esperado, como resultados desta ação da Incubadora? Como a Incubadora atua ou deve atuar, para que sejam produzidos os resultados pretendidos para esta ação? Tais perguntas auxiliam, assim, a identificar e a organizar aspectos que, do ponto de vista dos membros da equipe, são relevantes para indicar, de forma clara e geradora de compreensão compartilhada, os fazeres relevantes da INCOOP, não apenas em termos de um agir mecânico, mas de um agir que se dá sob controle de condições em que este se justifica e das que são essenciais para que possa ocorrer de forma compatível com as necessidades a que a ação atende e com os resultados pretendidos e, principalmente, destes resultados, produtos ou efeitos que são, em última análise, razão e significado deste agir.

No Quadro 1 podem ser vistos os aspectos indicados pela equipe da Incubadora como respostas à questão sobre em que situações a ação de interesse deve ocorrer.

Quadro 1. Descrição da classe de comportamentos "promover formação dos membros do grupo para a economia solidária" em relação a aspectos que indicam que a ação é desejável, necessária ou oportuna.

PROMOVER FORMAÇÃO DOS MEMBROS DO
GRUPO PARA A ECONOMIA SOLIDÁRIA

Em que situações esta ação ocorre ou deveria ocorrer? Diante de...

LACUNAS DE CONHECIMENTO dos indivíduos que participam do empreendimento em incubação identificadas no processo de incubação em relação a: conceitos, princípios e valores da economia solidária (cooperação, autogestão, solidariedade, participação democrática no processo de decisão, distribuição eqüitativa dos recursos, igualdade de direitos e deveres entre todos os membros do empreendimento); iniciativas e atividades econômicas da economia solidária; história e perspectivas do trabalho emancipatório; marco jurídico da economia solidária; formas de participação no movimento da economia solidária e suas razões; controle social das políticas públicas para o

> desenvolvimento da economia solidária, entre outros, ou
>
> PRESENÇA DE CONDUTAS INCOMPATÍVEIS com a proposta do movimento da economia solidária, por parte de membros do grupo, ou
>
> DEMANDAS do grupo para capacitação em economia solidária, ou
>
> OFERTA OU DISPONIBILIDADE DE ATIVIDADES DE FORMA-ÇÃO sobre economia solidária promovidos por outros atores, ou
>
> AVANÇOS NO CONHECIMENTO e nas práticas e experiências sobre economia solidária em geral ou assuntos afins, ou
>
> OPORTUNIDADES DE INTERAÇÃO dos mediadores do processo de incubação com o grupo ou parte de seus membros, ou...

Os aspectos indicados no Quadro 1 relevantes de serem notados, como sinais da conveniência, necessidade ou oportunidade para promover a formação dos membros do grupo para a economia solidária, incluem aqueles gerados a partir de interação dos responsáveis pelo processo de incubação com o grupo e da observação do seu funcionamento, demandas do próprio grupo, ou oportunidades que surjam a partir da ação de outros atores da economia solidária, sendo que cada um aspectos pode, isoladamente, desempenhar esta função sinalizadora. Aspectos deste tipo que sejam relevantes para a relação comportamental podem não ter sido, ainda, identificados pela equipe, justificando sua condição de descrição em aberto, a ser, de modo permanente, revista e atualizada pela equipe, a partir de novas experiências, conhecimento novo ou mesmo recomposições da equipe.

No Quadro 2 podem ser vistos aspectos indicados pelos membros da equipe como respostas à pergunta sobre o que a Incubadora considera ou deve considerar ao apresentar a ação sob análise, de modo que os resultados, produtos e efeitos pretendidos desta ação (e explicitados mais adiante) tenham sua probabilidade de ocorrência ampliada.

COMPORTAMENTOS AO INCUBAR EMPREENDIMENTOS SOLIDÁRIOS: A DESCRIÇÃO DO FAZER... 131

Quadro 2. Descrição da classe de comportamentos "promover formação dos membros do grupo para a economia solidária" em relação a aspectos que devem ser considerados pela Incubadora para apresentar a ação de modo que os resultados esperados tenham sua probabilidade aumentada.

PROMOVER FORMAÇÃO DOS MEMBROS DO
GRUPO PARA A ECONOMIA SOLIDÁRIA

O que a Incubadora leva ou deveria levar em consideração, ao apresentar esta ação?

CARACTERÍSTICAS, MOTIVAÇÕES, EXPECTATIVAS E REPERTÓRIO dos membros do grupo para a necessidade de mudança da realidade vivida, questionamento das estruturas visíveis e ocultas de opressão e exploração dos trabalhadores e das possibilidades da economia solidária como alternativa para as mudanças da realidade social, econômica, política, cultural e ambiental etc, e

TIPO E GRAU DE COMPREENSÃO dos membros do grupo em relação a diferentes alternativas para geração de trabalho e renda (trabalho autônomo, trabalho com vínculo empregatício, trabalho coletivo etc), e

PRINCÍPIOS, VALORES E PRÁTICAS da economia solidária, como realidade construída e reconstruída, cotidianamente, pelos sujeitos que a constituem, inspirados na cooperação e autogestão no trabalho, e em todas as instâncias de produção da vida, e

INFORMAÇÕES SOBRE TEMAS da economia solidária, e

ESTRATÉGIAS, PROCEDIMENTOS, MATERIAIS disponíveis para formação e

CAPACIDADES E RECURSOS existentes na Incubadora, e

CRITÉRIOS para definição de condições de ensino (compatibilidades com a economia solidária e com características, motivações, expectativas e repertórios dos membros do grupo a quem se destinam as atividades de formação, potencial para promover aprendizagem significativa) e...

As indicações que podem ser vistas no Quadro 2 apontam para aspectos com que os incubadores devem entrar em contato para apresentar a ação de interesse, seja levando em consideração (como as características dos indivíduos a serem formados, o conhecimento disponível etc), seja utilizando como ferramentas para tomar decisões e para implementar a ação (como critérios para escolha de condições de ensino, por exemplo). Diferentemente dos aspectos indicados no Quadro 1, os aspectos que aparecem no Quadro 2 se acumulam, devendo ser todos eles considerados. Trata-se de uma listagem em aberto, e sujeita a mudanças e complementações, oriundas de melhoria na capacidade dos incubadores de identificar tais aspectos e de mudanças na realidade, como resultado mesmo da construção da economia solidária ou de avanço de conhecimento sobre os fenômenos e processos envolvidos neste tipo de situação.

No Quadro 3 podem ser vistas as respostas coletivas disponíveis, até o presente momento, no âmbito da Incubadora, para a pergunta relacionada a resultados, produtos e efeitos esperados da ação de capacitar membros de grupos atendidos em relação à economia solidária.

Quadro 3. Descrição da classe de comportamentos "promover formação dos membros do grupo para a economia solidária" em relação a resultados, produtos e efeitos desejáveis desta ação.

PROMOVER FORMAÇÃO DOS MEMBROS DO GRUPO PARA A ECONOMIA SOLIDÁRIA
O que é esperado, como resultados, produtos e efeitos desta ação da Incubadora?
COMPATIBILIDADE CRESCENTE de condutas de membros de empreendimentos solidários com a cultura da economia solidária (em

> que predomina a cooperação dentro do grupo e entre grupos solidários, a solidariedade, a participação democrática no processo de decisão, a distribuição eqüitativa dos recursos, a igualdade de direitos e deveres entre todos os membros do empreendimento), e com os objetivos específicos do grupo, e
>
> AMPLIAÇÃO da autonomia cognitiva do indivíduo e do grupo, e
>
> AMPLIAÇÃO DAS CAPACIDADES necessárias tanto para desvelamento do mundo como para busca de caminhos que favoreçam transformações políticas, econômicas, sociais e culturais para melhoria da vida coletiva, na perspectiva de incorporação da investigação no processo formativo, como ferramenta para aprendizagem, para a atividade produtiva e para a ação transformadora, por meio da definição de problema, sistematização do conhecimento disponível, de experimentação e da validação de alternativas e de construção coletiva de um novo saber e
>
> AMPLIAÇÃO da autonomia e da inserção do grupo no contexto maior da economia solidária, e...

No Quadro 3 estão indicados, como resultados desejáveis da ação da Incubadora, o desenvolvimento de diferentes tipos de competências que sejam capazes de produzir, no âmbito dos empreendimentos, um avanço da cultura cooperativista e de economia solidária, de modo a garantir princípios gerais como autonomia e intercooperação; no Quadro 4, são apresentadas as indicações da equipe Incoop sobre propriedades importantes do fazer da Incubadora ao promover a formação de membros de empreendimentos atendidos para incubação, para gerar os resultados finais propostos, a partir de sua experiência acumulada e de conhecimento disponível a partir de experiências similares e de reflexão conceitual sobre economia solidária, incubação e outros fenômenos e processos relacionados.

Quadro 4. Descrição da classe de comportamentos "promover formação dos membros do grupo para a economia solidária" em relação a propriedades relevantes deste fazer da Incubadora, diante das condições em que deve ocorrer e dos resultados esperados desta ação.

PROMOVER FORMAÇÃO DOS MEMBROS DO
GRUPO PARA A ECONOMIA SOLIDÁRIA

Como a Incubadora atua ou deve atuar, ao implementar esta ação?

PERMANENTEMENTE, de todas as formas e em todas as situações possíveis: em oportunidades formais de ensino sobre o cooperativismo, por meio da realização de cursos e oficinas; por meio da inserção de membros do grupo em situações em que a aprendizagem possa ocorrer, como no caso das instâncias organizativas da economia solidária; por meio de treinamento em serviço, oferta de conseqüências para condutas compatíveis e incompatíveis com os princípios por parte dos mediadores; pela oferta de modelo de condutas compatíveis com princípios cooperativistas; capacitando membros dos empreendimentos para que sejam multiplicadores desta formação, em outras situações, e

PROMOVENDO E MANTENDO RELAÇÕES DE HORIZONTALIDADE no processo formativo, priorizando, nos processos educativos e formativos, a ação solidária, compreendida como atividade humana que, contrapondo-se à competição e ao individualismo, orienta-se na horizontalidade das relações entre as pessoas, independente de suas condições de gênero, etnia, religiosidade, buscando novas relações entre as pessoas e, também, entre elas e a natureza e de

DIALOGICIDADE, relativa às práticas de respeito pelos saberes de diferentes tipos e origens e de troca de saber como condição para o crescimento mútuo, e ...

No Quadro 4 são apresentadas indicações sobre propriedades importantes do fazer da Incubadora em relação à capacitação de membros de grupos em processo de incubação, supostamente relacionados ao alcance dos resultados previstos para esta ação e para todo o processo, tal como aqui definido.

Considerações finais

A identificação das 16 classes gerais de comportamentos organizacionais propostos para a o processo de incubação de empreendimentos econômicos solidários indica, de um lado, a complexidade e o esforço da atuação coletiva da INCOOP ao lidar com pessoas excluídas que acreditam em novas formas de organização e produção de bens e serviços e, de outro, a importância da sistematização e descrição coletiva das várias classes de comportamento derivadas da atuação na realidade social. Como continuidade, estão previstas as análises de cada classe de comportamento em termos mais específicos e o exame de interações entre as diferentes classes de comportamentos, para facilitar a compreensão e atuação da Incubadora, bem como a descoberta de outras classes que possam ser relevantes para alcançar os resultados pretendidos no processo de incubar empreendimentos solidários.

A descrição detalhada de cada classe de comportamento, como é possível observar no exemplo (promover formação dos membros do grupo para economia solidária), permite explicitar a relação do fazer sob exame, com aspectos do contexto em que este fazer é apropriado, oportuno ou necessário e aqueles que são necessários para que este fazer apresente as características relevantes para a obtenção de resultados significativos para as pessoas envolvidas e para a comunidade, favorecendo a identificação e compreensão dos diferentes fenômenos a partir da atuação na realidade social, de forma compartilhada. O exemplo apresentado indica, ainda, as múltiplas e complexas variáveis que devem ser examinadas e consideradas na atuação da Incubadora e principalmente os aspectos a serem enfatizados em relação aos resultados relevantes a serem obtidos no processo de incubação junto aos diferentes grupos de pessoas excluídas, indicando uma possibilidade de atuação socialmente relevante das universidades públicas.

Referências

Botomé, S.P.(1981). *Objetivos de ensino, necessidades sociais e tecnologia educacional.* Tese de doutorado apresentada ao Instituto de Psicologia da Universidade de São Paulo.

Rech, D.(2000). *Cooperativas: uma alternativa de organização popular.* Rio de Janeiro: DP&A.

CÍRCULO DE CULTURA: UM ESPAÇO DE EDUCAÇÃO NA COOPERATIVA

Ana Carolina Lemos Pereira[17], Ana Maria Rodrigues Carvalho[18] e Carlos Rodrigues Ladeia[19]

Resumo:

Apresentamos o espaço de educação criado na Cooperativa de Catadores de Materiais Recicláveis de Assis, decorrente da demanda dos cooperados pela alfabetização e obtenção de certificado do MEC. O EJAC – Educação de Jovens e Adultos na Cooperativa – desde seu início, em 2004, desenvolveu-se também como um espaço de formação para a construção da autonomia e de uma cultura de classe,

---

[17]Graduanda do 5º ano do curso de Psicologia da FCL – UNESP/ASSIS, estagiária do Núcleo de Assessoria a Formação e ao Desenvolvimento de Cooperativas Populares da UNESP, estagiária da INCOOP UNESP.

[18] Mestre em Psicologia pela UNESP – Assis/SP, doutoranda em Psicologia social – USP/SP, docente da FCL UNESP/Assis, coordenadora do Núcleo de Assessoria a Formação e ao Desenvolvimento de Cooperativas Populares da UNESP.

[19] Mestre e doutor em educação pela UNICAMP/SP, docente da FCL UNESP/Assis e coordenador da INCOOP UNESP.

138 ANA CAROLINA L. PEREIRA, ANA MARIA R. CARVALHO E CARLOS RODRIGUES LADEIA

buscando o reconhecimento do saber-fazer-ser dos catadores no mundo do trabalho. A metodologia baseia-se tanto nos preceitos da pesquisa participante que pressupõem a composição do saber do pesquisador com o saber popular, buscando investigar a realidade para transformá-la e possibilitar a produção de formas de existir mais autônomas, quanto na *educação política* de Paulo Freire. Após os primeiros encontros, desenvolveu-se uma pesquisa a partir do acompanhamento do cotidiano daqueles educandos. A *análise de conteúdo* dos dados coletados levou a categorias temáticas que indicaram *os* temas geradores para *letramento* e *leitura de mundo* e posteriormente, processos de *codificação e decodificação*. A partir destas ações, o EJAC deixa de ser um espaço formal de educação e assume a forma de um Círculo de Cultura, um dispositivo de reflexão e análise dos problemas cotidianos da cooperativa, sua organização e de planejamento de ações concretas de interesse coletivo. O debate da linguagem no contexto de uma prática social livre e crítica orienta as atividades do Círculo, que para além das relações internas do grupo, busca promover a construção da identidade profissional e da tomada de consciência de classe destes trabalhadores.

Palavras chave: educação popular – círculo de cultura – letramento

Introdução

Este trabalho resgata aspectos da história de um espaço de educação desenvolvido na Cooperativa de Catadores de Materiais Recicláveis de Assis e como este espaço se configurou, com seus objetivos e aplicações, em um Círculo de Cultura.

Singer (1999) coloca que o processo conhecido como globalização, que se caracteriza por profundas alterações estruturais (políticas e econômicas) entre as décadas de 1960/90, embora tenha contribuído com um grande avanço tecnológico, significou para os países periféricos e suas camadas sociais populares, uma grande desestabilização no que diz respeito à empregabilidade. O homem passa a ser substituído pelas máquinas, e a grande problemática resultante desta mudança é a não reinserção destes trabalhadores no mercado formal de trabalho.

Estas mudanças podem ser exemplificadas pelo aumento do setor terciário, com as prestações de serviço, com a expansão da informalidade da economia tendo como conseqüência a precarização e a flexibilização do trabalho formal (Antunes, 1999). Configura-se a partir de então, um considerável aumento nos níveis de desemprego e de exclusão social, termo que passa a ser empregado para denominar o processo ao qual foram submetidas as pessoas que ficaram fora do mercado de trabalho regulamentado e que conseqüentemente, desenvolvem atividades em espaços "marginais", como por exemplo, as ruas, não regidos pelas leis do Estado de controle de produção e recolhimento de impostos.

Moradores de rua, como também grande parcela da população desempregada, ocupam-se de atividades que possibilitam a sobrevivência diária. Entre essas atividades, encontramos, por exemplo, lavagem e guarda de carros, carregamento de caminhões, coleta de materiais recicláveis. Porém, mesmo ocupados, esses indivíduos são impedidos de exercer sua cidadania plena e ainda sofrem estigmatização por parte da sociedade, uma vez que se tornam "consumidores falhos", incapazes de absorver as propagandas e a avalanche de produtos que movimentam todo o gigantesco mercado capitalista. Bauman (1998, p. 24) coloca:

> *Uma vez que o critério da pureza é a aptidão de participar do jogo consumista, os deixados de fora como um problema, como a sujeira, que precisa ser removida, são consumidores falhos – pessoas incapazes de responder aos atrativos do mercado consumidor porque lhes faltam os recursos requeridos, pessoas incapazes de ser indivíduos livres, conforme o senso de liberdade definido em função do poder do consumidor.*

Em Assis, como em outros municípios do interior paulista, notamos como os resultados do processo de globalização, da monoculturização, mecanização da agricultura em geral e da agroindústria da cana de açúcar, além do intenso movimento de privatização de empresas estatais, como FEPASA, BANESPA,

TELESP, agravaram brutalmente a situação do emprego que, há muito, já era escasso nas regiões distantes dos grandes centros.

O aumento do desemprego incide diretamente no crescimento de uma das atividades de trabalho informal muito desenvolvida hoje, que é a catação de materiais recicláveis nas ruas e nos lixões. Esta atividade na cidade de Assis caracterizava-se exclusivamente pela coleta individual, cujos produtos coletados eram vendidos aos atravessadores[20]. A catação se dava sob condições precárias de trabalho como: o contato direto com o lixo orgânico e outros resíduos que oferecem risco à saúde; a falta de uso de equipamentos de proteção individual; exposição ao sol intenso; esforço físico excessivo e elevado número de horas trabalhadas. Paralelamente a estas condições, pode ser destacada a baixa remuneração advinda desta atividade.

Em 2001, os catadores de materiais recicláveis da cidade iniciam a sua organização contando com o apoio da Cáritas Diocesana e de docentes e alunos da Unesp de Assis, ganhando um formato de projeto de geração de trabalho e renda. A COOCASSIS (Cooperativa de Catadores de Materiais Recicláveis de Assis) foi formalizada após dezoito meses do seu início, estabeleceu outras parcerias, entre elas a Prefeitura de Assis e Fundação Banco do Brasil. Atua vinculada ao MNCR (Movimento Nacional dos Catadores de Recicláveis), que adota os princípios da economia solidária[21] e luta por políticas públicas que incluam os catadores, pela implantação da coleta seletiva e fim dos "lixões" e também pelo avanço da categoria nas atividades da cadeia produtiva dos recicláveis.

A cooperativa configura-se como um espaço de construção coletiva, de acordo com os princípios do cooperativismo e do MNCR.

---

[20] Pequenos comerciantes de materiais recicláveis, que pagam preços irrisórios pelos materiais dos catadores, revendendo-os posteriormente aos grandes compradores.

[21] *"A Economia Solidária é outro modo de produção, cujos princípios básicos são a propriedade coletiva ou associada do capital e o direito à liberdade individual. A aplicação desses princípios une todos os que produzem numa única classe de trabalhadores que são possuidores de capital por igual em cada cooperativa ou sociedade econômica. O resultado natural é a solidariedade e a igualdade, cuja reprodução, no entanto, exige mecanismos estatais de redistribuição solidária de renda."* (Singer, 2002, p. 10).

Rompe com o processo de exploração inicialmente efetivado por atravessadores, e propõe uma forma de organização coletiva como estratégia de enfretamento das dificuldades impostas pela dinâmica social e como caminho para a apropriação das condições e meios de produção.

A cooperativa organiza-se em instâncias deliberativas: Assembléia Geral, Conselho de Administração e Conselho Fiscal. As reuniões com todos os cooperados constituem espaços democráticos de discussão, uma das principais ferramentas para o bom funcionamento da cooperativa.

Estes espaços de construção coletiva, ainda que fundamentais, são insuficientes para que esses trabalhadores expressem suas idéias e questionamentos, de forma a estabelecerem entre si uma relação verdadeiramente democrática. Esse exercício de participação tem sido uma condição pedagógica para a instalação da democracia, que busca superar crenças e práticas até então adotadas pelos trabalhadores.

As histórias de vida desses sujeitos enquanto trabalhadores, em sua maioria, apontam para a acomodação na lógica do modo de produção capitalista, ou seja, sempre estiveram no lugar de ferramentas mecânicas para gerar sobrevivência, produzir materialmente seu sustento e de suas famílias, principal (ou única) razão de estarem ali reunidos. Marx (1985, p. 169) coloca que *"o trabalho não é senão uma expressão da atividade humana dentro da alienação, da exteriorização vital como alienação vital"*. Para Martins (1991, p. 24, 27), este trabalho é tido como alienado uma vez que *"o homem se perde de si mesmo porque não consegue se reconhecer em seu transcurso"* e ainda *"o trabalho alienado se caracteriza pelo encolhimento de uma atividade que potencialmente é plural"*.

Ao falarmos do modo de produção capitalista e sua relação com a constituição da subjetividade dos trabalhadores, partimos de uma ótica em que o homem é colocado como ser social também. Lapassade e Lourau (1972, p. 57) afirmam: *"as relações sociais são antes de mais nada relações de produção. São determinadas, em última análise pelo modo de produção vigente na sociedade (em nossa época, o capitalismo)."*

Neste sentido, para viabilizar um trabalho coletivo como a cooperativa, baseado nos valores e princípios da economia solidária, fazem-se necessários a criação de outros espaços de formação que problematizem o cotidiano resignificando-o, como o de educação popular.

A educação popular na cooperativa

"Quem ensina, aprende ao ensinar,
quem aprende, ensina ao aprender"
Paulo Freire, 2003

Em 2004, portanto quase três anos após a formação do grupo da cooperativa, surgiu uma demanda dos trabalhadores por alfabetização e também por obterem diploma reconhecido pelo MEC. Essa demanda foi acolhida por estagiários do Núcleo de Assessoria à Formação e ao Desenvolvimento de Cooperativas Populares da Unesp que propuseram encontros em salas de aula, a partir de exercícios práticos de letramento, baseados nos estudos de Emília Ferreiro. Esse espaço de educação na cooperativa recebeu o nome de EJAC (Educação de Jovens e Adultos na Cooperativa). No entanto, foi possível perceber no decorrer dos encontros que muitos temas não produziram o sentido esperado para aqueles educandos, pois as palavras pareciam um tanto quanto distantes de suas realidades. O processo em curso reproduzia, em muitos aspectos, a concepção da educação formal.

Esta constatação incitou os estagiários a aprofundarem suas leituras nas obras de Paulo Freire, e começaram a perceber a educação popular como uma forma de romper com a "educação bancária" desenvolvida nas escolas de uma maneira geral. Wanderley (1980, p. 63) nos diz sobre essa prática: "*vamos entender legitimamente por educação popular aquela que é produzida pelas classes populares, ou para as classes populares, em função de seus interesses de classe"*. Essa educação deverá ter como um de seus princípios, a liberdade dos sujeitos implicados nesse processo. Liberdade social e política, pois a educação popular é antes de tudo uma educação política.

Ao falarmos da reprodução da educação formal, nos referimos especialmente ao modelo escolar de aprisionamento em programas pré-estabelecidos que não contemplam a história social dos sujeitos e aspectos de sua vida cotidiana, uma vez que é empregada de forma massificadora, não reconhecendo os sujeitos em suas singularidades e pluralidades, além de fixá-los em quadriculamentos que permitam o pleno exercício da disciplina e vigilância pelos professores. A escola, em seu modelo institucional corresponde ao que Foucault (2004) chamaria de parte integrante de uma sociedade disciplinar, onde os indivíduos ocupariam lugares fixos, seriam submetidos a técnicas como exame e observação.

A educação popular proposta no EJAC, rompe com esse modelo. Brandão (1977, p. 64)) fala de uma educação

> *[...] que os grupos populares proporcionam por si próprios, como uma classe social e através de instituições legítimas de classe. É uma forma de educação menos oficial, e menos enquadrada nos programas tipo professor-alunos. É por exemplo, a educação que um operário recebe, fora da fábrica e fora da escola, dentro do sindicato, que ele recebe de sua agência de classe e através de sua participação pessoal em processos e momentos de trabalho de classe.*

Dentro dessa perspectiva de educação política, o espaço da sala de aula transformou-se em reuniões temáticas referentes ao trabalho, à vida cotidiana, relações sociais, religiões, etc, como relataram estagiários que vivenciaram esta experiência. Relataram também que adotando a metodologia da pesquisa participante, realizaram visitas aos educandos em suas casas, local de trabalho, inclusive acompanhando-os em suas atividades na coleta de materiais. Pesquisa participante é aquela que conjuga o saber popular com o saber do pesquisador. É a pesquisa em que se investiga a realidade para transformá-la e possibilitar a produção de formas de existir mais autônomas (Brandão, 1984). Neste sentido, os encontros de sala de aula foram transformados em reuniões temáticas, o que tornou possível levantar o universo vocabular dos educandos, dando expressão a seus pensamentos, comportamentos e linguagem.

Os dados levantados possibilitaram a realização de exercícios de leitura de mundo (codificação e descodificação), de acordo com a proposta de Freire (1980). A extensa documentação gerada na pesquisa participante, devidamente analisada, serviu para a definição dos temas geradores utilizados para subsidiar as discussões e os exercícios de letramento da fase a seguir. No decorrer dos encontros, novos temas foram produzidos e enquanto a discussão ocorria, um dos educadores registrava os discursos.

No decorrer deste trabalho, os educadores foram percebendo que os educandos utilizavam o espaço de educação para problematizar questões relativas ao trabalho na cooperativa, suas dúvidas, seus medos e suas perspectivas. Referiam-se ao cotidiano, como palavra viva, geradora de significados que possibilitava o desenvolvimento do discurso, da linguagem. Os textos escolhidos para os encontros traziam dados da realidade dos educandos, e, geralmente, uma simples palavra desencadeava uma análise política e crítica do processo de trabalho no qual se inseriam.

Os educandos aos poucos foram assumindo um lugar de sujeitos em suas histórias. Podiam contá-las e recontá-las a partir de suas experiências de vida, promovendo a ruptura do processo de sujeição ao capitalismo, no qual o homem equivale a uma mercadoria, passível de ser moldado para produzir o que o mercado lhe exige. Esse educando que olha criticamente para a sua realidade, apresenta-se como seu transformador, uma vez que é um sujeito social e histórico.

Nestas condições, o EJAC configurou-se então no atual Círculo de Cultura. Freire (1980, p.141) nos coloca que *"os Círculos de Cultura são precisamente isto: centros em que o Povo discute os seus problemas, mas também em que se organizam e planificam ações concretas, de interesse coletivo".*

O Círculo de Cultura como proposto na cooperativa tem como interesse central um debate da linguagem inserida num contexto social e crítico da realidade. Seus objetivos gerais são:

- possibilitar que a liberdade e a crítica não se limitem às relações internas do grupo, mas se coloquem como tomada de consciência de sua situação social ou de classe;

- propiciar um espaço de cultura e educação onde o saber popular possa se manifestar, no sentido em que as palavras tenham vida para o grupo, uma vez que dizem respeito à sua dor, fome, medos, sonhos e também suas alegrias e ritos;

- potencializar os educandos para se expressarem nos espaços coletivos como reuniões, conselhos e assembléias, contribuindo para a consolidação de relações democráticas;

- romper com um espaço instituído da educação, como a escola, na medida em que os educandos circulam em um espaço aberto fundado na criatividade e pluralidade do grupo;

- possibilitar a realização de uma educação mais política e menos ideológica, com a criação de um espaço coletivo para construção crítica do conhecimento;

- potencializar o desenvolvimento do discurso para que os educandos possam dialogar com a comunidade, rompendo com os estigmas impostos aos catadores e a outros trabalhadores que realizam atividades tidas como "restos" do capitalismo ou atividades marginais;

- possibilitar movimentos de ruptura com a alienação presente nas relações de trabalho do modo de produção capitalista, potencializando a atividade criativa dos educandos e reconstruindo a relação homem - trabalho.

- conceituar e exercitar os princípios da economia solidária, visando sua aplicação tanto no cotidiano de trabalho como em outros espaços da vida.

Alguns destes objetivos vêm sendo alcançados gradativamente, na medida em que os educandos, ao potencializarem sua própria linguagem ou discurso, começam a ocupar os espaços que lhes cabem na cooperativa, como por exemplo, Conselho Fiscal e de Administração.

O desenvolvimento do Círculo de Cultura também tem possibilitado aos educandos pensarem a relação homem-trabalho e conseqüentemente, sobre as formas de trabalho dos catadores de materiais recicláveis. Diversos apontamentos desta ordem já aparecem nas reuniões, uma vez que os educandos começam a problematizar questões coletivas e verbalizá-las, a fim de que o grupo compreenda suas expectativas e percepções.

É possível também detectar algumas práticas de rompimento com o espaço fechado instituído que a educação tem nas escolas. Os encontros do Círculo de Cultura acontecem tanto em sala de aula, como embaixo de uma árvore ou, ainda, na bancada de triagem de materiais, o próprio local de trabalho. Os educandos que participam da escolha do espaço onde o conhecimento será compartilhado, vêm refletindo como o aprendizado faz sentido a partir do cotidiano vivido por eles.

Neste sentido, é sobre a realidade que o educando vai se debruçar e dar cor e forma às palavras, pois é a partir daí que ele reconhece sua linguagem e faz cultura. Romper com o espaço instituído e alienante é transitar livre e criticamente no próprio espaço de trabalho. A compreensão de conceitos como atmosfera não virá de um livro de ciências ilustrado; para este educando catador, ela virá a partir de uma preocupação ambiental, ou seja, da "PET" (embalagem plástica), que demora mais de cem anos para se decompor na natureza. É na conexão pensamento versus realidade que o sujeito se reconhece no processo de aprendizagem e trabalho, dominando e socializando os conhecimentos. Freire (1980, p. 43) aponta:

> *A partir das relações do homem com a realidade, resultantes de estar com ela e de estar nela, pelos atos de criação, recriação e decisão, vai ele dinamizando o seu mundo. Vai dominando a*

realidade. Vai humanizando-a. Vai acrescentando a ela algo de que ele mesmo é o fazedor. Vai temporalizando os espaços geográficos. Faz cultura.

Cabe destacar a hierarquização dos saberes que acontece tradicionalmente em espaços escolares. Diferentemente, no Círculo de Cultura, parte-se do pressuposto de Freire (2003, p. 23) que:

> *Ensinar, não é transferir conhecimentos, conteúdos; nem formar é ação pela qual o sujeito criador dá forma, estilo ou alma a um corpo indeciso e acomodado. Não há docência sem discência, as duas se explicam, e seus sujeitos, apesar das diferenças que os conotam, não se reduzem à condição de objeto, um do outro. Quem ensina, aprende ao ensinar, quem aprende, ensina ao aprender.*

No Círculo de Cultura, o rompimento com essa hierarquização também está presente à medida que não se pressupõe um conhecimento neutro, nem postura neutra do educador. O educador está ali, não para transferir seus saberes, mas para compartilhá-los com seus educandos, o que implica em pulsar junto, perceber as dores, os sonhos e senti-los. Essa é a terra fértil na qual o aprendizado vai deixando seus frutos. Não há uma relação de neutralidade como também não há uma hierarquia dos saberes. Isso é prontamente percebido na fala de um dos educandos, Alexandre diz: "*...ela (a educadora) fala uma música que eu não sabia. Agora eu posso conhecer e entender, enquanto conto e mostro a ela como é o meu trabalho na prensa que também diz de música*".

O Círculo de Cultura não apresenta uma solução imediata para os problemas equacionados na introdução deste texto. É um espaço de educação dentro de uma cooperativa. A educação se apresenta neste espaço, como tomada de consciência de classe. Troca-se o imediatismo proposto por políticas liberais de educação onde o desempenho individual determina a posição social do sujeito, e investe–se numa política de educação comunitária, popular, que tem como principal interesse não a ascensão de classe, mas o reconhecimento da que estão inseridos os educandos e a possibilidade de propor novas formas de se organizar e fazer com que a vida não seja sinônimo de sobreviver.

Este é o Círculo de Cultura em que se configurou o EJAC. Um espaço para a reflexão, criação, comunhão de idéias e sentimentos dentro de um espaço coletivo de trabalho. Ele apresenta desde sua proposta inicial, tanto uma forma de romper com uma educação institucionalizada e acrítica, como uma alternativa de se ser solidário num mundo em que o lucro e o individual determinam as relações das pessoas. Conjugar economia solidária e educação popular é, antes de tudo, fazer cultura e ciência não para o povo, mas com o povo. É ir tocando de "beirinhas" toda a sua criatividade e riqueza que vem de suas alegrias, sonhos e muitas vezes também de seu cotidiano sofrido e de sobrevivência. É o que muitos chamam de utopia, mas que para nós, educadores e educandos, é real; o chão onde nós pisamos, o céu para o qual olhamos e o coração do outro, onde sempre desejaremos habitar.

Referências

Antunes, R.(1999). *Os sentidos do trabalho: ensaio sobre a afirmação e a negação do trabalho.* São Paulo: Boitempo.

Bauman, Z.(1998). *O mal estar da pós modernidade.* Rio de Janeiro: Jorge Zahar.

Brandão, C. R.(1984). Pesquisar – participar. In *Pesquisa Participante.* São Paulo: Brasiliense.

Freire, P.(1980). *Educação como prática da liberdade.* Rio de Janeiro: Paz e Terra.

Freire, P.(1980). Quatro cartas aos animadores de Círculos de Cultura de São Tomé e Príncipe. *A questão política da educação popular.* Org. Brandão, C. R. São Paulo: Brasiliense.

Freire, P.(2004). *Pedagogia da autonomia.* Rio de Janeiro: Paz e Terra.

Lapassade, G.; Lourau, R.(1972). *Chaves da sociologia.* Tradução Nathanael C. Caixeiro. Rio de Janeiro: Civilização Brasileira.

Marx, K.(1985). *Manuscritos: economia e filosofia.* Tradução Francisco Rúbio Florenti. Madrid, Aliança Editorial.

Martins, M.V.(1991/2). Marxismo e subjetividade: uma leitura dos "Manuscritos de 44". *Anuário do laboratório de subjetividade política.* Rio de Janeiro, v1, p.11-43, dez.,1991/dez., 1992.

Singer, P.(1999). *Globalização e desemprego – diagnóstico e alternativas.* São Paulo: Editora Contexto.

Singer, P.(2002). *Introdução à economia solidária.* São Paulo: Editora Fundação Perseu Abramo.

Wanderley, L.E.W.(1980) Educação popular e processo de democratização. *A questão política da educação popular.* Org. BRANDÃO, C. R. São Paulo: Brasiliense.

LETRAMENTO E ECONOMIA SOLIDÁRIA: RESSIGNIFICANDO IDENTIDADES

Fernanda Freire Figueira[22]
e Miriam Aparecida Graciano de Souza Pan[23]

Resumo

A inserção no mundo do trabalho é marcada por critérios seletivos que ampliam a marginalização social. Nesse contexto a escolarização, reconhecida como definidora do destino social e um pressuposto básico à integração do homem ao trabalho, é concomitantemente segregadora na vida social. Em vista dessa problemática, outras formas de organização do trabalho pautadas em princípios como cooperação e autonomia, que ressurgem como possibilidade de resgate de cidadania e de valorização do trabalhador, encontram barreiras para consolidação do empreendimento. Dentre

---

[22] Graduanda em Psicologia pela Universidade Federal do Paraná e bolsista da Incubadora Tecnológica de Cooperativas Populares – ITCP/PROEC/UFPR.

[23] Doutora e mestre em estudos lingüísticos, psicóloga, professora do Departamento de Psicologia da Universidade Federal do Paraná.

estas, a escolarização, que baseada nos padrões socialmente impostos que visam apagar as diferenças, como também o saber construído pelas experiências de vida, distanciam os sujeitos da realidade e não permite que percebam a sua função social. Nesta perspectiva, o letramento surge como possibilidade de re-significar o conhecimento, ampliando sua dimensão cultural e atribuindo-lhe um papel social. Assim, a pesquisa visa investigar junto a uma cooperativa de produção, através de entrevistas dialogadas e oficinas de letramento, os discursos de identidade quando estes são re-significados pelo processo de letramento, além dos sentidos que os cooperados atribuem às suas relações com o mundo enquanto sujeitos sociais. Desse modo, busca-se a transformação e o desenvolvimento de autonomia para uma efetiva inclusão social.

A proposta de discussão que se apresenta neste estudo deriva de um repensar contínuo sobre a gestão de empreendimentos de economia solidária, em especial cooperativas populares, acompanhadas pelo programa: "Incubadora Tecnológica de Cooperativas Populares", o qual pertence à Coordenadoria de Extensão da Universidade Federal do Paraná. Este tem como pressuposto o compromisso de interação com a comunidade, desenvolvendo um trabalho extensionista que, articulado ao ensino e incorporado pela pesquisa, permite a troca de experiências entre comunidade e universidade. Esta recicla seus conhecimentos por meio do saber popular e das práticas sociais, por meio da promoção de espaços de discussão com as comunidades, na perspectiva de possibilitar um repensar sobre a prática e suas diversas possibilidades de atuação.

O cooperativismo apresenta-se como uma nova forma de organização do trabalho contrária aos moldes capitalistas, ou seja, o trabalho humano é o aspecto principal a ser considerado e não mais o lucro. Nesta proposta transformadora, propõe-se uma nova estrutura e um funcionamento diferenciado tanto nas relações para o trabalho quanto na forma de organizar uma gestão capaz de possibilitar espaços de participação. Esse outro modo de gerir o empreendimento é através da autogestão, que segundo Singer (1999) é tida como sinônimo de participação efetiva dos trabalhadores, sem distinção entre si, extinguindo-se assim a possibilidade de qualquer outro vínculo de trabalho. A democracia na produção e distribuição, a desalienação do trabalhador, a luta direta pela geração de trabalho e renda contra a pobreza e exclusão social, se constituem pontos centrais na proposta do cooperativismo.

O trabalho desenvolvido pela Incubadora Tecnológica de Cooperativas Populares junto às cooperativas, sempre foi acompanhado de um questionamento constante a respeito do porquê esses grupos, que apesar da criação e conquista de seu empreendimento, encontram tantas dificuldades para gerir seu próprio negócio. As dificuldades referidas aqui ultrapassam o âmbito econômico, o qual realmente é um dos entraves desses empreendimentos. O foco, contudo, amplia seus limites para o desenvolvimento da autonomia, da autogestão e da efetiva inclusão social.

Dentre as principais barreiras impostas pelo sistema capitalista, no qual os empreendimentos solidários estão inseridos, está a escolarização baseada nos padrões socialmente impostos que visam, segundo Kleiman (1998), apagar a diversidade e a diferença como também todo um saber construído pelas experiências e histórias de vida desses trabalhadores. Estes, ao entrar em contato com conhecimentos já impostos e distanciados de sua realidade, não fazem uso social deles. Nesse contexto, o letramento surge na perspectiva de ressignificar o conhecimento, ampliando-o em sua dimensão cultural e atribuindo-lhe um "real" papel social, possibilitando o processo de conquista da autonomia, independência e conseqüente prática da autogestão.

Por meio dessa problemática, surge a parceria com o projeto de pesquisa "Práticas de letramento e processos subjetivos: um estudo sobre inclusão escolar" vinculado ao Projeto de Extensão Universitária "Letramento e Inclusão Social", ambos desenvolvidos pelo Núcleo de Psicologia, Educação e Trabalho da Universidade Federal do Paraná.

Para investigar e intervir nessa realidade desenvolveu-se "oficinas de letramento" com um grupo de cooperados, todos alfabetizados, que se encontravam impossibilitados de usar a leitura e escrita na organização e gestão de seu empreendimento.

Desse modo, nosso estudo teve como principal objetivo investigar as possíveis transformações nos discursos de identidade escolar, durante o processo de intervenção sobre os significados das práticas de letramento dos participantes. Tal intervenção tinha em vista produzir reflexões e ressignificações dos sentidos que os cooperados atribuem às suas relações com o mundo enquanto sujeitos sociais em busca da autonomia e da efetiva inclusão social.

Um encontro entre sujeitos

A pesquisa foi desenvolvida em uma cooperativa popular cujo objeto de trabalho é a confecção de embalagens a partir da reciclagem da madeira. A cooperativa está inserida no mercado desde 2000, embora os participantes dessa pesquisa estejam juntos desde 2003. O grupo de trabalho foi constituído por onze cooperados, identificados por pseudônimos (Lau, Rui, Ane, Liz, Nil, Ari, Jil, Eud, Sil, Mel e Luz), dentre eles cinco homens e seis mulheres. Todos são oriundos do meio rural, sabem ler e escrever, variando a faixa de escolaridade desde conclusão da primeira série do ensino fundamental até conclusão do segundo grau, porém há uma maior concentração de pessoas que concluíram apenas o ensino fundamental.

Como instrumento de pesquisa optou-se pela realização de duas entrevistas dialógicas coletivas, entendidas como um espaço de produção de sentidos com vistas a possibilitar a interlocução, o intercâmbio de papéis e uma maior flexibilidade na interação dialógica (Jobim e Souza e Castro, 1997/8). Outro instrumento de intervenção foram as "oficinas de práticas de letramento" (Pan, 2003), em que se buscou, através da reaproximação com a língua escrita, a ressignificação do ato de ler e escrever, ultrapassando a idéia da escrita e da leitura como um código, para alcançá-la em seu uso e sentido social, enquanto instrumento de transformação.

O trabalho de intervenção ocorreu de abril a junho de 2006. Uma entrevista dialogada foi realizada no inicio do trabalho e outra no final. No desenvolvimento da pesquisa, foram realizadas oito "oficinas de práticas de letramento", com periodicidade semanal e duração de duas horas.

A interpretação dos dados visa à análise dos fenômenos em sua complexidade e no seu acontecer histórico (Freitas, 2003). Busca compreender o particular enquanto uma totalidade social, apontando possibilidades de transformações e re-significações tanto para o pesquisado como também para o pesquisador.

Uma história de muitas histórias

A primeira entrevista dialogada foi desencadeada a partir do tema "Minha história no tempo da escola"; essa entrevista tinha o intuito de refletir como foi o processo de escolarização de cada participante.

As histórias contadas pelos participantes também são histórias de muitos brasileiros, cujo acesso à escola foi permeado de diversos obstáculos, alguns superados e outros trazidos para sempre na memória. A essas experiências escolares são atribuídos sentidos que refletem a relação de suas identidades com o ato de ler, escrever e aprender no seu próprio cotidiano.

Os participantes da pesquisa são advindos do meio rural. Alguns iniciaram seus estudos em pequenas escolas muito distantes de suas casas, o que tornava sacrificado o acesso: "eu andava cinco quilômetros pra ir na aula". Também relataram que na maioria das casas não havia luz e era preciso estudar sob a luz de um lampião.

A vida no campo é permeada pela sua própria cultura, seus próprios valores, o que constitui um discurso próprio, pois é freqüente na fala dos cooperados a falta de incentivo ao estudo nesses locais. Lau relata que não estudou por que o seu avô dizia que na roça não precisa de estudo. Para Ane, o embaraço era para fazer as tarefas de casa *"[ ] o pai não deixava gastar luz, então nós tinha que esconder dentro do porão com lamparina pra fazer os exercício, aquilo marcou muito.[ ] meu pai era muito inteligente, ele não estudou, mas era inteligente demais. Pra ele era muito difícil conviver com os filhos que não alcançavam o nível dele, né. Mas ele era privilegiado, nós não, e ele não entendia aquilo, então pra ele aquilo era difícil."*

Além dessas práticas comuns em relação ao estudo, as relações de gênero também se constituem um marco e retratam um costume muito comum nas áreas rurais do Brasil (Magalhães, 2001). Nil afirma que: *"[ ] meu pai também não dava apoio pra gente estudar, falava que mulher não precisava estudar. Mulher ia casar e ter filho, pra que estudar? Os filho homem tem que estudar, filha mulher não".*

O sentido atribuído à escola faz ressonância a partir da fala de outro participante:*"[ ] quando eu tava com dois anos na escola, uma carreira boa ... mas ia bem mesmo! Que que acontece? Meu pai saiu aqui pro Paraná, passou uma semana, arrumou um lugar no meio do mato e disse nos vamo bora. Sabe o que ele fez? Ele pegou, chegou aqui, comprou uma cartucheira pra mim. Eu tava com 11 anos e uma cartucheira, chumbo e falou: 'tó, a tua escola tá aqui'. E agora, tem que ta se batalhando pra se arrumar tudo quanto é coisa? Quando eu ouço as pessoas dizer tem que estudar, pode até ta certo, mas é um tempo perdido. Porque tem gente que luta, luta, ta com idade já ta se batendo, se batendo, mas não consegue. [ ] joguei tudo no rio. Não sei do que vale esse estudo. Batalha, batalha, mas não consegue as coisas".* A escola, pela experiência de Ari, parece não ter sentido enquanto possibilitadora de mudanças sociais.

Há muito tempo na sociedade, a escola emerge como determinante do espaço social que um indivíduo pode ocupar na sociedade, criando processos de inclusão/exclusão. A escola, com o advento capitalista, se tornou a principal instituição de aprendizagem das relações sociais dominantes, passando a servir como um aparelho para transformar, moldar e preparar os sujeitos para o trabalho (Enguita, 1993).

Desde então, a escola é tema central para o desenvolvimento econômico social, além de um direito civil explicito na Constituição brasileira. Contudo, Magalhães (2001) e Soares (2003) apontam o problema existente na acelerada democratização do acesso a escola e a não transformação dessa escola, que até então sempre esteve voltada à classe social dominante, não oferecendo qualidade de ensino àqueles que vêm conquistando o direito a ela. É nesse sentido que o pensar sobre o processo de escolarização se faz fundamental, visto que está baseado, segundo Freire (1997), simplesmente no ato de depositar conhecimento, o que acaba por achatar a diversidade e a diferença pela reprodução de valores e normas socialmente impostas (Kleiman, 1998).

O abismo criado entre aqueles que possuem o acesso à escola e dominam as práticas de letramento e entre aqueles que não se autorizam a habitar a cultura letrada, marca a experiência de sofrimento dos participantes. Essa análise possibilitou organizar as "oficinas de práticas de letramento" com vistas a uma reaproximação dos sujeitos com a língua escrita, resgatando laços afetivos e ressignificando identidades, até então experenciadas por processos de exclusão.

Ler e escrever: uma experiência de sofrimento e renúncia

Ao longo das oficinas, foram trabalhados diversos gêneros textuais, desde livros, revistas, gibis, legislação, balanços, e outros. Houve muito interesse dos participantes em restabelecer ou até mesmo estabelecer o contato com essa diversidade de textos que muitas vezes nem se sentiam autorizados a manipular. O estranhamento frente à multiplicidade de gêneros discursivos pode ser mais bem entendido quando Bakhtin (2003) traz a idéia de gêneros primários e secundários, caracterizando como primários (simples) os diálogos do cotidiano e os secundários (complexos) como documentos oficiais, textos científicos, entre outros, porém, constituídos a partir dos gêneros primários. O domínio ou não desses gêneros, dentro de uma cultura letrada, muitas vezes é associado com o conhecimento, com poder, acarretando aos que não os dominam um sentimento de incapacidade diante das relações sociais.

Evidenciado isso, o objetivo de uma das oficinas foi refletir junto aos cooperados sobre o sentimento que desperta quando eles se deparam com a tarefa de ler e escrever. Para o desenvolvimento dessa atividade os participantes utilizaram colagens de revistas para representar emoções e sentimentos diante de tarefas de leitura e escrita.

Foi deixada à disposição uma grande diversidade de revistas, tesouras, colas, canetas, lápis de cor, etc. No momento inicial da oficina observou-se que ao estarem em contato com as revistas, os participantes começaram a ler e discutir entre si algumas reportagens, o que demonstrou uma possibilidade de reaproximação com a leitura e escrita. Naquele momento eles se permitiram fazer uso de uma forma de linguagem muitas vezes distante de seu cotidiano. Porém, Lau não se envolveu na atividade, revelando angústia e negando-se até mesmo a folhear uma revista. Alegava não saber fazer nada. Este fato retrata o emudecimento e a renúncia característico dos modos de subjetivação decorrentes de experiências de exclusão presente nas práticas de letramento (Pan, 2006).

A concepção de aluno como um ser autônomo, racional e cognitivo está normalmente presente em muitas práticas escolares, o que permite dissociar o desenvolvimento pessoal de tais práticas (Pan, 2006). Porém, a realidade que se mostra traduz os efeitos dessas práticas, as quais impossibilitam o desenvolvimento, correndo por vias contrárias ao provocar resistências significativas frente ao ato de ler e escrever. Os participantes, em sua maioria, retratam a sua posição de medo e renúncia diante da leitura e escrita. Esse temor que se apresenta, a emoção que se desperta em relação ao ato de ler e escrever, se constrói na historicidade das relações que o sujeito estabelece em sua vida (Vigotski, 2003). A participante Nil diz: *"eu me sinto muito mal quando eu tenho que escrever, e se uma pessoa fica me olhando, me falta palavras, esqueço as letras, me foge o assunto, fico pensando muito tempo até vir as palavras na minha mente. Porque tem pessoas que tiram sarro dos erros dos outros, tenho dificuldade em me expressar"*.

O medo de errar nesse contexto ainda é retratado através da experiência escolar de Nil: *"eu gostava de estudar, mas na matemática eu nunca fui boa. Eu cansei de ficar de castigo por causa da matemática. A professora falava: 'Nil você não pode errar'. Ela acabava de falar que eu não podia errar, eu errava. Ela xingava, xingava, e cada vez mais eu ia distanciando da matemática. Eu não gosto da matemática até hoje, eu nunca tive chance"*.

A escola, segundo Miranda (2000) é uma instituição que produz subjetividade, contudo freqüentemente se caracteriza pela reprodução do mesmo, pelo achatamento das diferenças, da massificação, produzindo subjetividades assujeitadas, o que extrapola o sujeito individual e se produz junto ao *socius* (Jobim e Souza, 2002).

Em âmbitos mais gerais, a educação tradicional é marcada pela busca da homogeneização, da normalidade e racionalidade em que o erro, as dificuldades, são interpretadas como desvios, tendo como conseqüência a incapacitação, patologização e decorrentes processos de exclusão.

Os modos de subjetivação, derivados das relações que os sujeitos estabelecem com as práticas de letramento, podem ao mesmo tempo possibilitar que os sujeitos falem ou possibilitar que se calem: *"Gosto de escrever quando sozinho, no silêncio do meu quarto. Me sinto mal de alguém ficar me olhando"* (Ari), resultando em relações de sofrimento com a língua escrita.

Possibilidades de habitar a própria língua

A entrevista dialogada no término das oficinas de letramento buscou refletir junto aos cooperados suas experiências de reaproximação com a leitura e escrita, além de identificar as possíveis mudanças nos discursos de identidades quando estes enfrentam a tarefa de ler e escrever.

Esta aproximação foi conduzida como uma forma de inseri-los no contexto social da linguagem escrita, não como espectadores e sim como atores sociais; habitantes dessa língua. Foram criados uma relação e um espaço para refletir, discutir e até mesmo ter o direito de acertar e errar, possibilitando uma nova construção do grupo sobre o sentindo do ato de ler e escrever.

A experiência de se sentir capaz, de possuir o direito de entrar e participar da realidade letrada provocou transformações. O participante Rui se interessou por um pequeno livro de "bolso" e diz já estar lendo um dos livros pela segunda vez. *"Eu já li a primeira e agora to lendo a segunda, pra ver, sabe?, se entra na cabeça".* (Rui)

É importante ressaltar sua posição de incapacidade diante da leitura e escrita: *"sabe?, se entra na cabeça"*, característica muito presente nos discursos dos participantes, de que eles são "cabeça dura" e que em decorrência disso não conseguem aprender. Contudo, ainda que se enuncie de um lugar de assujeitamento a um não saber, o sujeito começa a se permitir apropriar-se da língua escrita, o que até então era visto como algo que gerava medo e desprazer.

O letramento é um processo que engloba as dimensões sociais e discursivas de uma sociedade letrada. Sua ausência ou presença, então, seria capaz de provocar mudanças de ordem social ou psicológica (Tfouni, 1995; Soares, 2003; Kleiman, 2001).

O sujeito antes atado, emudecido pelas relações sociais mediadas pela língua escrita, começa a exercer a possibilidade de escolha frente ao mundo de informações a que é exposto. Esse retrato é trazido por Rui: *"existem coisas que não entram na nossa cabeça, que não acreditamos, isso sim vai para o lixo, às vezes lemos* jornal e na verdade não é aquilo, a gente lê outras coisas e diz diferente".

Apropriar-se da língua escrita, ou melhor, se apropriar de uma língua que já lhe pertence parece redundante, porém para os sujeitos que, até então, possuíam uma relação de sofrimento e alienação com o ler e escrever representa uma vitória. Uma das participantes disse que não adianta só escrever, tem que saber ler o que escreve. Ela ilustra sua afirmação dizendo que foi para Joinville e descobriu que Joinville se escreve com dois "L" e não com um como sempre escrevia. Disse que durante o passeio olhava todas as placas, por que só lendo as pessoas aprendem a escrever certo. Outros participantes começaram a discutir que se Joinville fosse escrito em português seria só com um "L".

Essa posição ativa frente à escrita foi delineando uma outra forma de inseri-la em suas práticas cotidianas, o que evidencia o letramento como um fenômeno social e produto da transmissão cultural, implicando na sua compreensão, inevitavelmente uma análise social (Soares, 2003).

A aproximação com as práticas de letramento possibilitou aos participantes a consciência da importância do uso social da leitura e escrita na vida diária do trabalho da cooperativa. O grupo de participantes colocou a necessidade do uso da escrita no planejamento das ações da cooperativa, no registro de ata das reuniões, no uso de bilhetes e murais para deixar visíveis os trabalhos que serão desenvolvidos por cada cooperado. Além disso, afirmam a necessidade do uso de uma tecnologia que sempre pensaram que seria útil, porém ainda não tiveram a oportunidade de utilizar: o computador.

Como forma e possibilidade de uso da escrita no trabalho da cooperativa, os participantes sugeriram o rodízio para a confecção da ata, bem como para as anotações no mural, para que assim todo mundo possa treinar a escrita. Um dos participantes expõe a dificuldade da prática de escrita: "não adianta praticar um pouco de leitura e escrita se logo depois você vai pregar caixas de madeira e esquece tudo" (Sil). Ainda como forma lúdica e interessada de praticar a escrita imaginaram que todo mundo iria colocar uma fita adesiva na boca e a partir desse dia só poderiam se comunicar escrevendo.

Esse movimento de habitar a língua escrita, relacionando-a às necessidades e valores dos participantes da cooperativa, permite compreender o letramento como uma prática discursiva que possibilita o resgate da cidadania, em que o sujeito, inserido na práxis, deixa de ser espectador e assume o papel de transformação social (Freire, 1997).

O novo lugar social

O trabalho desenvolvido com o grupo através da reaproximação dos sujeitos com a prática da leitura e escrita em sua dimensão social permitiu que os participantes atribuíssem um novo olhar a essa prática, ressignificando suas experiências de letramento escolar. Esse novo enfoque foi possível a partir do momento em que foi dado ao sujeito um outro lugar social, que não aquele somente de espectador da realidade, e sim um lugar de ator social, protagonista de possíveis transformações. Esse novo cenário possibilitou que estes sujeitos habitassem essa língua que já lhes pertence atuando junto a ela como cidadãos de direito. A construção de um novo laço afetivo com o ato de ler e escrever, não mais pelo medo e renúncia, e sim pela possibilidade de criar e recriar as situações de letramento, contribuiu enormemente para as necessidades de gestão e organização de empreendimentos populares e autogestionários, cuja prioridade é a conquista da autonomia e a efetiva inclusão social.

Referências

Bakhtin, M.(2003). *Estética da criação verbal*. São Paulo: Martins Fontes.

LETRAMENTO E ECONOMIA SOLIDÁRIA: RESSIGNIFICANDO IDENTIDADES **163**

Enguita, M. F.(1993). *Trabalho, escola e ideologia: Marx e a crítica da educação*. Porto Alegre: Artes Médicas Sul.

Freire, P.(1997). Educação "bancária" e educação libertadora. In. Patto, M. H. S. (org.). *Introdução à Psicologia escolar*. São Paulo: Casa do Psicólogo.

Freitas, M.T.A.(2003). A perspectiva sócio-histórica: uma visão humana da construção do conhecimento. In: Freitas, M.T.A.; Kramer, S.; Jobim e Souza, S. (orgs.). *Ciências humanas e pesquisa: leituras de Mikhail Bakhtin*. São Paulo: Cortez.

Jobim e Souza, S.; Castro, L. R.(1997/8) Pesquisando com crianças: subjetividade infantil,dialogismo e gênero discursivo. *Psicologia Clínica. Pós-graduação e pesquisa*. Rio deJaneiro: PUC do Rio de Janeiro. Centro de Tecnologia e Ciências Humanas. Departamentode Psicologia, v.9, n.9, p.83-116.

Jobim e Souza, S. ; Miranda, L. L.; Camerini, M. F.(2002). A imagem técnica e a leitura do mundo: desafios contemporâneos. In: Freitas, M. T. A; Costa, S. R. (orgs.). *Leitura e escrita na formação de professores*. Juiz de Fora: UFJF.

Kleiman, A. B.(2001). Modelos de letramento e as práticas de alfabetização na escola. In: _____. (org.) *Os significados do letramento: uma nova perspectiva sobre a prática social da escrita*. Campinas: Mercado de Letras.

_____(1998). A construção de identidade em sala de aula: um enfoque internacional. In: Signorini, I.(org.). *Lingua(gem) e identidade: elementos para uma discussão no campo aplicado*. Campinas: Mercado de letras.

Pan, M. G. de S.(2003). *Infancia, discurso e subjetividade: uma discussão interdisciplinar para uma nova compreensão dos problemas escolares*. Curitiba,. 335 p. Tese (Doutorado em Letras) – Setor de Ciências Humanas, Letras e Arte, Universidade Federal do Paraná.

_____(2006). Letramento escolar e processos subjetivos. In: Berberian, A. P.; Massi, G.; Angelis, C. C. M. (orgs.) *Letramento – referências em saúde e educação*. São Paulo: Plexus.

Magalhães,I. (2001).. Práticas discursivas de letramento: a construção da identidade em relato de mulheres. In. Kleiman, A. B. (org.) *Os Significados do letramento: uma nova perspectiva sobre a prática social da escrita*. Campinas: Mercado de Letras.

Miranda, L.L.(2000). Subjetividade: a (des)construção de um conceito. In: Jobim e Souza, S. *Subjetividade em questão: a infância como critica da cultura.* Rio de Janeiro: 7 Letras.

Singer, P.(1999). *Globalização e desemprego: diagnóstico e alternativas.* São Paulo: Contexto.

Soares, M.(2003). *Letramento: um tema em três gêneros.* Belo Horizonte: Autêntica.

Tfouni, L. V.(1995). *Letramento e alfabetização.* São Paulo.

Vigotski, L. S.(2003). *O desenvolvimento psicológico na infância.* São Paulo: Martins Fontes.

CONSUMO ÉTICO E RESPONSÁVEL NA ECONOMIA SOLIDÁRIA: COMPREENSÃO E MUDANÇA DE PRÁTICAS CULTURAIS

Ana Lucia Cortegoso

Resumo

Com base em uma experiência de incubação de um grupo de articulação entre consumidores, produtores e distribuidores, para promoção de consumo ético, responsável e solidário (ConsumoSol), são apresentados e discutidos, neste capítulo, conceitos relevantes para a compreensão do consumo como uma prática cultural; variáveis envolvidas com o processo de incubação do grupo ConsumoSol; contingências favorecedoras e desfavorecedoras do desenvolvimento de práticas de consumo solidárias representadas por ações do grupo. O ConsumoSol foi proposto como forma de apoio a empreendimentos solidários, que encontram na comercialização de seus produtos, atualmente, sua principal dificuldade. Dentre as ações propostas e implementadas pelo ConsumoSol, destacam-se: compras coletivas, divulgação de

166 ANA LUCIA CORTEGOSO

empreendimentos solidários, participação em eventos de estímulo à troca como forma de suprir necessidades, CineConsumoSol etc.

De acordo com a Secretaria Nacional de Economia Solidária (SENAES, 2004), economia solidária é o conjunto de atividades econômicas – de produção, distribuição, consumo, poupança e crédito – organizadas sob a forma de autogestão, isto é, pela propriedade coletiva dos meios de produção de bens ou prestação de serviços, pela participação democrática nas decisões dos membros da organização ou empreendimento e pela distribuição equitativa dos resultados. São valores, no campo da economia solidária, adesão voluntária e esclarecida dos membros, participação democrática dos sócios independente de participação financeira, cooperação, intercooperação, promoção do desenvolvimento humano, preocupação com a natureza e com a comunidade, produção e consumo éticos e solidariedade.

A perspectiva da economia solidária é de busca de uma sociedade mais equilibrada, tanto do ponto de vista das relações humanas, quanto destas com seu meio físico; um tipo de sociedade forjada a partir de práticas de indivíduos e de coletividades muito diferentes daquelas que predominam em uma organização social pautada na fórmula capitalista de acumulação de riqueza para alguns poucos, e exclusão social para muitos.

De acordo com Gleen (1986, 1988, entre outros), metacontingências é um conceito que se refere à unidade de análise que descreve a relação funcional entre uma classe de comportamentos operantes, cada operante possuindo sua própria consequência imediata e única, e uma consequência de longo prazo comum a todos os operantes que pertencem à metacontingência em questão. Conseqüência esta que constitui um resultado agregado das ações individuais, o qual não pode ser alcançado por um único indivíduo, mas apenas e tão somente pela soma e articulação das práticas não apenas de diferentes indivíduos, mas, freqüentemente, de diferentes tipos de atores sociais. Nesta concepção, e considerando o que constitui este

CONSUMO ÉTICO E RESPONSÁVEL NA ECONOMIA SOLIDÁRIA: COMPREENSÃO E MUDANÇA DE ... **167**

campo de ação humana, economia solidária pode ser considerada a denominação geral de uma metacontingência de grande abrangência e complexidade. Uma metacontingência que inclui diferentes práticas culturais, entendidas estas como padrões de comportamento estáveis, socialmente desenvolvidos, apresentado por membros de uma sociedade.

O conhecimento já disponível sobre comportamento humano e a convicção de que a economia solidária pode constituir uma forma alternativa de organização do homem para o trabalho, na direção de um tipo de sociedade e de cultura mais compatíveis com valores de igualdade entre os seres humanos e de harmonia com o ambiente justificam, plenamente, o investimento na identificação e exame das práticas existentes e desejáveis dos diferentes atores que compõem a economia solidária, bem como da compreensão sobre as condições que operam para manter as práticas vigentes e as que podem contribuir para implementar outras, tanto do ponto de vista de contingências capazes de manter operantes (compatíveis ou não com este campo de atividade humana), quanto do ponto de vista de práticas culturais de interesse para a economia solidária e metacontingências específicas dentro da mais geral.

Uma das práticas culturais de grande interesse no campo da economia solidária, e que será examinada, neste contexto, do ponto de vista de suas características como tal, é a prática de consumo. Os padrões de consumo atuais, predominantes em praticamente todo o planeta, em épocas de globalização desenfreada da economia, geram, quase sempre, desigualdade social, concentração de renda, degradação ambiental e precarização de trabalhadores para grande parte da população, ainda que gere acumulação de riqueza para uma parte desta mesma população. São características usuais destas práticas de consumo: tendência para consumir mesmo na ausência de necessidades reais, uso de critérios parciais, circunstanciais, individualistas para aquisição e consumo de produtos, como aparência, valorização social, disponibilidade imediata de bens e serviços etc., e desrespeito em relação ao ambiente.

168 ANA LUCIA CORTEGOSO

Compreendendo consumir como uma ampla classe de comportamentos, e comportamento como a relação entre uma determinada classe de respostas e o ambiente, este em termos de determinadas classes de estímulos antecedentes e subseqüentes a estas respostas (Botomé, 1981, entre outros) é possível apresentar, em contraposição ao que costuma caracterizar esta relação do homem com seu ambiente, descrições da prática que interessa no campo da economia solidária. Uma descrição deste tipo, baseada nos objetivos do grupo ConsumoSol – Articulação Ética e Responsável para um Consumo Solidário, e provavelmente não exaustiva em relação a aspectos relevantes para esta relação comportamental, pode ser vista no Quadro 1.

Quadro 1. Descrição da Classe de Comportamentos "Consumir" que apresenta características desejáveis do ponto de vista da economia solidária

Diante de <u>necessidades efetivas de consumo</u> (*condição diante da qual é desejável, esperado ou apropriado consumir*), e <u>considerando</u> existência de diferentes tipos de produtos disponíveis para consumo em relação ao potencial de geração de resíduos, produtos estes gerados com diferentes graus de aproveitamento de resíduos e de respeito ao homem no processo de produção, características dos diferentes produtores ou prestadores de serviços possíveis quanto à condição social, tipo de organização para o trabalho e benefícios para os indivíduos envolvidos, os recursos disponíveis para obtenção dos produtos e o conhecimento existente sobre possibilidades de aproveitamento de resíduos e de redução na sua produção (*aspectos do ambiente que aquele que se comporta deve levar em conta*), é esperado que cada indivíduo **providencie atendimento a necessidades próprias, familiares ou de grupos por meio de consumo**, de forma a gerar, como resultados, produtos ou efeitos desta ação, pelo menos: necessidades de consumo satisfeitas; segmentos excluídos da população, preferencialmente os organizados para geração de renda, beneficiados; menor gasto possível de recursos próprios e ambientais; ausência de resíduos

CONSUMO ÉTICO E RESPONSÁVEL NA ECONOMIA SOLIDÁRIA: COMPREENSÃO E MUDANÇA DE ...   169

> ou mínimo de resíduos gerados pelo consumo; resíduos inevitáveis produzidos com maior potencial de aproveitamento; uso máximo de produtos gerados a partir do aproveitamento de outros.

Na descrição apresentada no Quadro 1 são enfatizados alguns dos aspectos que situam a prática no campo da economia solidária, sendo alguns deles referentes à conservação ambiental (por exemplo, quando é enfatizado que o ato de consumir deve ser realizado apenas quando se apresentam necessidades efetivas, em contraposição ao consumo por motivos supérfluos), e outros relacionados a empreendimentos solidários, como no caso da indicação de benefício preferencial a estes empreendimentos, como resultado de atender a necessidades de bens e serviços.

O interesse em promover práticas culturais similares a esta implica examinar, produzir conhecimento sobre e intervir em relação a contingências, e articulações entre contingências subjacentes às práticas de consumo existentes e às práticas alternativas desejáveis para a economia solidária; no âmbito da análise do comportamento podem ser encontradas ferramentas para isso. Neste sentido, parece relevante considerar alguns aspectos acumulados em termos de conhecimento sobre o comportamento humano, tais como os conceitos de comportamentos controlados por regras, controle tecnológico e cerimonial do comportamento, e tipos de conseqüências presentes em regras relativas a práticas culturais.

De acordo com Skinner (1975), comportamentos humanos podem ser controlados por suas conseqüências (ou contingências), ou por regras. São comportamentos controlados por conseqüências aqueles em que o indivíduo se comporta a partir da experiência direta com eventos que seguem esta ação, tenha sido esta conseqüência produzida diretamente pela ação deste indivíduo ou arbitrariamente apresentada, pelo ambiente, sendo parte principal deste ambiente os outros indivíduos e suas ações, ou seja, o meio social. Comportamentos controlados por regras são aqueles em que o controle se dá pelo contato direto do indivíduo que se comporta com enunciados verbais que descrevem contingências, ou relações entre ações e resultados, produtos e efeitos destas ações ou ambiente, ou seja, suas conseqüências. Para Malott (1988), a grande maioria dos comportamentos humanos em nossa sociedade moderna é controlada por regras; o comportamento consumir pode ser considerado como um comportamento deste tipo, particularmente se considerado o poder da mídia, a mais poderosa, porém não única estratégia de controle, em uma sociedade que, não à toa, tem sido denominada de sociedade de consumo.

De acordo com Gleen (1986), e especialmente no caso de comportamentos controlados por regras, o controle de comportamentos humanos pode ocorrer por meio do que a autora denomina de controle tecnológico, ou por meio do que denomina de controle cerimonial. No caso do controle tecnológico, os comportamentos são mantidos por mudanças não arbitrárias no ambiente. Segundo a autora, conseqüências reforçadoras que participam de contingências tecnológicas derivam seu poder de sua utilidade, de seu valor ou de sua importância para as pessoas que estão expostas a este tipo de contingência. Já no caso do controle cerimonial, os comportamentos são mantidos por conseqüências que derivam seu poder do *status,* da posição ou autoridade de quem administra tais conseqüências, independentemente de estarem relacionadas a benefícios efetivos para as pessoas que se comportam. Padrões de consumo tais como aqueles que predominam na presente sociedade moderna, apresentam características indiscutíveis de práticas controladas por conseqüências arbitrárias (não relacionadas à satisfação de necessidades efetivas dos indivíduos), com conseqüências que derivam seu poder dos padrões estabelecidos e mantidos fortemente pela mídia (como é o caso eloqüente da moda, por exemplo), das quais decorrem, pelo menos em médio prazo, conseqüências prejudiciais para a vida em um planeta que esgota seus recursos de modo acelerado e distribui a riqueza de modo ameaçador também para aqueles que recebem a parte principal destes benefícios. Por vezes, gerando, mesmo em curto prazo, danos e prejuízos para os indivíduos que se comportam dentro dos padrões observados, tais como inadimplência, compulsão para a compra etc.

Malott (1988), ao discutir comportamentos controlados por regras, chama a atenção para as formas de ação de diferentes tipos de conseqüências, relevantes para compreender e intervir na promoção de práticas culturais que podem estar vinculadas a contingências de curto e de longo prazo que são contraditórias em relação à garantia de vida, bem estar e sobrevivência. O autor refere-se a conseqüências de ação direta, aquelas que são suficientemente imediatas, prováveis e de grande intensidade (valor) para punir ou reforçar respostas que as produzem ou são seguidas por estas, e de ação não direta, que são muito atrasadas, muito improváveis ou pouco intensas (de pequeno valor), embora possam ter significado em função do efeito acumulado. De acordo com Malott, se uma contingência não direta efetivamente controla o comportamento, contingências de ação direta estão desempenhando algum papel nos bastidores, fazendo o real trabalho de controle.

No caso das contingências de ação não direta, o autor considera que podem ser <u>inefetivas</u> quando, mesmo envolvendo efeitos importantes, a) não há regras descrevendo tal contingência, ou b) a contingência descrita pela regra é difícil de seguir, e não existem regras fáceis de seguir como suporte; podem ser, ainda, <u>indiretas,</u> sendo sua principal característica o fato de serem atrasadas em relação aos comportamentos de interesse. Conseqüências indiretas podem ser, por sua vez, *fáceis de seguir ou difíceis de seguir.* São consideradas fáceis de seguir quando, mesmo que atrasadas, são prováveis e de valor ou intensidade considerável, como aquelas que estabelecem culpa, vergonha, medo e insegurança, e sua redução é reforçadora; ou difíceis de seguir, quando improváveis ou de pequeno valor ou intensidade, necessitando do suporte de regras que descrevam contingências adicionais, do tipo fácil de seguir.

Considerando as práticas de consumo predominantes (para muito além de necessidades básicas, gerando dano ambiental no

172   ANA LUCIA CORTEGOSO

processo de produção de bens e serviços, durante o próprio consumo e no descarte de resíduos, privilegiando produtos e serviços geradores de desigualdade social etc), é possível supor algumas das características das contingências que sustentam estas práticas. Em termos de manutenção dos operantes individuais, é possível supor a existência de contingências de ação direta, com conseqüências de valor positivo (potencialmente reforçador destas práticas) pelo atendimento imediato a necessidades (reais ou supérfluas), bem como ganhos sociais oferecidos pela sociedade de natureza consumista, condições provavelmente mais potentes que as possíveis conseqüências de valor negativo associadas às práticas de consumo exacerbado, como a redução de recursos financeiros disponíveis, estes mesmos atenuados pelos mecanismos de facilitação de acesso a bens de consumo e serviços implementados pela sociedade capitalista (crédito facilitado). Em termos de manutenção de padrões de conduta que caracterizam tais práticas culturais, como padrões apresentados por coletividades, é possível supor a existência de contingências de ação indireta, fáceis de seguir, por serem prováveis e de alto valor neste tipo de sociedade, em termos de movimentação da economia e benefício para setores produtivos (capitalistas, predominantemente), altamente valorizados pela sociedade movida pela perspectiva de lucro. De outro lado, conseqüências como degradação ambiental e desequilíbrio social relacionado à concentração de renda que decorrem destas práticas são pouco perceptíveis para os indivíduos que se comportam, bem como é difícil de notar, no contato direto com o ambiente, a relação entre ações que levam a estes resultados e este tipo de dano ao ambiente e ao grupo.

No caso de práticas de consumo como as que interessam à economia solidária, os resultados agregados de contingências comportamentais – conservação ambiental e maior equilíbrio social, derivados de ações de consumidores – são: a) atrasados em relação ao momento em que o consumo se dá, b) percebidas como pouco prováveis (ao menos no que se refere a atingir o consumidor que se comporta pessoalmente), c) de baixa valorização social e d) sem

CONSUMO ÉTICO E RESPONSÁVEL NA ECONOMIA SOLIDÁRIA: COMPREENSÃO E MUDANÇA DE ... **173**

prazo definido para ocorrer, a despeito das previsões técnicas cada vez mais fundamentadas, do ponto de vista científico, de proximidade de esgotamento de recursos naturais indispensáveis à vida e de escalada mundial de violência associada à desigualdade social. Ou seja, tais práticas estariam envolvidas com contingências inefetivas, de acordo com a proposição de Mallot (1988). Em um sentido amplo, tendo como referência o conjunto dos consumidores, não há regras descrevendo as contingências, dado que uma pequena parcela da população tem acesso a conhecimento capaz de indicar tais conseqüências como decorrentes das práticas cotidianas de consumo; em um sentido mais específico, quando os indivíduos têm acesso a tais informações, as regras envolvidas são difíceis de seguir (por exemplo, em função das condições de estímulo ao consumo) e não há outras fáceis como suporte, capazes de gerar conseqüências reforçadoras para os comportamentos cotidianos de consumo ético, responsável e solidário.

Em busca de gerar condições favorecedoras para existência e manutenção de comportamentos de consumo mais compatíveis com a proposta da economia solidária do que os padrões vigentes, foi constituído, em uma cidade de médio porte do estado de São Paulo, a partir da iniciativa de uma incubadora universitária de empreendimentos solidários, um grupo de articulação de consumidores, produtores e distribuidores voltado para a promoção de práticas de consumo éticas, responsáveis e solidárias, o ConsumoSol. Os membros do grupo reúnem-se mensalmente há mais de dois anos, e têm implementado ações diversas voltadas para o alcance de seus objetivos[24]. No Quadro 2 podem ser vistas as principais ações do grupo até o momento.

---

[24] Os objetivos estão relacionados em nota ao final deste capítulo.

174 ANA LUCIA CORTEGOSO

Quadro 2. Atividades propostas pelo ConsumoSol como formas de atingir seus objetivos em relação a práticas de consumo. Ações em fase de planejamento aparecem no quadro indicadas com um asterisco. (Adaptado de Cortegoso, Uehara, Logarezzi e Ramirez, 2006).

Ações com resultados previstos em nível preponderantemente informativo:
- Sítio do grupo na internet (http://br.geocities.com/consumosol/index2/index2.htm)
- Folheto de divulgação do grupo
- Painel ConsumoSol
- Boletim ConsumoSol

Ações com resultados previstos em nível preponderantemente motivacional
- Apresentações do ConsumoSol por meio de recurso visual e exposições, em diversos eventos e locais
- Cine ConsumoSol
- Participação na organização e realização da Feira da Sucata e da Barganha, com barraca de trocas, exposição de sacolas duráveis, oficina de sacolas e de reparos de bicicletas etc.

Ações com resultados previstos em nível preponderante de facilitação de condutas individuais
- Compras coletivas pelos membros do grupo
- Apoio para outras iniciativas de organização para promoção do consumo ético, responsável e solidário, como no caso de sócios de empreendimentos solidários
- Feira ConsumoSol do Produtor
- Divulgação de contatos com produtores
- Divulgação de "dicas" para consumo ético, responsável e solidário
- Criação de uma cooperativa de crédito*

Ações com resultados previstos em nível formativo
- Oficinas sobre alimentação saudável e de reaproveitamento de resíduos
- Oficinas de compostagem doméstica

Ações com resultados previstos em nível de mudança de práticas culturais
- Projeto Sacoleco
- Sistema de circulação de mercadorias por jovens, com uso de bicicletas, e associado a prática esportiva

Conforme indicado no Quadro 2, as ações do ConsumoSol apresentam funções e níveis de abrangência diferentes, que vão desde a disponibilização de informações, como suporte para tomada de decisões de consumidores, até intervenções que buscam interferir na conduta de diferentes atores sociais, promovendo mudança da prática cultural de uso de sacolas descartáveis para transporte de mercadorias em estabelecimentos comerciais. Uma descrição mais completa e específica das ações do grupo pode ser encontrada em Cortegoso, Uehara, Logarezzi e Ramirez (2006), sendo neste texto examinada a iniciativa que compõe o projeto Sacoleco, implementada a partir de meados de 2005. Segundo estes autores, o projeto Sacoleco

"...destina-se a intervir na prática disseminada no país de uso de sacolas plásticas para transporte de mercadorias adquiridas em estabelecimentos comerciais, alterando-a na direção do uso de suportes duráveis, como sacolas, carrinhos, caixas etc."

"O projeto, em andamento, prevê a distribuição (gratuita ou mediante aquisição) de sacolas duráveis, produzidas pelos empreendimentos solidários parceiros, para clientes fiéis dos estabelecimentos comerciais, a serem utilizadas em substituição às sacolas plásticas descartáveis. Além da distribuição das sacolas, o projeto prevê campanhas de esclarecimento dos clientes dos estabelecimentos comerciais parceiros (de modo a promover o uso esclarecido e facilitar a generalização da prática para outras situações) e, eventualmente, estratégias de valorização do uso das sacolas duráveis pelos clientes mediante premiações pela apresentação das condutas desejadas (uso de sacolas duráveis, dispensa de sacolas plásticas ou mesmo reutilização de sacolas plásticas no transporte de mercadorias)."

"A perspectiva deste tipo de intervenção é a de produção de mudanças de práticas de um conjunto amplo de pessoas, com a expectativa de colocá-las sob controle das conseqüências a curto, médio e longo prazo para as diferentes alternativas de ação em relação ao uso de produtos plásticos e descartáveis.

176 ANA LUCIA CORTEGOSO

Um desafio de tamanho considerável, levando em conta as práticas atualmente valorizadas em uma sociedade de consumo em que tudo se torna, cada vez mais, descartável e substituível – incluindo as relações humanas, sentimentos e valores."

A intervenção prevista no projeto Sacoleco envolve um conjunto diversificado de atores sociais: comerciantes, tanto em termos de proprietários como de funcionários de estabelecimentos comerciais, produtores de suportes duráveis, consumidores, membros do ConsumoSol e equipe de apoio, esta responsável pela implementação do projeto com financiamento a partir do Prêmio UniSol-Banco Real, e que inclui docentes, estudantes de graduação e técnicos de nível superior. Está baseada na oferta de sacolas de materiais duráveis e de baixo custo ambiental em estabelecimentos comerciais, com a elaboração de protótipos e a produção dos itens a cargo de empreendimentos solidários de artesanato e costura; inclui capacitação de empreendimentos solidários em relação às várias competências desejáveis para participação no projeto (produção das sacolas, elaboração de orçamentos, consumo ético, responsável e solidário etc), bem como campanha educativa sobre impacto ambiental do uso de sacolas plásticas junto a funcionários dos estabelecimentos comerciais e seus clientes, com produção de material e implementação de atividades diretas de oferta de informação, a cargo da equipe de apoio e dos membros dos empreendimentos solidários, com monitoramento dos indicadores de impacto destas providências sobre todos os tipos de envolvidos.

Do ponto de vista das contingências envolvidas na intervenção, que busca mudar prática de uso de sacolas plásticas descartáveis, à medida que são apresentados os comportamentos de interesse, são gerados resultados imediatos ou de médio prazo para os proprietários dos estabelecimentos comerciais, relacionados à economia com gastos fixos com compra destas sacolas plásticas descartáveis; tais economias podem, mesmo que eventualmente, alcançar os consumidores, uma vez que os gastos dos comerciantes com este item são repassados aos consumidores via preço dos produtos; esta economia pode, ainda, alcançar diretamente os funcionários do estabelecimento, à medida que os recursos poupados podem ser aplicados em benefícios diretos ou indiretos para eles. A aquisição de sacolas duráveis, doadas ou mesmo vendidas nos estabelecimentos comerciais, por sua vez, implica em geração de renda para membros dos empreendimentos solidários participantes. Assim, a intervenção "coloca em movimento" uma possibilidade de mudança que poderia garantir conseqüências mantenedoras de importantes comportamentos individuais e práticas coletivas que, articuladas, levariam aos produtos agregados que caracterizam o consumo ético, responsável e solidário que constitui a prática cultural de interesse, neste caso.

O sucesso da iniciativa depende, contudo, não apenas destas variáveis que os procedimentos previstos pretendem controlar. A prática de uso de sacolas descartáveis é altamente difundida, pela facilidade que oferece ao consumidor, que não precisa transportar seu suporte durável, pode decidir por realizar compras em momentos em que não dispõe de suporte durável e ainda utiliza pelo menos parte destas sacolas para acondicionar resíduos a serem descartados, principalmente domésticos. E, ainda que esta última condição seja geradora de graves problemas ambientais, ela é pouco notada pelo consumidor, fortalecida pelos sistemas de coleta de resíduos implementados nos centros urbanos (e mesmo no meio rural) e poucas ou difíceis são as alternativas para solução deste tipo de necessidade de encaminhamento de resíduos na sociedade urbana moderna.

Proposição de formas alternativas para lidar com determinadas situações (tal como no caso de acondicionamento de resíduos, em que pode ser feita uma redução do uso de sacolas para esta finalidade reduzindo os resíduos que assim necessitam ser descartados, por meio de reutilização de embalagens, destinação de resíduos orgânicos para compostagem e de materiais recicláveis para esta finalidade, por exemplo) e de condições favorecedoras para apresentação destes comportamentos alternativos (como desenvolvimento de modelos de sacolas que podem se tornar muito pequenas, quando não estão em uso, por exemplo) são, então, muito relevantes para o sucesso de uma intervenção desta natureza. As atividades educativas e motivacionais são, também, importante elemento de apoio para o sucesso da intervenção, à medida que podem funcionar como operações estabelecedoras, alterando o valor reforçador dos resultados gerados pelo uso dos suportes duráveis, que atualmente é baixo em função de uma cultura que "vende" a idéia de que significa progresso o abandono dos recursos utilizados por gerações anteriores.

Além disso, conseqüências específicas para os comportamentos envolvidos nesta mudança, particularmente, mas não apenas, dos consumidores, devem ser necessárias, ao menos para garantir que respostas iniciais sejam emitidas e venham a ser reforçadas por suas conseqüências naturais, ainda que atrasadas, desde que suportadas, ao menos, por controle social estabelecido por regras. Neste sentido, a distribuição de sacolas duráveis nos estabelecimentos comerciais parceiros foi associada, no caso do projeto Sacoleco, à emissão de comportamentos desejáveis (não utilização de sacolas plásticas em um certo número de compras ou fidelidade ao estabelecimento); o uso das sacolas doadas em compras, por sua vez, passou a ser recompensado com cupons que, acumulados, davam direito a pequenos brindes oferecidos pelos empreendimentos. Esta estratégia foi de fato e corretamente implementada em um dos estabelecimentos comerciais parceiros, e tem resultado em mudanças consistentes na prática de uso deste tipo de suporte por seus clientes.

A implementação da intervenção segue revelando aspectos desta complexa rede de relações que são relevantes para a produção de uma mudança cultural deste porte, sendo uma delas o papel dos valores que, em nossa sociedade atual, estimulam o consumismo exacerbado e oferecem, como modelo de sucesso, a substituição rápida de itens de consumo, mesmo que em boas condições de uso, ainda que este ideal só possa ser atingido por poucos. É necessário, portanto, prosseguir na busca de compreensão e na produção de tecnologia capaz de interferir em fenômenos de grande importância para a sobrevivência da própria espécie e de tantas outras que o ser humano coloca em risco no planeta. E mesmo que a produção de conhecimento sobre o comportamento humano ainda deva ser muito ampliada e aperfeiçoada, parece fundamental utilizar o conhecimento já existente para produzir mudanças que estão ao nosso alcance no dia a dia, nos momentos em que fazemos nossas escolhas, aparentemente insignificantes e que podem parecer de interesse apenas individual.

Nota: Constituem objetivos do ConsumoSol – Articulação Ética e Solidária para um Consumo Responsável: 1) promover um padrão de consumo que corresponda ao mínimo necessário para atender a necessidades humanas e dos seres em geral, significativas e relevantes, de modo a produzir melhor equilíbrio no acesso a produtos e serviços por todos e com maior grau de conservação ambiental; 2) promover produção, comercialização e uso de diferentes produtos e serviços necessários ao atendimento de necessidades humanas e dos seres em geral, desde que garantidas características como: melhor qualidade possível, sendo para tanto necessário estabelecer critérios para cada tipo de produto ou serviço, considerando o conhecimento e os recursos disponíveis para produção, comercialização e consumo destes produtos ou serviços; preço justo, significando aquele que, estabelecido por meio de acordo entre os envolvidos, garanta atendimento equilibrado a todos, do ponto de vista econômico, legal e humano. Constituem aspectos a serem levados em consideração, neste caso, os níveis de remuneração praticados, o respeito a condições trabalhistas, a abrangência do benefício em termos de número de pessoas alcançadas etc.; processo ético de produção de bens/ prestação de serviço, sendo garantidos, por meio das práticas e metodologias utilizadas: ausência de exploração de pessoas e de outros seres, transparência e responsabilidade em relação aos resultados diretos e indiretos do processo; adequação aos princípios de conservação da natureza, ao longo de todo o ciclo de vida dos produtos e serviços (incluindo concepção, produção, comercialização, utilização e destinação pós-uso), promoção da saúde humana, preservação da diversidade biológica e de processos naturais sustentadores da vida, prevenção e prudência diante dos limites do conhecimento; 3) promover a inclusão social para o maior número possível de pessoas, tanto no processo de produção e comercialização quanto no de consumo, com acesso a produtos e serviços com as características propostas; 4) dar preferência a produtos e serviços: de origem local, de modo a fortalecer a economia local, passando a abrangências maiores conforme não existam produtos e serviços próximos ou em função de outras prioridades previstas (por exemplo, possibilidade de inclusão, oferta por empreendimento solidários etc.); preferencialmente oriundos de empreendimentos solidários, ou que apresentem potencial para contribuir com a construção de relações solidárias no interior da economia; 5) capacitar produtores, fornecedores, distribuidores e consumidores (membros do grupo ou não) para produzir, fornecer, distribuir, adquirir e utilizar produtos e serviços com estas mesmas características; 6) favorecer a educação alimentar e o consumo de produtos mais adequados para a saúde; 7) incentivar e facilitar a relação ética e respeitosa entre produtores, fornecedores, distribuidores e consumidores, por meio de fidelidade, transparência e integração das atividades destes atores; 8) apoiar também empreendimentos que, mesmo atendendo a apenas parte das características previstas, possam vir a melhorar suas condições de funcionamento na direção dos objetivos do

180 ANA LUCIA CORTEGOSO

grupo; 9) promover a cultura local, valorizando a diversidade cultural, o conhecimento e a identidade das comunidades tradicionais nas transações comerciais; 10) contribuir para a construção de práticas de produção, comercialização e consumo baseadas em valores que questionem as regras dos mercados vigentes (incluindo os de trabalho, da ciência, da tecnologia, das mercadorias, do dinheiro, da comunicação, da publicidade, da cultura etc.), priorizando: bem estar do ser humano (*vs* das corporações), benefício coletivo (*vs* apenas individual), ganho social (*vs* ganho e acúmulo financeiro), cooperação (*vs* competição), prevenção (*vs* apenas remediação); 11) buscar e consolidar relações com outras iniciativas similares, em redes de cooperação solidária; 12) pautar-se, em seu funcionamento, pelos princípios do cooperativismo, como: livre acesso, adesão voluntária, participação coletiva e democrática dos membros, auto-gestão, cooperação e intercooperação; 13) monitorar os processos de funcionamento do grupo, permanentemente, por meio de indicadores diversos.

Referências

Botomé, S. P. (1981). *Objetivos de ensino, necessidades sociais e tecnologia educacional.* Tese de doutorado, Universidade de São Paulo, São Paulo.

Cortegoso, A. L.; Uehara, M.S.; Logarezzi, A.; Ramirez E. S.(2006) *Promoção de práticas de consumo como parte da construção da economia solidária.* Trabalho apresentado no II Seminário Acadêmico Procoas-AUGM, Rosário, Ar, 2006. (a ser publicado em coletânea de textos do evento).

Glenn, S. S.(1986). Metacontingencies in Walden Two. *Behavior Analysis and Social Action*, 5 (1), 2-8.

Glenn, S. S.(1988). Contingencies and metacontingencies: toward a synthesis of behavior analysis and cultural materialism. *The Behavior Analyst*, 11(2), 161-179.

Malott, R. W.(1988). Rule-governed behavior and behavioral anthropology. *The Behavior Analyst*, 11, 2, 181-203.

Secretaria Nacional de Economia Solidária (SENAES) (2004). *Termo de referência para o mapeamento da economia solidária e Sistema Nacional de Informações em Economia Solidária.* Brasília.

Skinner, B.F.(1975). Contingências do reforço (Cap. I, VI e VI), em *Os Pensadores*, São Paulo: Ed. Abril Cultural.

PARTE III

PSICOLOGIA E TRABALHO COLETIVO

COMPORTAMENTOS DE MEDIADORES EM PROCESSOS DE TOMADA DE DECISÃO EM EMPREENDIMENTOS SOLIDÁRIOS

Fabiana Cia[25] e Ana Lúcia Cortegoso[26]

Resumo

Este estudo teve por objetivo identificar comportamentos e propriedades de comportamentos de mediadores em processos de incubação de empreendimentos solidários relevantes para promover processos de tomada de decisão compatíveis com princípios cooperativistas. A coleta de dados foi realizada por meio de filmagens de reuniões de um grupo, a partir das quais foram obtidas informações sobre as características do processo de tomada de decisão e propriedades de comportamentos

---

[25] Psicóloga, mestre e doutoranda no programa de pós-graduação em educação especial da Universidade Federal de São Carlos/UFSCar.

[26] Professora adjunta do programa de pós-graduação em educação especial e do Departamento de Psicologia da Universidade Federal de São Carlos/UFSCar.

do mediador. Participaram da filmagem aproximadamente 20 cooperadas e um mediador. A análise dos dados ocorreu a partir de observação direta, tendo sido transcritos, destes, apenas os episódios que envolviam tomadas de decisão. Foi elaborada uma metodologia de análise de dados constituída por quatro sistemas de categorias que focalizaram os comportamentos do mediador ao apresentar informações; ao promover a participação das cooperadas; ao liberar as conseqüências para as condutas das cooperadas e ao desempenhar uma função. Os dados obtidos permitiram identificar que o mediador apresentou com maior freqüência os seguintes comportamentos: informou às cooperadas de maneira clara e completa; promoveu a participação das cooperadas (solicitando manifestações, apresentou alternativas e deu a palavra), apresentou pergunta e propôs encaminhamentos. Apresentou ainda, na maioria das vezes, a função de facilitador. Verificou-se que a maioria dos comportamentos do mediador era compatível com os princípios cooperativistas, facilitador para o processo de tomada de decisão e para uma apropriada formação das cooperantes para uma atuação autônoma do grupo.

Palavras-chave: cooperativas, processo de decisão em grupo; contingências comportamentais em organizações cooperativas; comportamentos de mediadores.

A economia solidária vem representando, desde a metade da década de 1990, importante alternativa de geração de trabalho e renda para populações excluídas, por meio da constituição de empreendimentos de trabalho coletivos e autogestionários. Agentes e agências de fomento à economia solidária têm, reiteradamente, afirmado a educação como ferramenta central no processo de formação e consolidação destas organizações populares e desenvolvido recursos educacionais compatíveis com princípios orientadores desta proposta de organização para o trabalho e sociedade (FBES, 2005; SENAES, 2004).

Empreendimentos solidários são organizações de trabalho coletivo nos quais os trabalhadores são donos de seu próprio negócio. Sob a orientação de um conjunto de princípios (livre acesso e adesão voluntária; controle, organização e gestão democrática pelos sócios, participação econômica dos associados, autonomia e independência, educação, capacitação e formação para os sócios; cooperação entre

COMPORTAMENTOS DE MEDIADORES EM PROCESSOS DE TOMADA DE DECISÃO EM... **185**

cooperativas e compromisso com a comunidade, de acordo com Rech, 2000), os membros dos empreendimentos, como donos, devem se preparar para realizar a gestão destas organizações e, como trabalhadores, devem se capacitar constantemente para que apresentem alto nível de qualificação dos produtos e serviços que oferecem (Albuquerque & Pimentel, 2004; Rios, 1989; Sato, 1999).

Como resultado da sistematização das atividades de uma incubadora universitária de empreendimentos solidários ocorridas desde 1998, Cortegoso et al. (2005) elaboraram uma descrição do "método de incubação" em vigor, entendido como referencial para produção de conhecimento, ensino e intervenção profissional relacionado à economia solidária. Tal método consiste de um conjunto tentativo de classes de comportamentos organizacionais (Glenn & Mallot, 2005), descritas em termos das *classes de respostas esperadas* diante de determinadas *condições antecedentes que sinalizam a necessidade ou conveniência destas respostas ou oportunizam sua ocorrência*, bem como dos *resultados, efeitos ou produtos desejáveis destas respostas,* considerando o objetivo final a ser alcançado em relação a cada grupo e condições já identificadas como relevantes para alcançar estes resultados (respostas mais específicas, procedimentos, recursos), com base no conceito de comportamento operante, sistematizado por Botomé (1994).

Fazem parte desta proposta de método de incubação classes de comportamentos relativas à capacitação dos participantes de grupos atendidos pela incubadora reafirmando, entre outros aspectos: 1) relevância de formação destes indivíduos em diferentes dimensões (no mínimo para a economia solidária, para a gestão administrativa e para o trabalho técnico); 2) compromisso da incubadora de criar condições para que esta formação ocorra, a) de modo permanente, em todas as oportunidades de interação com estes indivíduos, b) a partir de estratégias diversificadas, por meio de regras, mas também, em algumas situações, principalmente a partir de modelos, de conseqüências e de sinalizações facilitadoras de discriminações em relação a aspectos do ambiente e de seu próprio agir; 3) perspectiva de autonomia do grupo e plena cidadania de seus membros; 4) reciprocidade do

186 FABIANA CIA E ANA LÚCIA CORTEGOSO

processo educativo, entendendo que a interação é produtora de formação também para os formadores; 5) reconhecimento da responsabilidade de gerar, específica, proposital e planejada, condições para aprendizagem dos participantes do processo (inclusive a sua própria), como parte fundamental do papel de educador.

Neste sentido, a proposta educacional central no processo de atendimento a empreendimentos solidários, inclui tanto considerações e propostas de autores como Freire (1976), quanto de conhecimento sobre processos de aprendizagem, produzido no âmbito da Análise do Comportamento, que oferece ferramentas para lidar, de forma eficaz, com a conduta humana. Conhecimento relevante, por exemplo, para propor objetivos de ensino (conforme considerações de Botomé, 1994) e para promover comportamentos humanos em situações naturais por meio de tecnologia comportamental como, por exemplo, a tomada de decisão coletiva e consensual.

O processo de tomada de decisões em grupo com garantia de participação democrática de todos os sócios é de fundamental importância para que as melhores decisões, do ponto de vista coletivo, possam ser tomadas, com um mínimo de conflito, por meio de processos facilitados (França et al., 2002; March, 1994; Robbins, 2000). A mediação desta aprendizagem tem ficado, freqüentemente, a cargo dos mediadores, por meio de participação direta em atividades do grupo, particularmente em reuniões. Principalmente nas etapas iniciais de organização dos grupos, a participação destes mediadores é freqüente e central para que os participantes consigam dialogar sobre questões pertinentes à constituição de um empreendimento, processar problemas, e tomar decisões (Valêncio et al., 1998).

Esta não é uma tarefa simples de ser implementada. Histórias de vida com experiências profissionais em organizações tradicionais, hierárquicas, com nítida divisão entre quem toma decisões e quem trabalha, ou com ausência de experiências estruturadas de trabalho de pessoas que estiveram sempre à margem do mercado de trabalho, constituem a realidade mais freqüentemente encontrada como ponto de partida para o desenvolvimento de complexas competências necessárias para garantir qualidade técnica do trabalho, gestão administrativa, e manutenção de relações igualitárias entre os sócios destes empreendimentos.

Tendo como estratégia fundamental no processo de incubação a assessoria direta a pessoas interessadas em constituir empreendimentos solidários de natureza popular, ou a grupos já organizados para esta finalidade, isto é feito por meio da oferta de subsídios e acompanhamento do processo de tomada de decisão e implementação de atividades pelos indivíduos atendidos, com participação dos responsáveis pela incubação em todas as etapas do trabalho, incluindo avaliação de resultados. Desta forma, é principalmente por meio da conduta dos mediadores que o conhecimento disponível, nos diferentes âmbitos de capacitação pretendidos, é tornado acessível para o grupo, constituindo então a principal ferramenta de ação das agências de fomento ligadas às universidades.

Considerando-se a relevância do processo de tomada de decisões na estruturação de grupos cooperativos, dificuldades usualmente identificadas na condução de processos de tomada de decisões em grupos de cooperantes em processos de incubação, a indicação do papel previsto para os mediadores no processo de incubação de cooperativas, parece relevante e pertinente identificar comportamentos e propriedades de comportamentos de mediadores em processos de incubação de empreendimentos solidários relevantes para promover processos de tomada de decisão compatíveis com princípios cooperativistas.

Foram examinados comportamentos de um profissional de nível superior (mediador), coordenador executivo do processo de incubação de uma cooperativa de costura e artesanato, que acompanhava o grupo desde o início deste processo de incubação, ao participar de reuniões dos membros desta cooperativa, sediada em uma cidade de médio porte do interior do estado de São Paulo. Participaram do estudo, ainda, cerca de 20 sócias do empreendimento e uma pesquisadora que esteve presente às reuniões.

Os dados foram coletados em três reuniões ordinárias do empreendimento, por meio de filmagem integral destas reuniões,

188 Fabiana Cia e Ana Lúcia Cortegoso

consentida pelos participantes. Para a análise de informações sobre comportamentos do mediador, foram considerados três episódios de tomada de decisão: (a) episódio um (composto por quatro sessões, totalizando 77 minutos, com a natureza do assunto econômica, tendo duas alternativas para decisão e sendo utilizado o consenso); (b) episódio dois (composto por três sessões, totalizando 53 minutos, com a natureza do assunto sobre organização interna, tendo duas alternativas para decisão e sendo utilizado a votação) e (c) episódio três (composto por duas sessões, totalizando 29 minutos, com a natureza do assunto econômica, tendo três alternativas para decisão e sendo utilizado o consenso).

A partir dos textos transcritos literalmente, foram elaboradas categorias de análise relativas a comportamentos e propriedades de comportamentos do mediador, enfatizando aspectos funcionais da sua conduta verbal, sendo elas: (a) "apresentar informações sobre assunto ou tema em foco" sendo que, cada ocorrência do comportamento foi classificada quanto a: grau de clareza (clara, parcialmente clara, obscura); grau de completicidade (completa, parcialmente incompleta – com insuficiência de justificativas, conseqüências ou elementos para compreensão – e incompleta); (b) "promover a participação dos membros", sendo as manifestações do mediador foram classificadas como: dar a palavra; solicitar manifestação, esclarecimento ou opinião, eliminar condições concorrentes à participação de um indivíduo ou do grupo ou apresentar alternativas, encaminhamentos, assuntos para serem examinados ou decididos; (c) "liberar conseqüências para comportamentos dos membros", foi classificado quanto a: tipo de comportamento apresentado pelo mediador (discordar de manifestação, corrigir manifestação, completar manifestação, concordar com manifestação, ampliar manifestação, restringir manifestação, justificar manifestação, esclarecer manifestação, apresentar pergunta, responder pergunta, propor encaminhamento, solicitar manifestação de outros, mudar ou propor mudança de assunto); (d) contingência provavelmente estabelecida para o comportamento-alvo do participante, em função da ação do mediador (reforçadora, punitiva, extinção, neutra) e (e) função preponderante desempenhada pelo mediador, de acordo com as seguintes categorias: facilitador (indicar condutas desejáveis), membro (apresentar comportamentos esperados); educador (criar condições para que os indivíduos identifiquem comportamentos desejáveis e indesejáveis ou características desejáveis e indesejáveis de comportamentos e para que apresentem comportamentos adequados); consultor (apresentar informações especializadas ou pareceres baseados em seu conhecimento técnico na área em questão); assessor (participar da implementação ou do acompanhamento de atividades em desenvolvimento pelo grupo); audiência (manter-se em silêncio). A classificação das manifestações do mediador foi feita por dois observadores independentes (com mínimo de 75% de concordância).

A Tabela 1 apresenta os dados relativos às propriedades dos comportamentos do mediador, que foram expostas, em cada um dos diferentes episódios de tomada de decisão.

Em relação às informações apresentadas pelo mediador, este o fez na maioria das vezes, de forma clara e completa, o que favorece a decisão com maior probabilidade de acerto (March, 1994). Além disso, a garantia de que todas as cooperadas compreendessem as informações transmitidas, um esforço perceptível do mediador no decorrer das discussões, parece constituir condição facilitadora de um processo de tomada de decisão racional. Ao formular perguntas às cooperadas, por exemplo, o mediador atuava de modo a corrigir uma comunicação deficiente no grupo, que poderia retardar o processo de decisão, comprometer sua qualidade ou a colaboração dos membros, causando má compreensão entre eles (França et al., 2002).

A forma que o mediador utilizou, com maior freqüência, para promover a participação das cooperadas, foi a de solicitar informações e apresentar alternativas de encaminhamento. Sendo assim, o mediador permitiu que as cooperadas enumerassem todas as alternativas viáveis e conseguissem antever prováveis conseqüências. Estas são condições apontadas por March (1994) como relevantes para que um grupo alcance a melhor decisão possível, dentre as alternativas

Tabela 1. Porcentagem (%) da emissão de diferentes propriedades dos comportamentos dos mediadores nos três episódios de tomada de decisão

Propriedades dos comportamentos específicos do mediador	Episódio 1 (%)	Episódio 2 (%)	Episódio 3 (%)	Média (%)
1.1. Apresentar informação				
Grau de clareza				
Clara	100	75	100	92
Parcialmente clara	00	25	00	08
Grau de completicidade				
Completa	100	75	100	92
Parcialmente incompleta	00	13	00	04
Parcialmente incompleta c	00	06	00	02
Incompleta	00	06	00	02
1.2. Forma que o mediador promoveu a participação das cooperadas				
Solicitar manifestação	64	50	59	58
Apresentar alternativas	36	47	41	42
Dar palavra	00	03	00	00
1.3. Tipo de comportamento apresentado pelo mediador ao liberar conseqüências para comportamentos dos membros				
Apresentar pergunta	32	24	32	31
Propor encaminhamento	31	24	26	26
Esclarecer manifestação	12	18	09	12
Responder pergunta	03	16	09	09
Solicitar manifestação	12	06	09	09
Mudar assunto	05	09	06	07
Completar informação	05	03	09	06
1.4. Contingência provável criada pelo mediador ao liberar conseqüência para comportamentos dos membros				
Neutra	89	72	72	78
Punitiva	11	25	22	19
Reforçador	00	03	06	03
1.5. Função desempenhada pelo mediador				
Facilitador	89	77	92	86
Assessor	07	10	03	06
Consultor	04	08	05	06
Membro	00	05	00	02

existentes. Os tipos de conduta que o mediador apresentou, com maior freqüência, ao liberar conseqüências para as condutas das cooperadas, foram apresentar perguntas e propor encaminhamentos. Essas condutas do mediador vão ao encontro das características do sistema cooperativo, uma vez que é responsável por garantir a participação de todas as cooperadas e por indicar e conduzir encaminhamentos para facilitar as suas condutas (Valêncio et al., 1998).

O mediador apresentou uma função predominantemente de facilitador do processo de tomada de decisão por parte do grupo, exibindo, para isto, diferentes comportamentos. Um tipo de papel que, considerando o estágio inicial de organização do grupo, pode ser considerado como compatível com a proposta de método de incubação proposto pela agência que o mediador representa, no acompanhamento do grupo (Cortegoso et al., 2005). Comportamentos mais típicos das funções de assessor e consultor, observadas em todos os episódios com baixa freqüência, são fundamentais e devem, de acordo com esta proposta, terem sua freqüência aumentada, simultaneamente à redução de seu papel de facilitador, que deverá ser assumido por membros do próprio grupo, conforme estes se tornem mais preparados, principalmente considerando a ocorrência de modelagem de condutas relevantes para o processo de tomada de decisão no âmbito do empreendimento que parece ser propiciada pela atuação do mediador.

Quanto às contingências criadas pelo mediador, é possível destacar que a dinâmica de uma situação coletiva de discussão, a seqüência natural dos diálogos, nos quais, por exemplo, perguntas feitas são respondidas de forma imediata e satisfatória, o mediador se manter neutro, na maioria das vezes, pode ser suficiente para manter o comportamento de perguntar. No entanto, comportamentos desejáveis, inexistentes ou pouco freqüentes no repertório dos participantes, podem requerer procedimentos mais específicos e uma atenção maior do mediador para que passem a existir e sejam mantidos, justificando-se a preocupação com a baixa ocorrência de conseqüências potencialmente reforçadoras para comportamentos das participantes liberadas pelo mediador, sendo este um possível aspecto a ser aprimorado em sua atuação no processo de incubação, uma vez que ausência, insuficiência ou inadequação de conseqüências para condutas adequadas pode afetar negativamente a motivação e a capacitação das cooperadas para participar das reuniões.

A análise de propriedades relevantes do comportamento de agentes educativos, identificando aspectos de seu repertório comportamental, e efeitos que seus comportamentos podem produzir em relação a condutas de seus aprendizes, permite detectar "tendências" em relação aos resultados que podem decorrer do processo de ensino-aprendizagem. Além disso, permite compreender quais comportamentos do agente educativo são geradores de relações facilitadoras ou desfavorecedoras para que sejam atingidos os objetivos pretendidos neste processo que, neste caso, refere-se ao desempenho dos membros de um grupo para constituir e gerir um empreendimento coletivo de trabalho, particularmente quanto à tomada de decisão (Cortegoso, 1994).

As conclusões acerca da influência de condutas de mediadores sobre processos de tomada de decisão em grupo sofrem a natural limitação das circunstâncias em que os dados foram coletados. Um maior número de reuniões e coleta de dados em outros empreendimentos autogestionários, inclusive em fases diferentes do processo de incubação, são desejáveis para confirmar e ampliar conclusões sugeridas pelos dados obtidos neste estudo. No entanto, estes já constituem contribuição no sentido de melhor capacitar mediadores para atuar junto a grupos em processo de incubação, indicando mais claramente comportamentos desejáveis ao lidar com este processo e propriedades destes comportamentos que podem contribuir para a formação de pessoas efetivamente capacitadas para a prática cooperativista e para lidar com processos de tomada de decisão coletivas, de um modo geral.

Referências

Albuquerque, F.J.B.; Pimental, C.E.(2004). Uma aproximação semântica dos conceitos de urbano, rural e cooperativa. *Psicologia: Teoria e Pesquisa*, Brasília, v.20, n.2, p. 124-143.

Botomé, S.P.(1994). *Contemporaneidade, ciência, educação e... verbalismo!* Erechin: Universidade Regional Integrada do Alto Uruguai e das Missões.

Cortegoso, A.L.*(1994). Intervenção como instrumento para conhecer e conhecimento como condição para intervir: administração de relações no atendimento a crianças e jovens.* Tese (doutorado) - Instituto de Psicologia, Pontifícia Universidade Católica de São Paulo, São Paulo.

Cortegoso, A.L.; Shimbo, I.; Zanin, M.; Fontes, D.A.; Mascio, C.C.; Cherfem, C.O. (2005). *Variáveis que influem no processo de incubação de empreendimentos solidários: um exame de três experiências com base no método de incubação da INCOOP/UFSCar.* Trabalho apresentado na 2ª. Jornada Universitaria sobre Cooperativismo, Economía Solidaria y Procesos Asociativos, Montevidéo, Uruguai.

Fórum Brasileiro de Economia Solidária- FBES (2005). *Plataforma de ações.* Brasília. Disponível em *www.fbes.org.br.* Acesso: em 15 out.2005

França, A.C.L. et al (2002).. *As pessoas na organização.* São Paulo: Editora Gente.

Freire, P. (1976). *Educação como prática da liberdade.* Rio de Janeiro: Paz e Terra.

Glenn, S.S.; Mallot, M.E. (2005). Complexidade e seleção: implicações para a mudança organizacional. Em J.C. Todorov; R.C. Martone; M.B. Moreira (Orgs), *Metacontingências: comportamento, cultura e sociedade (pp.89-106).* Santo André: ESETec.

March, J.G.(1994) *A primer on decision making.* Nem Yok: Free Press.

Rech, D. (2000). *Cooperativas: uma alternativa de organização popular.* Rio de Janeiro: DP&A.

Rios, G.S.L.(1989). *O que é cooperativismo.* São Paulo: Brasiliense.

Robbins, S.P.(1999). *Comportamento organizacional.* Rio de Janeiro: Editora S. A.

Sato, L.(1999) "Djunta-mon": o processo de construção de organizações cooperativas. *Psicologia USP,* São Paulo, v.10, n.2, p.221-227.

Secretaria Nacional de Economia Solidária - SENAES. (2004). *Termo de referência para o mapeamento da economia solidária e sistema nacional de informações em economia solidária.* Brasília.

Valêncio, N.F.L.S.; Shimbo, I.; Eid, F.(1998). *Incubadora de cooperativas populares: uma experiência universitária em prol da transformação social.* São Carlos: EDUFSCar.

Sugestões de fontes de informação:

www.loshorcones.org.mx/.

Uma experiência de trabalho associado em uma cooperativa de Psicologia

Cássia Aparecida Garcia dos Santos, Marlise Sardinha Basso, Oscarina Camillo e Tatiana Fernandes

Este trabalho acontece no sentido de desvelar a con-vivência entre a Psicologia produtora de conhecimento das relações no mundo do trabalho e a atuação profissional em si através da trajetória do empreendimento solidário Coop Mútua-Ação (parte do tecido social economia solidária).

O desenvolvimento da relação de interdependência entre cada profissional, a conquista de autonomia e autodeterminação se reflete no exercício cotidiano de cada psicólogo cooperado, com o desafio diário: buscar a compreensão de como se articula o trabalho em grupo, como se dá o "controle" sobre o processo, que, em última instância significa o estabelecimento da fronteira entre o Eu e o Nós.

Trata-se enfim de uma construção contínua dentro de uma nova compreensão sobre o processo, seja na clínica, no desenvolvimento de projetos ou na atuação de campo.

Um pouco da história da Coop Mutua-ação - cooperativa de trabalho na área de Psicologia

A cooperativa de psicólogos surgiu da inquietação de quintanistas da UMESP, em 1999. Frente ao quadro social de difícil acesso ao mercado de trabalho, dispostos a fazerem um trabalho coletivo, começaram a discutir a possibilidade de somar conhecimentos.

No início era um grupo tentando se posicionar, e acreditou que na união das potencialidades de cada um poderiam oferecer propostas de trabalho nas diferentes áreas de atuação do psicólogo. O pequeno grupo passou a se reunir semanalmente para conversar sobre a formação de uma cooperativa, foram feitas pesquisas na Internet, visitas ao Sindicato de Cooperativas de São Paulo, foi encontrada uma cooperativa de múltiplos profissionais, e quanto mais se lia sobre cooperativismo, maior o entusiasmo com seus ideais:

Adesão livre e voluntária

Autogestão livre e democrática

Participação econômica dos membros

Autonomia e independência

Educação, informação e formação dos membros

Intercooperação com outras cooperativas

Interesse pela comunidade

Ética

Honestidade

Transparência

Neste momento tomou conhecimento de um trabalho que era desenvolvido pela Incubadora de Cooperativas Populares de Santo André, ligada ao Departamento de Geração de Trabalho e Renda da Prefeitura, cujo objetivo era propiciar geração de novas ocupações e renda sob a forma de organização de cooperativas, estimuladas a partir de um sistema de incubação que agregava assessoria técnica (administrativa, contábil e jurídica), formação profissional (ação cooperativista) e acompanhamento das atividades.

No processo de incubação houve o apoio da Central de Trabalho e Renda de Santo André, que possibilitou a utilização de suas estruturas, oferecendo um espaço para as reuniões e o curso de cooperativismo.

Foram feitos contatos com a subsede ABC do CRP, para o apoio técnico da entidade de classe. Logo após a cooperativa foi convidada a compor a mesa redonda "Novas Oportunidades Profissionais para os Psicólogos", fortalecendo o ideal do grupo.

Durante este processo, cerca de quarenta psicólogas (os) de várias universidades foram se reunindo e se conhecendo, em busca de um trabalho diferenciado, que colocasse em primeiro lugar as pessoas na perspectiva de remuneração através das relações solidárias de trabalho.

O processo de incubação foi iniciado no dia 9 de maio de 2000, com o intuito de fortalecer os participantes e aprofundar as discussões de formação de modo autônomo. Assim, em julho do mesmo ano alugou um imóvel que passa a sediar os encontros e sonhos da Cooperativa de Psicólogos.

Depois de transcorridos três meses do curso de formação, o grupo já constituído como empresa reabriria seu quadro social para novas adesões e começa a pensar em um nome para a Cooperativa de Psicólogos construindo MUTUA-AÇÃO, de mutação, possibilidade de transformação através da ação de vários aspectos da esfera individual e social, e ação mútua, em busca da transformação social.

Com essa idéia o grupo formado por vinte pessoas se fortalece e em 23 de janeiro de 2001 deu origem à Cooperativa de Trabalho na Área de Psicologia Coop Mútua –Ação. Em 5 de junho de 2001 aconteceu o ato solene de lançamento da sede social.

A Cooperativa inicia, então, seus projetos, acreditando que um sonho que se sonha junto é realidade.

No mesmo período, no ABC paulista, as iniciativas de fomento a cooperativas e outros empreendimentos populares aconteciam através, principalmente, da criação de políticas públicas de Secretarias de Desenvolvimento Econômico ou Assistência Social das prefeituras, como alternativas para um momento difícil nesta região, historicamente reconhecida pelas oportunidades na industria, que, especialmente nesta década, enfrenta uma grave crise.

As experiências têm caráter diversificado, desde antigas empresas em processo falimentar que se tornam cooperativas, assumidas então por trabalhadores (empresas recuperadas) até a criação de novas cooperativas: grupos de catadores de material reciclável, costureiras, profissionais da limpeza, entre outras (cooperativas populares).

A prática do trabalho associado

Historicamente, psicólogas (os) formavam uma categoria que pouco se mostrava nas questões sociais e políticas. Isso mudou; hoje a categoria se mobiliza, compreendendo o compromisso social que tem, e procura traduzir essa experiência por meio de uma proposta de trabalho que envolva a comunidade, com o intuito de oferecer um apoio de qualidade.

A articulação de temas e procedimentos com as demandas daquela realidade em foco, e a consideração dos conhecimentos prévios do grupo em que esteja atuando, possibilita a construção de um novo olhar da Psicologia sobre os problemas.

Nesse sentido, a cooperativa é um espaço especial na vida dos cooperados porque ali é o lugar da diversidade. A partir da vivência no ambiente coletivo, a (o) cooperada (o) tem a oportunidade de dar continuidade ao conhecimento sobre si mesma (o) e de perceber-se como parte integrante de um grupo, que é de fundamental importância para o desenvolvimento de uma consciência do coletivo e do social.

A partir das discussões, dos encaminhamentos coletivos, as (os) cooperadas (os) podem investigar os papéis e refletir sobre sua função, sua organização e identidade dentro daquele grupo. Hoje a cooperativa está organizada coletivamente para que as atividades a desenvolver signifiquem uma porta aberta para o autoconhecimento e a compreensão do mundo.

Cada cooperada (o) se articula com o outro pela transparência e participação do cotidiano na cooperativa, investindo-se no direito à voz e voto como ponte para os desafios que o trabalho em grupo apresenta. Junte-se a freqüência de encontros do grupo para discussões e tomadas de decisões sobre o andamento da cooperativa. A autogestão é organizada através de comissões de trabalho que atualmente está com a seguinte configuração:

Infra-estrutura e finanças

Educação e participação

Documentação

Divulgação e política

Para finalizar, essas trabalhadoras e trabalhadores associados, ao refletir sobre as transformações, sobre o próprio desenvolvimento enquanto pessoas, no decorrer de sua vivência no grupo, certamente desenvolvem uma compreensão maior de sua própria história, identidade e cidadania, e passam a compreender sua atuação na perspectiva de transformação da realidade.

Clínica psicológica

Trata-se de uma clínica diferenciada, onde os profissionais participam de forma associada segundo um modelo social de atendimento que possa dar conta tanto das necessidades dos profissionais cooperados como da demanda para o atendimento.

Nesse aspecto, foram estabelecidas, coletivamente, as normas de funcionamento junto aos profissionais psicólogos atuantes na área clínica, assim como os caminhos que facilitassem o trâmite dos atendimentos, como triagens, tabela de honorários, agendamento de horário, registro de plantões, elaboração de relatórios, formação de grupos de supervisão, grupos de estudo, conservação das salas e materiais clínicos, estudo e compra de testes, etc.

A partir da necessidade de se criar parâmetros de orientação e atendimento e dar direcionamento ao desenvolvimento do trabalho clínico por inteiro, foi formada a comissão gestora clínica. Esta comissão é responsável pelo contato e interlocução com outros órgãos e entidades, assim como pela intermediação junto a convênios, divulgação, propaganda e outros trabalhos sugeridos.

Serviços oferecidos

Atendimento psicológico e psicodiagnóstico.
Início em janeiro de 2001 até os dias atuais.
Grupo de orientação de pais, mães e responsáveis.
Início em janeiro de 2001 até os dias atuais.
Fundo Social de atendimento psicológico.

Diante da conjuntura atual, compreendemos a necessidade do desenvolvimento de um Fundo Social destinado ao atendimento clínico de clientes que passam por dificuldades financeiras, favorecendo-lhes a negociação de valor/sessão e eventuais inadimplências.

Elaboração/execução de projetos sociais

Seguindo os relatos anteriores, que trazem a dimensão social desta cooperativa, discorrerei acerca do processo de organização dos projetos, envolvendo: iniciativas de elaboração, consonância com necessidades das comunidades e/ou parceiros/possíveis contratantes, participação/desenvolvimento coletivo dos profissionais e negociações finais para execução.

Primeiro abre-se um espaço de discussões, que vai além de todas as decisões coletivas.

Quando se pretende aprofundar a discussão da prática profissional à luz de reflexões sobre as formas de atuação, abre-se um Grupo de Projeto (GP).

Dentro do próprio grupo à medida que as atividades são desenvolvidas e a prática é definida cria-se Grupo de Trabalho (GT), que desenvolverá o trabalho.

Para aqueles que querem aprender sobre o que será desenvolvido, estudar e/ou contribuir com algo que saiba do proposto e não necessariamente estar atuando neste trabalho, cria-se Grupo de Apoio.

Áreas de atuação:

Comunitária

Trabalho solidário

Educação social

Institucional

Organizacional

Para que o trabalho associado investigue as possibilidades de cada um se apropriar dessa multiplicidade que o cerca e revelar as diversas maneiras de entender, interpretar e simbolizar idéias apresenta-se várias propostas de inserção no trabalho, o que vem ampliar substancialmente o leque de aprendizado/experiência dos psicólogos cooperados.

Na outra mão, para os parceiros contratantes há o cuidado no oferecimento de instrumentos de avaliação/monitoramento que os levem a observar, compreender, analisar, criticar e relacionar as múltiplas faces da apresentação proposta.

Projetos em desenvolvimento

Parceria com o Centro Cultural Brasileiro Francisco Solano Trindade no desenvolvimento de programas sociais referentes ao acompanhamento de crianças, adolescentes e famílias.

Implantação do Pólo de Prevenção à Violência Doméstica, através da estruturação, planejamento e execução de atividades com crianças, adolescentes e famílias.

Desenvolvimento do PAIF (Programa de Atenção Integral à Família) através da estruturação, planejamento e execução de atividades com famílias.

Planejamento e desenvolvimento de atividades com adolescentes provenientes do Programa Primeiro Emprego e projeto interno da entidade.

Local: Centro Cultural Afro Brasileiro Solano Trindade.

Início em abril de 2005 até os dias atuais.

Ambiente solidário

Projeto desenvolvido com as cooperativas populares de Santo André junto ao Ministério do Meio Ambiente no desenvolvimento de um Centro de Educação Ambiental no espaço das cooperativas (Cidade Solidária).

Em busca de financiamento para a garantia de continuidade das ações.

Início em outubro de 2004 até os dias atuais.

Projetos desenvolvidos

Programa Central de Serviços de Autônomos - desenvolvido e aplicado junto à Secretaria de desenvolvimento e Ação Regional – Prefeitura Municipal de Santo André.

Elaboração do projeto.

Implantação na Unidade de Negócios Sacadura Cabral.

Composição no eixo de formação dos profissionais através do módulo Formação de Equipes e Relações Interpessoais.

Responsabilidade sobre a administração e gerenciamento do programa.

Início em agosto de 2002 até janeiro de 2006.

Parceria com a Casa Abrigo Regional – Consórcio Intermunicipal do Grande ABC - no atendimento às (aos) filhas (os) das mulheres abrigadas, desenvolvido em 2005, com o objetivo de propiciar o desenvolvimento global das crianças atendidas pela Casa Abrigo no que se refere à saúde psicológica preventiva e curativa nos âmbitos intrafamiliar e social.

Ouvir para mediar

Formação de conselheiros mirins nas EMEIs de Santo André – projeto desenvolvido e aplicado junto à Secretaria de Educação - Prefeitura Municipal de Santo André, com o objetivo de estimular a mediação e resolução de conflitos no âmbito da escola.

Referências

Pichon-Rivière, Enrique (2000). *O processo grupal*. Martins Fontes, São Paulo.

Dejours, Christophe (1987). *A loucura do trabalho*. Cortez Editora, 5ª ed., São Paulo.

Pinsky, Jaime & Pinsky, Carla Bassanezi (2003). *História da cidadania*, Contexto, São Paulo.

DIEESE – Departamento Intersindical de Estatística e Estudos Sócio-Econômicos (2001). (Apoio: Solidarity Center, AFL-CIO). *A situação do trabalho no Brasil*, São Paulo.

Ippolito, Rita, org.(2003) *Guia escolar: método para identificação de sinais de abuso e a exploração sexual de crianças e adolescentes*. Brasília: Presidência da República, Secretaria Especial dos Direitos Humanos.

Azevedo, M.A., Guerra,V.N.A.(2000).*Telelacri – Telecurso/Lacri: infância e violência doméstica*. PSA/USP.

Adorno, Sérgio (1994). Violência: um retrato em branco e preto-In *Revista Idéias*-n° 21-FDE-SP.

Benevides, Maria Victória (1996). A violência é coisa nossa-In *A violência no esporte* - vários autores-Secretaria. da Justiça e da Defesa da Cidadania-SP.

Candau, Vera e outras (1995). *Oficinas pedagógicas de direitos humanos*-Vozes-RJ.

Dimenstein, Gilberto (1996). *A epidemia da violência*- Folha de São Paulo- 22/09/96.

Silva, Aida Monteiro (1995). *A violência na escola: a percepção dos alunos e professores*-mimeo.

Telles, Vera (1996). Violência e cidadania-In:*Violência no esporte*. Vários autores-Secretaria da Justiça e da Defesa da Cidadania-SP.

Whitaker, Dulce (1994). Violência na escola-In: *Revista Idéias*-n° 21-FDE-SP.

A REDE DE ECONOMIA SOLIDÁRIA DO VALE DO ITAJAÍ (RESVI): UMA FORMA DE POTENCIALIZAÇÃO DOS SUJEITOS EXCLUÍDOS/ INCLUÍDOS NO MUNDO DO TRABALHO

Andressa Arndt [27], Edinara Terezinha de Andrade[28],
Lorena de Fátima Prim[29] e Poliana Ghizoni Schmitz[30]

---

[27] Acadêmica do 9° semestre do curso de serviço social da FURB. Bolsista de pesquisa e extensão da ITCP/FURB. (deca@guths.com.br; itcp@furb.br).

[28] Assistente social (UFSC), mestre em sociologia política (UFSC), doutora em ciência política (UFRG), professora do Departamento de Serviço Social da FURB. Pesquisadora do Instituto de Pesquisas Sociais (IPS), coordenadora da Incubadora Tecnológica de Cooperativas Populares da Universidade Regional de Blumenau (ITCP/FURB). (itcp@furb.br; edinara@furb.br).

[29] Psicóloga, doutora em Psicologia social (PUC/SP), professora do Departamento de Psicologia e do mestrado de desenvolvimento regional da FURB. Pesquisadora do Instituto de Pesquisas Sociais (IPS), sendo da equipe Incubadora Tecnológica de Cooperativas Populares da FURB. (lprim@uol.com.br; lorenaprim@furb.br; itcp@furb.br).

[30] Assistente social (FURB). Pesquisadora da Incubadora Tecnológica de Cooperativas Populares da FURB. (poliana_schmitz@yahoo.com.br; itcp@furb.br).

Resumo

A Rede de Economia Solidária do Vale do Itajaí (RESVI) é um dos projetos assessorados pela Incubadora Tecnológica de Cooperativas Populares da Universidade Regional de Blumenau/SC (ITCP/FURB). As atividades da RESVI iniciaram-se no ano de 2000, com o objetivo de articular as entidades vinculadas à economia solidária da região do vale do Itajaí, com vistas à diminuição da fragilidade vivida por todas isoladamente, portanto, com a intenção de fortalecê-las. O objetivo deste artigo é mostrar a importância do protagonismo dos atores da RESVI para sua própria potencialização enquanto sujeitos, analisando este como um processo em construção, com conquistas e com muitos desafios a serem superados. Uma das principais atividades da RESVI é a realização de um encontro mensal, que é coordenado por uma comissão constituída pelos seus próprios integrantes. A participação social dos atores é sua conquista principal, e é neste sentido que a RESVI contribui para a potencialização dos sujeitos excluídos do mundo do trabalho, via a organização da economia solidária, em forma de rede ou de fórum, em busca da cidadania dos trabalhadores.

Palavras – chave: redes de economia solidária, potencialização dos sujeitos e cidadania.

O objetivo geral deste trabalho é mostrar a importância do protagonismo dos atores da Rede de Economia Solidária do Vale do Itajaí (RESVI) para a sua potencialização, analisando-a como processo em construção, com conquistas, mas também com desafios a serem superados.

A RESVI é um projeto assessorado pela Incubadora Tecnológica de Cooperativas Populares da Fundação Universidade Regional de Blumenau/SC (ITCP/FURB)[31]. A RESVI iniciou suas

---

[31] O objetivo principal da ITCP/FURB é fomentar, mediante a realização de pesquisas e atividades de extensão, a geração de trabalho e renda, com eixo na economia solidária.

A REDE DE ECONOMIA SOLIDÁRIA DO VALE DO ITAJAÍ (RESVI): UMA FORMA DE ... 207

atividades em março de 2000, com o objetivo de articular, mediante o desencadear de ações coletivas, com socialização de experiências, as entidades vinculadas à economia solidária desta região, com vistas à diminuição da fragmentação, do isolamento e das fragilidades existentes, fortalecendo a todas.

A metodologia deste trabalho é de cunho qualitativo, sendo que os seguintes passos foram realizados: a) revisão bibliográfica; b) pesquisa acerca do perfil das entidades que participam da RESVI; c) acompanhamento das atividades realizadas pela RESVI e d) avaliação na equipe ITCP/FURB acerca da sua atuação.

Seguindo os critérios estabelecidos pelo Termo de Referência do Sistema Nacional de Informações em Economia Solidária (SIES) da Secretaria Nacional de Economia Solidária (SENAES), foram considerados os seguintes aspectos para a análise do perfil dos empreendimentos de economia solidária: a inclusão social via geração de trabalho e melhoria da renda; a consolidação de novos valores e práticas autogestionárias de uma cultura da solidariedade; o potencial organizativo na formulação de novas políticas de desenvolvimento; e o reconhecimento pelo Estado da diversidade de formas de organização e relações de trabalho com dignidade e cidadania. (Atlas da Economia Solidária no Brasil Brasília: MTE/SENAES, 2006, 60p. www.sies.mte.gov.br).

No Brasil, a economia solidária ressurgiu durante a década de 1980, sendo uma resposta da sociedade civil à crise do modelo urbano-industrial, que tem como base o aumento da concentração de riquezas e do poder, o desemprego, a precarização das relações de trabalho, a produção da violência e a destruição ambiental. A análise de Abritta (2003, p. 02) mostra que:

a violência crescente, o desperdício dos recursos naturais vitais, a desvalorização do trabalho humano, a impotência dos Estados para influenciar a economia, a visibilidade da corrupção, a descrença na ação política e o retrocesso político em certos países trazem pesadas conseqüências, principalmente, para as populações mais pobres.

Os protagonistas da economia solidária no Brasil são trabalhadores do meio rural e urbano, que, diante das contradições do modelo urbano-industrial em crise, vivem processos de exclusão/inclusão social perversos, pois estão sendo inseridos na sociedade de maneira precária, isto é, sem acesso aos direitos sociais necessários para viver com dignidade e cidadania. Uma série de entidades da sociedade civil prestam assessoria para que estes trabalhadores possam enfrentar esta nova condição, organizando-se em forma de associações, cooperativas populares e micro-empresas autogestionárias. Essas entidades também são protagonistas da economia solidária, que se organiza em forma de redes e fóruns. Entre as principais entidades e movimentos populares que apóiam a economia solidária é possível mencionar a Cáritas, a Federação de Órgãos para Assistência Social e Educacional (FASE), Movimento dos Trabalhadores Rurais Sem Terra (MST), Confederação dos Trabalhadores da Agricultura (CONTAG), agências do movimento sindical urbano, como a Associação dos Trabalhadores em Empresas de Autogestão (ANTEAG), a Agência de Desenvolvimento Solidário, formada pela Central Única dos Trabalhadores (ADS/CUT), além das incubadoras universitárias.

Na caminhada deste movimento o Governo Federal, através do Ministério do Trabalho e Emprego (MTE), criou uma secretaria para apoiar a economia solidária, que chama-se Secretaria Nacional de Economia Solidária (SENAES). Nas universidades brasileiras, a crise do mundo do trabalho e possíveis formas de superá-la vêm sendo estudadas, desde meados da década de 1990, com a criação das Incubadoras Tecnológicas de Cooperativas Populares (ITCP's). Em maio de 1995, foi criada a primeira, que é a ITCP/COOPE da Universidade Federal do Rio de Janeiro. Atualmente, a Rede Nacional de Incubadoras Universitárias Populares conta com, aproximadamente, trinta e cinco Incubadoras Universitárias de Cooperativas Populares. Singer (2003, p. 125) defende que:

> *O envolvimento das universidades com a construção da economia solidária é particularmente importante, pela capacidade de*

pesquisa e de elaboração teórica que possuem. [...] O movimento de economia solidária tem sido guiado por necessidades imediatas. Agora ele precisa ser analisado criticamente para que teorias bem fundamentadas permitam delinear sua possível trajetória futura e a transformação social e econômica que poderá induzir.

Como categoria analítica, segundo Mance (2003, p. 220) o conceito de rede de colaboração solidária resulta da reflexão acerca das práticas de atores sociais contemporâneos, a partir da base teórica da complexidade e da filosofia da libertação. Já enquanto categoria estratégica, o autor a define como *"o elemento central da chamada revolução das redes, na qual ações de caráter econômico, político e cultural se realimentam, subvertendo padrões e processos hegemônicos mantenedores do capitalismo avançado para a construção de uma globalização solidária".*

Assim, Mance (2003, p. 220-221) define que os critérios básicos de participação nas redes são:

(a) que nos empreendimentos não haja qualquer tipo de exploração do trabalho, opressão política ou dominação cultural; (b) preservar o equilíbrio ecológico dos ecossistemas (respeitando-se, todavia, a transição de empreendimentos que ainda não sejam ecologicamente sustentáveis); (c) compartilhar significativas parcelas do excedente para a expansão da própria rede; (d) autodeterminação dos fins e autogestão dos meios, em espírito de cooperação e colaboração.

As redes têm fundamental importância para a consolidação da economia solidária, pois possibilitam a construção de um projeto político-ideológico de cooperação, democracia, igualdade e solidariedade.

A proposição das redes permite a otimização das trocas solidárias, em especial promovem novas alternativas de organização social, política e econômica. No que tange à ampliação dos espaços de comercialização dos produtos, a formação das redes torna-se fundamental, pois além de garantir espaço para as vendas dos produtos dos empreendimentos de economia solidária, elas são laboratórios de aprendizagem e implantação do consumo justo. De acordo com Mance (2003, p. 221),

> *As redes de colaboração solidária: (a) permitem aglutinar diversos atores sociais em um movimento orgânico com forte potencial transformador; (b) atendem demandas imediatas desses atores por emprego de sua força de trabalho e por satisfação de suas demandas por consumo, pela afirmação de sua singularidade negra, feminina, etc.; (c) negam estruturas capitalistas de exploração do trabalho, de expropriação no consumo e de dominação política e cultural, e (d) passam a implementar uma nova forma pós-capitalista de produzir e consumir, de organizar a vida coletiva afirmando o direito à diferença e à singularidade de cada pessoas, promovendo solidariamente as liberdades públicas e privadas eticamente exercidas.*

Outro aspecto importante decorrente da ação das redes é a aprendizagem do diálogo e da negociação, da convivência com as diferenças e gerenciando conflitos no processo grupal e coletivo. De acordo com Mance (2003, p. 220 e 221):

> *A gestão de uma rede solidária deve ser necessariamente democrática, pois a participação dos membros é inteiramente livre, respeitando-se os contratos firmados entre os membros. Entre suas características estão: descentralização, gestão participativa, coordenação e regionalização, que visam assegurar a autodeterminação e autogestão de cada organização e da rede como um todo.*

A partir do conceito de potência da ação de Espinosa, Sawaia (1999) mostra que esta é o direito que cada sujeito possui, enquanto condição ontológica, de se expandir, em busca da liberdade. Nas suas palavras a potência de ação refere-se:

> [...] ao movimento de constituição do homem como potência de libertação, na preservação da própria substância, e que lhe é acompanhada por afeto de alegria. [...] Potencializar pressupõe o desenvolvimento de valores éticos na forma de sentimentos, desejos e necessidades, para superar o sofrimento ético-político. (Sawaia, 1999, p. 111 e 114).

Ao analisar a dimensão subjetiva do processo dialético exclusão/inclusão[32] Sawaia (1999) mostra o sofrimento ético-político que emerge desta condição. Este pode ser resumido no sentimento de impotência que o sujeito vivencia frente à sua condição de exclusão.

O descrédito social e a falta de dignidade são as principais constituintes do sofrimento ético-político.

> Os homens realizam-se com os outros e não sozinhos, portanto os benefícios de uma coletividade organizada são relevantes para todos, e a vontade comum a todos é mais poderosa do que o conatus individual; e o coletivo é produto do consentimento e não do pacto ou do contrato. [...] Bons encontros só são possíveis com justiça e sem miséria, quando não há dominação instituída e excesso desproporcional do poder. Segundo Espinosa, a existência precária exposta aos terríveis caprichos sociais aumenta a superstição, diminui o autocontrole, aumenta a virulência da paixão (especialmente o medo) e a sobrecarga do lado passivo da imaginação (6). (Sawaia, 2002, p. 126 e 127).

---

[32] Sawaia (1999, p. 08) mostra que a exclusão social é um processo complexo, multifacetado e *"[...] sócio-histórico, que se configura pelos recalcamentos em todas as esferas da vida social, mas é vivido como necessidade do eu, como sentimentos, significados e ações."* Ela é configurada *"nas confluências entre o pensar, sentir e o agir e as determinações sociais mediadas pela raça, classe, idade e gênero [...]."* (Sawaia, 1999, p. 110 e 111).

A discussão da participação deve implicar uma dimensão central, que é a ético-política, e a noção de sujeito, que "*[...] não pode ser negado como configuração psicológica individualizada nas análises e nos planejamentos da participação social, sob pena de se atribuir vida própria e autônoma às estruturas e práticas discursivas*". (Sawaia, 2002, p. 122). O sujeito contém racionalidade e afetividade, é afetado e afeta a outros sujeitos de carne e osso, por isso, sente e interpreta as diferentes formas de participação.

O pressuposto da participação deve implicar a positividade da subjetividade, pois esta é uma opção epistemológica e ético-política que define a participação como constitutiva da sua condição humana. A participação é uma necessidade do sujeito e não pode significar a renúncia deste de seus desejos individuais e, ao mesmo tempo, deve incluir o outro, o coletivo.

Portanto, a dimensão solidária não é apenas mais um adjetivo, pois ela é que garante o diferencial entre os empreendimentos de economia solidária e os organizados na economia capitalista. Assim, concorda-se com Mance (2003, p. 225) quando mostra que:

Eticamente, as redes de colaboração solidária promovem a solidariedade, isto é, o compromisso pelo bem-viver de todos, o desejo do outro em sua valiosa diferença, para que cada pessoa possa usufruir, nas melhores condições possíveis, das liberdades públicas e privadas. Desejar a diferença significa acolher a diversidade, de etnias, de religiões e credos, de esperanças, de artes e linguagens, em suma, acolher as mais variadas formas de realização singular da liberdade humana, que não neguem as liberdades públicas e eticamente exercidas.

A metodologia de trabalho desenvolvida dentro da RESVI, foi estudada por Pieritz (2004) que mostra os seus passos. Estes serão apresentados a seguir:

1 – Reuniões da comissão executiva da RESVI: estas reuniões são realizadas com a participação dos Empreendimentos de Economia Solidária (EES) e com a ITCP/FURB que os assessora. Ocorrem na primeira semana do mês e tem os seguintes pontos a serem trabalhados; a) definição da pauta da reunião; b) análise da conjuntura e da realidade da RESVI, com levantamento de suas possíveis demandas; c) escolha do tema central da próxima reunião; d) organização da elaboração e envio dos convites; e) definir quem vai fazer os convites por telefone; f) definir quem vai reservar o local e os recursos tecnológicos para uso pedagógicos; g) se necessário, definir quem vai convidar o palestrante; h) decidir como será o café solidário, que é realizado com produtos dos próprios empreendimentos da RESVI e é servido no início de cada reunião mensal.

2 – **Elaboração, impressão e envio dos convites:** os convites são elaborados e enviados duas semanas antes da reunião mensal. É feito por toda a comissão executiva, com o auxilio de um representante da ITCP/FURB. Um integrante da comissão executiva ou um representante da ITCP/FURB é quem imprime e os envia para os integrantes da RESVI. Os custos da elaboração e envio dos convites são pagos pela ITCP/FURB. Na véspera da reunião mensal da RESVI, um representante dos EES, participante da comissão executiva daquele mês, com o intuito de reforçar o convite, telefona para todos os convidados.

3 – **A realização da reunião mensal da RESVI:** a comissão executiva do mês e os representantes da ITCP/FURB recebem os integrantes que vêm para a reunião. Após a recepção, todos participam do café solidário, e em seguida são realizadas as atividades planejadas. Durante a reunião é feito o seu registro, para que este subsidie a elaboração dos relatórios. Como participam, aproximadamente, 30 entidades de economia solidária da RESVI e, em cada reunião mensal, duas ou três entidades são escolhidas para compor a comissão executiva para a organização da próxima reunião.

Até o momento a RESVI realizou 61 reuniões mensais e seus integrantes participaram ou participam dos seguintes eventos e atividades:

a) I Encontro Catarinense de Empreendimentos de Economia Solidária; b) I Encontro Nacional de Empreendimentos de Economia Solidária; c) V Fórum Social Mundial; d) representação da RESVI no Fórum Catarinense de Economia Solidária; e) apresentação da RESVI em sessão ordinária na Câmara de Vereadores de Blumenau/SC; f) participação em vários programas de TV e Rádio; g) participação em várias Feiras de Economia Solidária em âmbitos local, estadual e nacional; h) audiências públicas com representantes dos governos municipal, estadual e federal para tratar de assuntos relativos à economia solidária; i) realização de vários cursos, como por exemplo, o curso de cooperativismo e autogestão, de informática e; j) participação nas Conferências Regional, Estadual e Nacional de Economia Solidária.

A participação nas reuniões mensais, nos eventos, como por exemplo, em feiras, seminários, cursos, palestras, passeatas, possibilita, na práxis cotidiana, a transformação da cultura individualista, imediatista e alienada, numa cultura com a valorização do coletivo e questionamentos ao atual modelo de desenvolvimento sócio-econômico. Este processo não é linear, mas sim, com idas e voltas, com inúmeras conquistas e muitos desafios a serem superados.

Conforme Mance (2003, p. 221),

> *Com efeito, quando redes locais deste tipo são organizadas, elas operam no sentido de atender demandas imediatas da população por trabalho, melhoria no consumo, educação, reafirmação da dignidade humana das pessoas e do seu direito do bem-viver, ao mesmo tempo em que combatem as estruturas de exploração e dominação, responsáveis pela pobreza e exclusão, e começam a implantar um novo modo de produzir, consumir e conviver, em que a solidariedade esta no cerne da vida.*

A principal conquista é o protagonismo dos atores, pois este é principal ingrediente do processo de potencialização da RESVI e da transformação do capital social dos seus grupos.

A REDE DE ECONOMIA SOLIDÁRIA DO VALE DO ITAJAÍ (RESVI): UMA FORMA DE ... 215

A ética da participação deve incluir, portanto, a potência de ação:

É quando me torno causa de meus afetos e senhor de minha percepção. A potência de padecer, ao contrário, é viver ao acaso dos encontros, joguete dos acontecimentos, pondo nos outros o sentido de minha potência de ação. (Sawaia, 2002, p. 125).

Assim, eleger a potência de ação como alvo da participação ético-política equivale a buscar o sujeito que luta contra a escravidão e que é defensor dos direitos sociais. *"Ela pressupõe o desbloqueio de forças anteriormente reprimidas e inutilizadas das paixões e desejos, incrementando a interioridade, visando o crescimento da alegria".* (Sawaia, 2002, p.126).

A desmesura do poder deve ser combatida pela promoção de bons encontros, seu antídoto. Assim, o eixo de análise da participação popular deve incorporar a dimensão da subjetividade e dos afetos como dimensão fundamental, lembrando que isto importa em: a) incentivar a participação popular para lutar contra a potência do padecer em todas as esferas da vida humana; b) contemplar a afetividade no planejamento das políticas de participação; c) planejar ações de diferentes temporalidades, superando o paradigma da redenção, que exige a renúncia e o sofrimento do presente, em prol da felicidade futura; d) manter acesa a comunicação permanente entre os membros da comunidade. (Sawaia, 2002).

Na RESVI, a construção do protagonismo dos atores potencializou a participação social e a consciência de pertencimento ao movimento da economia solidária.

Atualmente, os atores integrantes da RESVI, estão se transformando em sujeitos ativos e aprendem a importância de participar de processos políticos como forma de conquistar a cidadania e a construção de uma sociedade mais justa e igualitária. O que vemos nos participantes mais antigos da RESVI é que eles criaram uma independência da ITCP/FURB e estão caminhando por si próprios; é muito trabalhada a questão do empoderamento dos EES: que eles possam conquistar o seu espaço na sociedade, dentro do movimento da economia solidária.

Outra importante conquista é a aprendizagem da importância de estabelecer parcerias com o poder público local, visando a construção de políticas públicas de apoio à geração de trabalho e renda em economia solidária.

Assim, a partir das ações relatadas, pode-se concluir que a RESVI está em processo de potencialização dos EES e de seus participantes. Entretanto, como seu caminho é novo, ainda necessita superar muitos desafios, entre os quais a sua total emancipação da assessoria recebida da ITCP/FURB.

Referências

Atlas da Economia Solidária no Brasil(2006). Brasília: M.T.E. SENAES, 60 p..

Abritta, Fernando (2003). *Síntese de economia solidária: a pessoa humana no centro do desenvolvimento*. Juiz de Fora, MG. Disponível em: http://www.milenio.com.br/abrita/fsm5.htm. Acesso em 10 set. 2004.

Mance, Euclides André (1999). *A revolução das redes: a colaboração solidária como uma alternativa pós-capitalista a globalização atual*. 2. ed. Petrópolis: Vozes.

_____(2003). Redes de colaboração solidária. In: Cattani, Antônio David. (Org.). *A outra economia*. Porto Alegre: Veraz Editores.

Pieriz, Vera Lúcia Hoffmann 2004*)*. *O empoderamento da rede de economia solidária do vale do Itajaí – RESVI: a esfera pública em construção*. Blumenau, Trabalho de Conclusão de Curso – TCC, FURB.

Prim, L. de Fátima (2004). *Aspectos psicossociais da agricultura de grupo na agricultura familiar do oeste catarinense: um estudo sobre a AGRIMA - Associação de Agricultores Monte Alegre.* tese apresentada ao programa de doutorado em Psicologia social da PUC/SP, São Paulo.

ITCP/FURB (1999). *Projeto da rede de economia solidária*. Blumenau, (mimeo).

Sawaia, Bader B. (Org.) (1999). *As artimanhas da exclusão: análise psicossocial e ética da desigualdade social.* Petrópolis: Vozes, 156 p.

Sawaia, Bader B.(2002). Participação social e subjetividade. In: Sorrentino, Marcos. *Ambientalismo e participação na contemporaneidade.* São Paulo: EDUC/FAPESP. p. 115-134.

Singer, Paul (2003). Economia solidária. In: Cattani, Antônio David. (Org.). *A outra economia.* Porto Alegre: Veraz Editores.

www.sies.mte.gov.br, capturado em 08/05/06.

Inclusão social através do trabalho

Jorge de Lima Pacheco[33]

Resumo:

Este artigo reafirma a inclusão social através do trabalho com a articulação da saúde mental e da economia solidária salientando a importância da Reforma Psiquiátrica, da extinção dos manicômios e do incentivo à criação de uma rede de atenção em saúde mental, onde se incluem os projetos de trabalho.

Palavras-chaves: inclusão, trabalho, saúde, economia solidária.

Espero contribuir ao ressaltar minhas experiências e ações na saúde mental, como usuário. Faço tratamento de saúde mental no ambulatório do Hospital de Clínicas de Porto Alegre e participo da Oficina de Geração de Renda, um órgão da Secretaria Municipal de Saúde de Porto Alegre que investe na inclusão social pelo trabalho.

Atualmente possuo qualificação como artesão em serigrafia. Com isto busco com empenho minha inclusão no mercado de

---

[33] Publicitário, natural de Porto Alegre/RS, usuário do CAPS Clínicas e da GerAção/POA

trabalho. Como representante de empreendimento solidário participei no 1º. Encontro Nacional de Economia Solidária, em 2004, em Brasília e, a partir de 2005, tenho participado do Grupo de Trabalho Interministerial em Saúde Mental e Economia Solidária, como representante nacional dos usuários de saúde mental em Brasília, coordenado pelo Ministério da Saúde e pela SENAES.

Através de minhas vivências nos diversos serviços substitutivos de saúde mental, percebi que, atualmente, há nesses serviços uma maior integração dos usuários, familiares e a comunidade. Diferentemente do que ocorria anteriormente à Reforma Psiquiátrica, onde os manicômios eram centralizadores dos serviços de saúde mental, atuando e funcionando como depósitos humanos, onde o usuário acabava abandonado, tanto pela família como pela sociedade, afastando-se de seus laços sociais, afetivos e do trabalho. Nesses locais, o tratamento dos usuários limitava-se muitas vezes apenas à medicação, com isso acabava ficando estigmatizado e crônico. Hoje, após a Reforma Psiquiátrica, através dos novos serviços, que ainda estão sendo implementados, há um maior contato com equipe técnica, procurando manter a relação com familiares e com a sociedade.

A possibilidade de internação em hospitais gerais propicia uma melhor avaliação, um melhor controle da medicação, e um novo olhar para a saúde do usuário sem o estigma da loucura, o tratamento é como uma enfermidade qualquer, contando também com a atuação de uma equipe interdisciplinar como apoio.

Além da internação em hospitais gerais, novos serviços substitutivos estão sendo implantados como os Centros de Atenção Psicossocial; os Residenciais Terapêuticos; os Centros de Convivências; as Equipes de Saúde Mental; a Atenção nas Unidades Básicas; os Projetos de Geração de Renda entre outros. Destes, gostaria de destacar:

CAPS – Centros de Atenção Psicossocial

Os CAPS são constituídos por uma equipe interdisciplinar de serviços integrados de saúde, onde tratam e preparam o usuário para viver o mais independente possível, que possa assumir o seu tratamento, suas consultas, suas medicações, e através dos diversos grupos venha a interagir com a sua família e a comunidade.

De acordo com o Relatório dos 15 anos da Declaração de Caracas o CAPS *"é o núcleo de uma nova clínica, produtora de autonomia, que convida o usuário à responsabilização e ao protagonismo em toda a trajetória do seu tratamento" (2006)*, construindo com isso sua própria história e atuando como sujeito da mesma.

Oficinas de Geração de Renda

Nelas o usuário inicia sua inclusão social através do trabalho. Tem aí o começo de um espaço onde podemos vivenciar as experiências de trabalho, a participação na criação e desenvolvimento de produtos, na formação de grupos de autogestão[34], na comercialização, nos cursos de capacitação profissional, de marketing, de artesanato e de economia solidária. O usuário inicia nas oficinas o gerenciamento das atividades aprendendo a fazer as compras, avaliar a qualidade de sua produção, de responsabilizar-se pelo livro caixa , investindo no trabalho coletivo e solidário.

Outra articulação importante se dá pela participação na rede de economia solidária como artesão, onde poderá comercializar os produtos próprios de seu grupo, bem como de outros grupos da rede de

---

[34] Para Albuquerque, a autogestão *"é um exercício de poder compartilhado, que qualifica as relações sociais de cooperação entre pessoas e/ou grupos, independente do tipo das estruturas organizativas ou das atividades, por expressarem intencionalmente relações sociais mais horizontais"(2003)*.

economia solidária. Aumenta sua possibilidade de inclusão social ao participar com responsabilidade dos plantões nas lojas, feiras e eventos, seminários e demais atividades da economia solidária.

A economia solidária, para mim, é uma experiência rica, que além do trabalho promove trocas maravilhosas de apoio, carinho, onde não se tem patrão, mas todos trabalham com responsabilidade, sem discriminação, solidariamente, independente do tamanho do empreendimento. O trabalho além de uma atividade física ou intelectual, para promover riqueza(ou ganho) para si, é um remédio contra o ócio ou algumas limitações, onde o maior capital é o social.

Segundo Singer (2005),

> *"A economia solidária é a resposta organizada à exclusão pelo mercado, por parte dos que não querem uma sociedade movida pela competição, da qual surgem incessantemente vitoriosos e derrotados. É antes de qualquer coisa uma opção ética, política e ideológica, que se torna prática quando os optantes encontram os de fato excluídos e juntos constroem empreendimentos produtivos, redes de trocas, instituições financeiras, escolas, entidades representativas, etc., que apontam para uma sociedade marcada pela solidariedade, da qual ninguém é excluído contra vontade."*

Os projetos de geração de renda podem ser abertos à comunidade, pois isto poderá trazer maior positividade para a inclusão social.

Para efetivação das nossas atividades torna-se necessário investir em parcerias intersetoriais com universidades, secretaria de cultura, educação, indústria e comércio, ONGS entre outras, que possam colaborar nesta caminhada.

Está presente no nosso cotidiano a dificuldade para formalizar nossos empreendimentos solidários, devido à burocracia; porém pretendemos avançar nessa questão, buscamos contar com assessoria jurídica e com maior apoio de familiares e ou a comunidade.

A partir de 2004 o Ministério da Saúde investe na inclusão social pelo trabalho como estratégia de governo. Em 7 de março de 2005 foi instituído, através da Portaria nº 353, o Grupo de Trabalho de Saúde Mental e Economia Solidária, do qual faço parte com representante dos usuários, que tem como principais atribuições:

I - propor e estabelecer mecanismos de articulação entre as ações das políticas de saúde mental e economia solidária;

II - elaborar e propor agenda de atividades de parceria entre as duas políticas;

III - realizar mapeamento das experiências de geração de renda e trabalho, cooperativas, bolsa-trabalho e inclusão social pelo trabalho, realizadas no âmbito do processo de reforma psiquiátrica;

IV - propor mecanismos de apoio financeiro para as experiências de geração de renda e trabalho;

V - propor atividades de formação, capacitação e produção de conhecimento na interface saúde mental e economia solidária, bem como do marco jurídico adequado;

VI - estabelecer condições para a criação de uma Rede Brasileira de Saúde Mental e Economia Solidária; e

VII - propor mecanismos de parceria interinstitucional, no âmbito nacional e internacional.

Como ação desta articulação foi publicada a Portaria Nº. 1169 de 7 de julho de 2005, que destina incentivo financeiro para os municípios que desenvolvam propostas de inclusão social pelo trabalho para pessoas com transtorno mentais e ou com transtornos decorrentes do uso do álcool e de outras drogas.

Em março de 2006, o Grupo de Trabalho Interministerial preparou uma capacitação para gestores públicos para que estes implantem e multipliquem em seus municípios projetos de oficinas de geração de renda, contando com parceiros identificados em cada comunidade, objetivando formar realmente uma rede de saúde e social que possa efetivar as políticas públicas de inclusão pelo trabalho.

Precisamos estabelecer uma efetiva comunicação entre os usuários, seus familiares, suas comunidades, reconhecer e divulgar necessidades, experiências, objetivos e avanços.

Retomando então a minha vivência como usuário dos serviços de saúde mental, percebo a importância da participação, e também da reafirmação da luta antimanicomial, bem como compartilhar com familiares e com a comunidade, somando a participação na rede solidária. Isto fará com que possamos nos sentir incluídos socialmente, sem discriminação.

Assim, compartilhar solidariamente com a família e comunidade, faz um novo mundo acontecer, com novos desafios sobre:

A saúde, na sua amplitude de inclusão.

A família, como esteio.

A economia com a rede solidária.

O trabalho como possibilidade de realização pessoal.

Referências

Albuquerque, P. P.(2003). Autogestão, in Cattani, A. D. (org.).*A outra economia*. Porto Alegre: Veraz Editores.

Brasil. Ministério da Saúde. Portaria GM nº 353. Brasília. Ministério da Saúde, 2005.

Brasil. Ministério da Saúde. Portaria nº 1169. Brasília. Ministério da Saúde, 2005.

Brasil. Ministério da Saúde. Relatório Declaração de Caracas. Brasília. Ministério da Saúde, 2006.

Brasil. Ministério da Saúde. Relatório Final do Grupo de Trabalho de Saúde Mental e Economia Solidária. Brasília. Ministério da Saúde, 2006.

Singer, P.(2005). Saúde mental e economia solidária, in *Saúde mental e economia solidária*. Ministério da Saúde. Brasília: Editora do Ministério da Saúde.

SISTEMATIZAÇÃO E ANÁLISE DO PROCESSO DE CONSTITUIÇÃO, CONSOLIDAÇÃO E ASPECTOS DA EVOLUÇÃO DE UMA COOPERATIVA POPULAR DE LIMPEZA

Danila Secolim Coser[35] e Ana Lucia Cortegoso[36]

Resumo

Considerando o potencial dos estudos de caso para compreender as variáveis que influem no sucesso ou fracasso de empreendimentos autogestionários e o papel das incubadoras universitárias de sistematizar o conhecimento gerado no acompanhamento de

---

[35] Psicóloga formada pela Universidade Federal de São Carlos e mestranda do programa de pós-graduação em educação especial da Universidade Federal de São Carlos. Desenvolveu monografia e iniciação científica no campo da economia solidária, junto à Incubadora Regional de Cooperativas Populares da UFSCar, sob orientação da segunda autora do texto.

[36] Docente do Departamento de Psicologia da UFSCar e membro da Incubadora Regional de Cooperativas Populares da Universidade Federal de São Carlos, SP.

226 DANILA SECOLIM COSER E ANA LUCIA CORTEGOSO

grupos, buscou-se sistematizar o processo de desenvolvimento de uma cooperativa de limpeza, com sete anos de atuação no mercado quando da realização do estudo, primeira experiência de incubação de uma incubadora universitária de empreendimentos solidários. O trabalho apresenta o histórico do grupo e a evolução deste quanto às tomadas de decisão. Para a reconstituição da história foram realizadas análises de documentos diversos e entrevistas. Para organização dos dados foi construída uma linha do tempo, indicativa dos principais fatos ocorridos em relação a aspectos identificados como relevantes para este tipo de empreendimento e para o processo de incubação. O recurso foi submetido aos membros da cooperativa visando a conferência e visualização do desenvolvimento do grupo pelos próprios participantes do processo. Quanto a situações de tomadas de decisão, buscou-se, a partir do exame das atas de assembléia geral, dados sobre distribuição da ocorrência destas no tempo e assuntos abordados, relacionando-os com eventos concomitantes da cooperativa, princípios cooperativistas e efetividade da assembléia como principal fonte de troca de informações. As situações de assembléias pareceram adequadas quanto a situações de decisões, porém outras estratégias informais para transmissão de informações foram identificadas. De maneira geral, o método proposto favoreceu a coleta e organização de dados na reconstrução da história do empreendimento, podendo ser utilizado em outros estudos de caso.

Palavras-chave: cooperativas, processo de incubação, estudo de caso.

O exame do passado como condição para projetar o futuro

As primeiras incubadoras universitárias de cooperativas populares surgiram em meados da década de 1990 e *"se dedicam à organização da população mais pobre em cooperativas de produção ou de trabalho, às quais dão pleno apoio administrativo, jurídico legal e ideológico na formação política, entre outros."*(Singer, 2000. p.25). Tendo acumulado experiência com a incubação de empreendimentos solidários, um dos desafios das incubadoras, como agentes de produção de conhecimento, tem sido sistematizar o conhecimento gerado, originado da prática de acompanhamento dos grupos e dos resultados destes. Esse conhecimento, ao ser sistematizado, pode subsidiar e aperfeiçoar o atendimento aos grupos já existentes e a outros que se apresentam, com uma demanda crescente de atendimento (Singer, 2003 e Vieira, 2002). A sistematização e o acesso ao conhecimento acumulado sobre estes aspectos representam importante ferramenta para a atuação de incubadoras, mas também para a reflexão sobre o papel da economia solidária.

Uma cooperativa popular de limpeza: da renda zero à autogestão

A cooperativa de limpeza que constitui objeto deste trabalho de sistematização foi a primeira experiência de incubação realizada por uma incubadora universitária de cooperativas populares do interior de São Paulo. A partir da identificação de um bolsão de pobreza em uma cidade de médio porte de um município do interior do estado de São Paulo, a incubadora iniciou, em 1998, um trabalho de levantamento de necessidades, juntamente com a população moradora na região, bem como um processo de apresentação de informações sobre possibilidades de organização para o trabalho no campo da economia solidária. A partir desta iniciativa, um conjunto de moradores do bairro em que este trabalho se deu, com o apoio da incubadora, conseguiu se organizar e criar uma cooperativa de limpeza. O primeiro grupo formado pela cooperativa foi composto por 31 pessoas, sendo que, destas, 30 eram mulheres. Nenhum dos membros dispunha de fonte de renda, a maioria possuía baixo ou nenhum nível de escolaridade, sendo que apenas quatro delas possuíam o primeiro grau completo e 11 pessoas não possuíam sequer documentos pessoais básicos (identidade e CPF).

Sete anos depois de iniciado este trabalho, a cooperativa estava consolidada, com cerca de 200 cooperados, possuindo sede própria, administrando cerca de 150 postos de trabalho em diferentes locais e enfrentando desafios muito mais complexos do que os que inicialmente se apresentavam, mantendo, no entanto, sua confiança na possibilidade de trabalho coletivo autogestionário. Por tais razões, entre outras, pareceu fundamental sistematizar e examinar, à luz do conhecimento disponível, o processo que se desenvolveu em relação a este grupo. Constituíram objetivos deste trabalho o levantamento, sistematização e análise do histórico desse empreendimento em relação a avanços e dificuldades apresentadas durante o processo de incubação, a evolução do empreendimento e do grupo, as variáveis relevantes nesse processo, o funcionamento do grupo, a compatibilidade com os princípios cooperativistas, etc. Primeiramente foram caracterizados os processos de implantação e implementação que ocorreram no grupo em relação a aspectos que se destacaram dentre as variáveis já identificadas no âmbito da incubadora e da economia solidária como relevantes para a criação e consolidação de empreendimentos solidários. Em seguida, foi examinado o processo de evolução deste grupo quanto a tomadas de decisão.

Histórico do empreendimento

Uma cooperativa popular de limpeza: do nascimento à consolidação

Foram utilizadas, como guia de busca dos aspectos relevantes da história deste empreendimento, uma relação de classes de variáveis, e variáveis que influenciam ou podem influir no processo de incubação, conhecidas e sistematizadas no âmbito da incubadora responsável pelo acompanhamento do grupo (Vieira e Cortegoso, 2004) tais como: equipe da incubadora presente em cada momento (com relação a: coordenadores executivos do projeto, técnico de incubação, bolsistas, estagiários, etc), parcerias estabelecidas, cursos de capacitação realizados e oferecidos, conquista ou perda de postos de trabalho, indicação dos critérios para seleção de novos membros, eleições realizadas, comissões formadas e demais eventos que se destacaram nesse processo. A partir dessas variáveis as informações para a construção do histórico do empreendimento foram obtidas por meio dos seguintes procedimentos:

Consulta a documentos diversos (da incubadora, da cooperativa e resultante de outros estudos como os de Faleiros, 2002 e Galo, 2003, além dos citados especificamente neste texto, bem como relatos de intervenções realizadas junto ao grupo), de forma a identificar fatos relevantes do processo sobre os quais era desejável obter informações dos participantes;

Entrevistas semi-estruturadas com os principais participantes do processo de incubação, de acordo com as perguntas referentes a variáveis definidas como relevantes para a construção do histórico;

Submissão de informações organizadas em uma *linha do tempo*, para conferência e complementação, pelos cooperados.

A *linha do tempo* foi construída para indicar, em ordem cronológica, os acontecimentos registrados na existência da cooperativa e dos que influíram, provavelmente, no processo de criação e implementação da cooperativa, a partir de entrevistas e de documentos analisados. O recurso *linha do tempo* foi construído em papel pardo em rolo, de modo a garantir a extensão necessária para inserir fatos relativos a vários anos de existência do empreendimento, com indicações temporais (anos e meses), desde as primeiras atividades realizadas pelo ou com o grupo incubado até o momento em que o estudo foi desenvolvido. Os fatos relevantes foram transcritos sinteticamente em papéis adesivos, facilitando assim a transposição de um lugar para outro da linha no caso de inserção de novos fatos ou descoberta de informações mais precisas sobre datas relacionadas aos fatos. Para facilitação da visualização, as informações dispostas na linha do tempo foram grafadas em cores correspondentes à classe de informações previstas, como, por exemplo: vermelho quando dizem respeito à capacitação de membros, verde para eleições de diretoria, azul para contratos, licitações conquistadas, etc.

A partir das informações obtidas e sistematizadas nesse recurso foi feito um relato descritivo do processo de incubação da cooperativa. Obteve-se como resultado o histórico e caracterização do empreendimento no período de 1998 a 2005.

Dimensões de uma história em andamento

Dentre os fatos relevantes observados no histórico da cooperativa, podem ser destacados em 1998: a criação da incubadora universitária de cooperativas populares – que em seu início possuía cerca de 10 pessoas entre professores, técnicos e estagiários da universidade – e o início da discussão com a comunidade sobre alternativas para geração de renda, tendo como base as atividades que tais pessoas já sabiam ou gostavam de desenvolver e as possibilidades de organização da economia solidária.

A partir dessas discussões a atividade de limpeza foi escolhida pelo grupo por três motivos principais: 1) a limpeza era uma atividade que todos sabiam fazer, uma vez que de certa forma tal atividade era exercida por todos na vida diária. Além disso, grande parte das pessoas já fazia faxinas, trabalhando como empregadas domésticas ou em contratos temporários por empresas que realizam serviços de limpeza terceirizados, ou seja, já existia uma certa quantidade de informação sobre a atividade que seria realizada pelo grupo, mesmo que de maneira não organizada e padronizada; 2) a atividade não demandava capital inicial, uma vez que era possível comprar material e pagar em até 30 dias, não sendo necessário um investimento alto; 3) havia, na Universidade, rumores sobre a possibilidade do serviço de limpeza ser "terceirizado" e, por experiência ocorrida em uma outra incubadora universitária, na qual uma cooperativa de limpeza realizava tais serviços, isto poderia ser uma oportunidade para iniciar um trabalho semelhante.

Antes da decisão final pela atividade de limpeza, foi feito ainda um pequeno estudo de viabilidade, comparando os serviços prestados por empresas de terceirização de limpeza em números, quantidade de envolvidos e preço. Não havia cooperativas, mas havia (e ainda há, no momento da conclusão deste texto) pelo menos quatro grandes empresas de serviços terceirizados de limpeza atuando no município. Todas as empresas atendiam bem a demandas do mercado, mas a cooperativa tinha possibilidade de competir em relação ao preço, segundo conclusões resultantes de uma simulação de cálculo de preços.

Após decidirem a atividade da cooperativa, iniciaram as discussões para a formulação do estatuto da cooperativa. O estatuto foi desenvolvido em reuniões internas com a comissão de cooperados destinadas a esse fim e reuniões gerais com todo o grupo de participantes, em que se discutiam os direitos e deveres de sócios, a escolha da direção, estratégias para garantir democracia interna, etc. Houve a necessidade de contar com o auxilio de um profissional da área de direito, tendo sempre como base de discussão o contexto associativo. O estatuto assim produzido apresenta-se como resultado de decisões pautadas por aspectos legais e políticos, grande parte delas tomadas pelo grupo, porém com intensa colaboração da incubadora.

A inauguração da cooperativa ocorreu simbolicamente em 30 de maio de 1999, quando foram feitas a eleição e posse da diretoria conforme o estatuto, aprovado minutos antes.

Mesmo contando com 32 participantes, apenas 20 pessoas escreveram seu nome no livro de matrículas da cooperativa na data de inauguração. As outras 11 pessoas não possuíam os documentos necessários, como CPF e RG, e apenas um mês após a inauguração, já com os documentos providenciados com a ajuda da cooperativa e da incubadora, puderam ter seus nomes inscritos no livro.

Considerando a precariedade da situação financeira dos membros da cooperativa, e a necessidade de contar com alguns itens necessários para a realização da limpeza de ambientes, tal como balde, vassoura, panos de chão e de pó etc, foi definido que as doações dos membros relativas a estes itens seriam consideradas como

232 Danila Secolim Coser e Ana Lucia Cortegoso

cotas-parte, e que o pagamento deste valor, para os que não realizavam as doações, e não dispunham de recursos para efetuar o pagamento, seria feito quando a pessoa iniciasse no trabalho.

Em outubro de 1999, cinco meses depois que o empreendimento foi legalizado, foi divulgado, em assembléia, o primeiro contrato da cooperativa. A proposta para realização de serviços de limpeza no restaurante universitário de uma das universidades do município foi apresentada aos cooperados pelos responsáveis pela incubação do empreendimento. Porém, o número de pessoas exigidas para trabalhar neste contrato era de apenas dez (oito efetivas e duas suplentes) e a cooperativa contava com 31 cooperados. Esta condição impôs a necessidade de discutir critérios para seleção de cooperados para esses postos, o que ocorreu em situação de assembléia. Uma lista de critérios foi então surgindo a partir de indicações das próprias cooperadas acerca do que seria importante, a partir da natureza do empreendimento, na escolha dos cooperados que ocupariam estes primeiros postos de trabalho.

Tal situação de conquista de novos postos de trabalho ou sinalização deles, pela cooperativa contar com número de cooperados maior ou menor do que os exigidos nos contratos, impôs a necessidade de estabelecer critérios para seleção de cooperados. Durante os anos analisados foram discutidos por quatro vezes critérios de seleção. Entre os critérios discutidos e aplicados nas seleções estavam: 1) participação nos cursos de capacitação oferecidos (para economia solidária, principalmente); 2) presença nas assembléias; 3) tempo de desemprego; 4) número de filhos, 5) tempo de moradia no bairro, etc.

A realização de outros contratos ocorreu por seis vezes até o ano de 2005. Três desses contratos foram para serviços temporários em eventos ou projetos (em 2000 – 11 postos de trabalho, 2001 – um posto, 2003 – três postos e 2005 – 74 postos, conquistados por meio de participação em licitações). Os contratos de longa duração ocorreram em 2001 – oito postos de trabalho para apoio de atividades didáticas em uma das universidades do município; 2003 – 28 postos para trabalhar em hospitais e postos de saúde do município e 2004 –

85 postos de trabalho para diversos órgãos da prefeitura do município como escolas, creches e repartições públicas. Estes contratos foram renovados em anos subseqüentes (dentro das especificações dos respectivos editais), tendo havido interrupção da prestação de serviços no restaurante universitário e no apoio às atividades didáticas em função de proibição de participação de cooperativas de trabalho em licitações federais, estabelecida a partir de termo de ajuste de conduta firmado entre a Procuradoria Geral da República e o Ministério Público do Trabalho.

Dentre as seleções realizadas a partir da conquista de novos postos de trabalho, merece especial destaque o processo de seleção externa realizada em 2004, referente aos 85 postos de trabalho em órgãos da prefeitura, na qual, além da divulgação "boca-a-boca" pelas cooperadas e moradores do bairro, tal como vinha ocorrendo nos outros recrutamentos, foram colocados cartazes na sede e em locais públicos do bairro. A partir dessa divulgação mais de 250 pessoas se inscreveram como interessadas em ingressar na cooperativa, comparecendo, inclusive, várias pessoas que moravam em bairros distantes, o que demandou grande esforço da cooperativa e incubadora para seleção dos candidatos.

Quando da conclusão deste trabalho, o grupo, que contava com quase 200 membros, ainda apresentava as mesmas características gerais do grupo original: a grande maioria do sexo feminino, baixo grau de escolaridade, idade variando em grande escala e, apesar de a maioria dos cooperados residirem no bairro em que se situa a cooperativa, a partir de 2003, devido à necessidade e inserção de um grande número de novos cooperados, alguns residem nos bairros não muito próximos, mas também consideradas regiões precárias em termos de renda da população. Em relação a experiências sobre situações de trabalho organizado, as mesmas características do grupo inicial são mantidas: a maioria das pessoas, antes de ingressar no empreendimento, trabalhava apenas em contratos informais de limpeza.

De modo geral, ao analisar o desenvolvimento da cooperativa, foi possível identificar um esforço crescente da incubadora em mobilizar os membros, não só da diretoria, para as atividades do empreendimento, principalmente nos anos finais. A situação de dependência que se apresentava clara nos primeiros anos do empreendimento, em relação à incubadora, pode ser decorrente da ausência de um referencial estruturado disponível em termos de método de incubação, e o trabalho, em muitos aspectos, foi tão inédito para o grupo incubado quanto para os incubadores. Como decorrência desta forma de conduzir o trabalho de apoio ao grupo, os limites entre o que era efetivamente papel da incubadora e o que poderia ferir o processo de autonomia do grupo tiveram que ser definidos empiricamente, e corrigidos no processo de discussão das equipes que responderam por este processo desde o início.

Os dados obtidos evidenciam, ainda, que, apesar da prática autogestionaria da cooperativa necessitar de aperfeiçoamento, é possível notar uma tendência forte da diretoria para garantir transparência, esclarecer e utilizar processos participativos para tomadas de decisões; porém, explicitamente vários documentos apontam para a necessidade de renda das pessoas como fator principal para entrar na cooperativa, havendo grande dificuldade para adesão efetiva aos princípios cooperativistas. É possível observar, assim, que a adesão à cooperativa é voluntária, mas isto não corresponde, necessariamente, a uma adesão esclarecida à proposta da economia solidária ou ao cooperativismo.

Até a finalização desse estudo a equipe da incubadora estava preparando-se para realizar uma nova etapa de capacitação para a economia solidária, sob sua responsabilidade direta, como forma de atenuar problemas que estavam ocorrendo e cuja solução dependia, entre outras coisas, de uma compreensão preliminar da proposta cooperativista popular por parte de indivíduos que entraram na cooperativa em função da existência de oportunidades de trabalho – e não de uma adesão esclarecida a esta forma de organização para o trabalho (Cortegoso, Shimbo, Zanin, Fontes, Mascio e Cherfem; 2005). Com a capacitação mais consistente para o cooperativismo e para a economia solidária, é esperado que o grupo participe mais ativamente dos eventos deste campo no município e região, bem como busque por aprovações legislativas a favor da economia solidária.

Coleta de dados como estratégia de intervenção: instrumentos a serviço do desenvolvimento da autogestão

Após a coleta das informações sobre o grupo ser finalizada, foi realizada uma apresentação da linha do tempo aos membros do grupo, em uma reunião para a qual foram convidados todos os membros do empreendimento. Tal providência, além de garantir conferência e complementação dos dados obtidos, possibilitaria que o grupo conhecesse melhor sua história e as condições a elas relacionadas, sendo esperado, também, que pudessem derivar, deste conhecimento, providências capazes de produzir avanços na organização e funcionamento do empreendimento.

A apresentação ocorreu em uma sala de reuniões do centro comunitário do bairro em que a cooperativa está sediada, em que são realizadas as assembléias, e contou com a presença de 60 cooperados, a grande maioria inserida no grupo mais recentemente. Os fatos relevantes, transcritos em papeis coloridos de acordo com uma legenda para cada classe de tema, foram apresentados e acrescidos na linha do tempo.

De maneira geral, não houve discordâncias por parte dos presentes quanto a datas e/ou informações obtidas anteriormente. Dessa forma, é possível afirmar que as cooperadas participaram brevemente confirmando os dados, apresentando detalhes das informações e apontando exemplos. A participação restrita das cooperadas pode ter ocorrido em função do tempo disponível para apresentação dos fatos, que foi relativamente curto quando comparado à quantidade de aspectos relevantes desta trajetória. Outro motivo para participação limitada pode ter sido o baixo número de cooperados presentes que haviam ingressado na Cooperativa nos anos iniciais e poderiam conhecer com mais detalhes a história do empreendimento, contribuindo para sua conferência. O fato da pesquisadora não ter tido um contato prévio com o grupo pode, ainda, ter atrapalhado na obtenção de informações, uma vez que os presentes podem ter se sentido envergonhados ou com receio de expor opiniões ou corrigir os dados que estavam sendo apresentados.

Mesmo com tais limitações, quando encerrada a apresentação da linha do tempo foi possível observar os membros conversarem entre si, apontando na linha o momento em que cada um ingressou na Cooperativa, para que atividades, características desse período, etc. Tais condições parecem vir ao encontro do que afirmam Moreira e D'Ambrosio (1994 citado por Vieira, 2002) com relação a necessidade dos membros de uma organização compreenderem o significado e importância de sua missão individual em um contexto total, e de se conscientizarem a respeito de suas responsabilidades com os demais, para que possa ser criado um clima de cooperação dentro do grupo.

Evolução do grupo em relação a situações de tomada de decisão (assembléias)

A partir do histórico do empreendimento, muitos recortes poderiam ser realizados para uma análise mais detalhada da evolução que apresentaram durante o seu processo de constituição e implementação. O exame do processo de decisão coletiva no âmbito do empreendimento é um deles, tendo sido selecionado como o primeiro a ser realizado em função de constatações como as apontadas por Robbins (1998), como a qualidade da comunicação entre os indivíduos que participam de um empreendimento como um fator que contribui, de forma significativa, para o seu sucesso.

O estatuto da cooperativa sob exame neste estudo, aprovado em assembléia geral de constituição, prevê a assembléia geral dos cooperados como o *"órgão supremo da Cooperativa"* que, *"dentro dos limites legais e estatutários tomará toda e qualquer decisão de interesse da Cooperativa, e suas deliberações vinculam a todos, ainda que ausentes ou discordantes."* Reconhecida a importância das assembléias na cooperativa em questão, e sendo essa a forma prioritária de comunicação e participação dos membros, um estudo das assembléias realizadas no decorrer do empreendimento justifica-se, como condição para melhor compreender as variáveis que influem na organização e na gestão do empreendimento. Foi implementado, assim, um exame específico com o objetivo de analisar as assembléias realizadas pela cooperativa de limpeza em foco desde seu inicio em 1999 até 2005.

Foram fontes de informações para este estudo os livros de atas de assembléia do empreendimento. Na coleta de dados foram anotados a data da assembléia e os assuntos que foram abordados em cada uma delas. A partir dessas informações foram criadas categorias gerais de classificação de assuntos nas assembléias. Foi ainda identificada a freqüência de ocorrência das categorias de assuntos e relações entre temas abordados e eventos concomitantes da cooperativa, obtidos por meio do estudo do levantamento histórico realizado anteriormente, que contava com diversas fontes de informação a fim de verificar a consistência das informações.

De acordo com este levantamento, foi possível identificar que de 1999 a agosto de 2005 foi realizado um total de 54 assembléias. A Figura 1 apresenta a distribuição do número de assembléias realizadas nesse período, sendo possível notar um aumento gradativo do número de assembléias realizadas no decorrer dos anos.

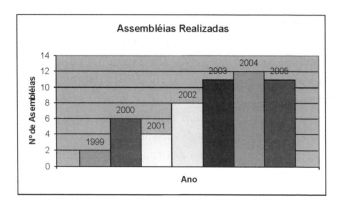

Figura 1 – Distribuição do número de assembléias realizadas na cooperativa do ano de 1999 a 2005

As categorias propostas para classificação dos assuntos tratados em assembléia, no caso do empreendimento sob estudo, foram: a) postos de trabalhos; b) cursos; c) eleições; d) formação de comissões; e) destinação dos recursos da cooperativa; f) discussões e comentários sobre os avanços, dificuldades e problemas da cooperativa; g) definição de regras; h) problemas com membros; i) avisos e j) homenagens/ gratificações oferecidas.

A partir da análise das categorias foi possível notar que o aumento gradativo dos sócios no decorrer dos anos coincide com um aumento no número de assembléias realizadas, bem como um aumento na freqüência de discussões sobre problemas em geral (com membros/ cooperativa/ comentários e avisos) durante essas reuniões. Outro fator observado foi o aumento do número de regras e normas que foram definidas nesses encontros, o que pode indicar a ocorrência de maiores dificuldades de gestão do empreendimento, eventualmente relacionadas com o aumento do número de cooperados.

Com relação a postos de trabalho, observou-se uma diminuição da ocorrência de discussões sobre busca de postos de trabalho pelos próprios cooperados, desde que começaram a participar de licitações do município, e um aumento nas discussões sobre critérios de seleção, particularmente quando sinalizadas oportunidades de novos postos de trabalho. O exame da história da cooperativa permitiu observar, ainda, a ausência de menção a conquistas de postos de trabalho nos registros de assembléias.

Em relação à categoria de assuntos abordados em assembléias, denominada "cursos", foi possível verificar que eles ocorreram apenas nos momentos em que houve extrema necessidade (quando da conquista ou renovação de postos), não ocorrendo em outras oportunidades (exceto no início do empreendimento) e apenas para pessoas que ocupariam tais postos, aspecto relevante de ser aprofundado, uma vez que a formação permanente dos membros de um empreendimento solidário é princípio constitutivo do cooperativismo e da economia solidária.

De acordo com os dados levantados das assembléias, é possível supor a existência de uma baixa quantidade de potenciais reforçadores nelas presentes. Apenas em uma assembléia ocorre o reconhecimento público dos membros que nunca faltaram nos serviços, e preponderam, nelas, discussões de problemas a serem resolvidos. O efeito da ausência ou insuficiência de reforçadores para comportamentos significativos de todos os envolvidos (responsáveis pela condução das assembléias e membros), aliado ao impacto das condições aversivas decorrentes do trato com problemas graves e complexos, pode ser muito importante para influir na probabilidade e qualidade da participação de todos em situações de decisão coletiva, como assembléias, sendo este um possível aspecto relevante para o funcionamento de um empreendimento solidário.

As situações de assembléias aparecem como forma prioritária da autogestão do empreendimento e são adequadas como situações para tomadas de decisões do grupo, o que está de acordo com o estudo anterior realizado por Vieira (2002) e está em concordância com o princípio de participação ativa e democrática dos membros sobre a gestão do empreendimento (Rech, 2000). Assim, parece fundamental criar condições para que os assuntos relevantes sejam plenamente discutidos, garantindo a participação de todos.

Para tal, a diretoria poderia ser mais preparada para, entre outras coisas, liberar conseqüências potencialmente reforçadoras para comportamentos de participação no grupo e promover ocasiões para que todos participem. Como aponta Rech (2000), uma alternativa para maior participação dos membros é a discussão em grupos, especialmente quando a cooperativa aumenta muito o número de sócios, para que, tomadas as decisões em nível local, mais facilmente se consiga plena participação e maior concordância em nível global.

É possível, ainda, criar condições mais agradáveis para comparecimento nas reuniões, não sendo apenas um momento para discussões de problemas, mas havendo maior numero de conseqüências positivas imediatas. Dessa forma, pode ser relevante reconhecer pontos positivos no desempenho dos sócios ou no funcionamento e resultados da cooperativa, valorizar os serviços prestados a partir de avaliações sistemáticas, apontar as conquistas do empreendimento, etc. E ainda, de acordo com a experiência de uma outra incubadora de empreendimentos solidários, apresentada por Musse (2003), festas de confraternizações e cerimônias para entrega de certificados referentes aos cursos realizados pelos cooperados, são formas de melhorar o relacionamento interno.

Considerações finais

O presente trabalho, caracterizado como um estudo de caso de uma cooperativa popular de limpeza, constitui uma contribuição para que sejam formuladas hipóteses sobre variáveis e valores de variáveis que contribuem para o sucesso e fracasso de cooperativas populares. É esperado que os resultados obtidos sejam utilizados pelos vários empreendimentos solidários que estão em processo de incubação como um referencial para a implementação do empreendimento, obtendo assim um processo mais apropriado de incubação, um vez que, de acordo com Kunkel (1991):

SISTEMATIZAÇÃO E ANÁLISE DO PROCESSO DE CONSTITUIÇÃO, CONSOLIDAÇÃO E ASPECTOS ... 241

" (...) as conseqüências passadas do comportamento desempenham um papel crucial nas determinações de ações futuras. A partir destas análises podemos determinar que modificações devem ser introduzidas em grupos e comunidades para que o comportamento de seus membros seja mudado." (p. 223)

Referências

Cortegoso, A. L.; Shimbo, I.; Zanin, M; Fontes, D. A.; Mascio, C. C.; Cherfem, C.O.(2005). *Variáveis que influem no processo de incubação de empreendimentos solidários: um exame de três experiências com base no método de incubação da INCOOP/UFSCar.* Texto completo publicado nos Anais da 2a Jornada Universitária sobre Cooperativismo, Economia Solidária y Procesos Asociativos, da Red Temática sobre Procesos Asociativos y Cooperativos, ocorrida em Montevidéo, Uruguai, novembro de 2005.

Estatudo Social da Cooperativa de Limpeza *"BAIRRO"* (1999)

Faleiros, P. (2002). *Análise de práticas culturais em uma cooperativa de serviços.* Tese de Mestrado, São Paulo: PUC, 61p.

Gallo, A. R.. (2003) *Empreendimentos económicos solidários: alternativas organizacionais de (re)inserção social e econômica.* Tese de Doutorado, São Carlos: UFSCar. 270p.

Kunkel, J. H. Apathy and irresponsability in social system. In: Lamal, P. A. *Behavioral analysis of societies and cultural pratices,* 219-240. New York: Hemisphere Publishing Co.

Musse, C. F. (2003). A comunicação e as cooperativas populares: alternativas de intervenção no espaço local. In: Heckert, S. M. R (org.). *Cooperativismo popular: reflexão e crítica.* Juiz de Fora: UFJF.

Rech, D. (2000). *Cooperativas: uma alternativa de organização popular.* Rio de Janeiro: DP&A.

Robbins, S. P. (1988).Políticas e práticas de recursos humanos. In: *Comportamento organizacional.* 8 ed. Rio de Janeiro: Prentice Hall/ Livros Técnicos e Científicos. p. 346-371.

Singer, P. e Souza, A. R. (2000). *A economia solidária no Brasil.* São Paulo: Contexto.

242 DANILA SECOLIM COSER E ANA LUCIA CORTEGOSO

Singer, P. (2003). Prefácio. In: Heckert, S. M. R (org.). *Cooperativismo popular: reflexão e crítica.* Juiz de Fora: UFJF.

Veira, K. A. L. (2002).*Contingências para comportamento verbal em cooperativas populares de trabalho.* Monografia de bacharelado. Curso de graduação em Psicologia da Universidade Federal de São Carlos.

Veira, K. A. L. e Cortegoso, A. L.(2004). *Identificação de comportamentos e de organizações como condição para gerar e administrar cooperativas de trabalho.* XIII Encontro Brasileiro de Psicoterapia e Medicina Comportamental e II Encontro Internacional da Association for Behavior Analysis. Campinas.

PARTE IV

Saúde mental e economia solidária

SAÚDE MENTAL E ECONOMIA SOLIDÁRIA: CONSTRUÇÃO DEMOCRÁTICA E PARTICIPATIVA DE POLÍTICAS PÚBLICAS DE INCLUSÃO SOCIAL E ECONÔMICA

Rita de Cássia Andrade Martins[37]

Resumo

A saúde mental e a economia solidária estão em parceria na reabilitação psicossocial e econômica das pessoas portadoras de transtornos mentais e/ou transtornos

---

[37] Psicóloga; assessora técnica da Coordenação Geral de Saúde Mental do Ministério da Saúde. Técnica de referência para o Programa Saúde Mental e Economia Solidária, do Ministério da Saúde, em parceria com a Secretaria Nacional de Economia Solidária do Ministério do Trabalho e Emprego. Representante do Ministério da Saúde no Grupo de Trabalho Interministerial sobre Saúde Mental e Economia Solidária, instituído pela Portaria GM n° 353/2005. Endereço eletrônico: rita.martins@saude.gov.br ou rita.andrade.martins@gmail.com.

decorrentes do uso de álcool e outras drogas. O objetivo desta parceria é criar políticas públicas de inclusão para que essas pessoas possam participar de forma efetiva de atividades de geração de trabalho e renda. Saúde mental e economia solidária decidiram em conjunto construir esta política de forma democrática e participativa, de acordo com os preceitos de ambos os movimentos. Assim todo o processo de construção desta interface tem sido feito através de dispositivos coletivos de gestão participativa. Essas iniciativas no campo da saúde mental, que já formam um mapa de mais de 200 experiências de geração de renda, nascem dentro dos serviços de saúde mental e agora estão em processo de emancipação destes dispositivos. A opção pela economia solidária não é por acaso: os usuários de saúde mental, que agora são trabalhadores solidários, estão conseguindo não só apoio para suas incursões no mundo social e comunitário, como também para suas participações nas decisões e na gestão de suas próprias vidas. Uma prática que incentiva a autogestão, a justiça social, o trabalho coletivo e as relações solidárias e propicia um caminho de inclusão social para as populações que estão em desvantagem econômica. Por este e outros motivos a economia solidária foi escolhida entre outros caminhos para subsidiar ideologicamente esta proposta.

Palavras-chaves: Saúde Mental, Economia Solidária, Inclusão Social e Trabalho.

Introdução

O processo de Reforma Psiquiátrica engloba um conjunto de ações que tem como eixo a desinstitucionalização de pessoas com histórico de longa permanência em hospitais psiquiátricos, com a substituição do paradigma de exclusão e segregação por um modelo assistencial baseado no cuidado em liberdade[38]. Neste sentido a Política Nacional de Saúde Mental do Ministério da Saúde vem desenvolvendo uma série de frentes desde o cuidado em saúde mental até ações de reabilitação psicossocial, formando uma complexa rede de atenção de base comunitária, composta por Centros de Atenção Psicossocial (CAPS), Ambulatórios, Atenção Básica,

---

[38] Este redirecionamento é amparado pela lei 10.216 de abril de 2001.

Serviços Residenciais Terapêuticos (SRTs), Centros de Convivência e Cultura, leitos em hospitais gerais, entre outros espaços dentro da cidade. A proposta de rede subentende a articulação entre os dispositivos assistenciais e tem como porta de entrada e regulação o CAPS.

Dentro desta perspectiva, a Inclusão Social pelo Trabalho surge como uma estratégia efetiva no campo da Reabilitação Psicossocial de pessoas que sofrem de transtornos mentais e também daquelas que sofrem de transtornos decorrentes do uso de álcool e outras drogas.

As Leis n°. 9.867, de 10 de novembro de 1999, e 10.216, de abril de 2001, justificam e fundamentam essa iniciativa do Ministério da Saúde. A primeira dispõe sobre a criação e o funcionamento de Cooperativas Sociais, visando à integração social daqueles que estão em desvantagem no mercado econômico, e a segunda dispõe sobre a proteção e os direitos das pessoas portadoras de transtornos mentais e redireciona o modelo assistencial em saúde mental.

O Programa de Inclusão Social pelo Trabalho em Saúde Mental é uma parceria da Secretaria Nacional de Economia Solidária, do Ministério do Trabalho e Emprego, com a Área Técnica de Saúde Mental, do Ministério da Saúde.

O objetivo deste ensaio é apresentar os principais elementos para a construção de uma política pública de interface entre a saúde mental e a economia solidária. Vale destacar que o desafio tem sido grande, pois a proposta de criar uma política de trabalho e renda dentro do campo da saúde traz uma seqüência de questionamentos sobre sua legitimidade. Felizmente a idéia de compartilhar com os colegas do campo da economia solidária este desafio só confirmou a importância e o sucesso desta empreitada. Além disso, não satisfeitos, saúde mental e economia solidária decidiram em conjunto construir esta política de forma democrática e participativa, de acordo com os preceitos de ambos os movimentos. Assim todo o processo de construção desta interface foi feito através de dispositivos coletivos de gestão participativa.

248 RITA DE CÁSSIA ANDRADE MARTINS

A primeira experiência foi a Oficina de Experiências de Geração de Renda e Trabalho de Usuários de Serviços de Saúde Mental, que reuniu usuários, profissionais de saúde e gestores da saúde mental e da economia solidária. Nesta ocasião foram elaboradas as propostas que serviram de base para o plano de metas dos Ministérios da Saúde e do Trabalho e Emprego para a política de inclusão social e econômica dos usuários de serviços de saúde mental.

Como deliberação deste encontro, foi criado o segundo espaço de gestão participativa desta parceria, o Grupo de Trabalho Interministerial Saúde Mental e Economia Solidária (GT). Este grupo, que tem a participação de usuários, gestores, profissionais e movimentos sociais, discutiu e elaborou todo o plano de ação lançado em março deste ano. Além da elaboração deste documento, o GT participa do controle e do monitoramento da implementação das ações estabelecidas no plano.

Por fim, o terceiro espaço, que foi a Turma Nacional de Formação em Economia Solidária para Gestores Públicos da Saúde Mental. A Turma se configurou como um dispositivo de multiplicadores por excelência, pois nesta oportunidade 40 gestores, de diferentes regiões do país, saíram com o compromisso de elaborar ações de inclusão produtiva em seus municípios.

Para iniciar este ensaio foram resgatados alguns pontos dentro da história da loucura onde o trabalho e o louco se encontram. A idéia de apresentar esta rápida contextualização tem por objetivo possibilitar um melhor entendimento da importância de uma política pública afirmativa que legitima mudanças significativas dentro da história das pessoas que sofrem de transtornos mentais no Brasil.

Trabalho e a loucura: pontos de inflexão na história

Antes de entramos na história recente sobre a relação entre trabalho e loucura, será necessário contextualizarmos o lugar do trabalho

SAÚDE MENTAL E ECONOMIA SOLIDÁRIA: CONSTRUÇÃO DEMOCRÁTICA E PARTICIPATIVA DE ... **249**

dentro das instituições psiquiátricas para entendermos a reviravolta que o trabalho solidário traz com sua concepção autogestionária. Para situarmos a relação entre o trabalho e a loucura foram pinçados três momentos emblemáticos da história, em especial na Europa, aonde surgiram as primeiras instituições destinadas ao tratamento da loucura.

Durante o século XVII vários asilos foram criados no território europeu com o objetivo de enclausurar homens e mulheres tidos como incapazes ou inválidos para a vida produtiva. O trabalho era visto como a solução, já o ócio era seu oposto e se instalava como prática dos marginalizados. A burguesia e o Estado se uniram para manter longe do convívio todos os "desviados sociais", assim foram criadas "casas" para ocupar os ociosos. O objetivo era afastar o ócio e a improdutividade dos desocupados da época, desta forma o tempo era preenchido com vários tipos de atividades ocupacionais (Guerra, 2004).

A figura do louco fazia parte do bolsão de marginalizados, ainda nesta época não havia um lugar específico para a loucura. Partindo deste princípio, o trabalho como atividade ocupacional para os loucos e também outros excluídos não surgiu no âmbito da psiquiatria, mas sim no campo da assistência e da polícia, o que trouxe grande fracasso não só em termos sociais, mas também econômicos. É importante lembrar que o trabalho era obrigatório e não remunerado, o que gerava uma série de conseqüências para as comunidades no entorno destas "casas", dentre elas o desemprego. O processo funcionava como um ciclo, o trabalho gratuito dos loucos e de outros marginalizados gerava desemprego e mendicância ao redor das "casas" correcionais, alimentando-as, assim, com mais mão de obra e mais internos.

Com as mudanças ocorridas na Europa no final do século XVIII, principalmente com o contexto ideológico francês de contestação, Pinel surge com uma série de críticas à atenção que se dava aos loucos. Uma delas a necessidade de um lugar específico para alojar os loucos, o manicômio. É neste contexto de confinamento e separação da loucura que a psiquiatria ganha um novo status, rodeado de

250 RITA DE CÁSSIA ANDRADE MARTINS

cientificismo, na busca de uma verdadeira função terapêutica e curativa dos fenômenos da loucura. Com o fechamento dos grandes hospitais gerais, emblemáticos da lógica do desvio social, a psiquiatria se instala como detentora do saber sobre a loucura e sua terapêutica.

Com o discurso cientificista e a prática moralista, a psiquiatria associa a loucura à patologia. A doença do louco é da ordem da "desrazão", sendo assim seu tratamento é aproximá-lo da normalidade, ou seja, daquilo que a sociedade considera normal. Surge então o chamado tratamento moral, onde o hospital é o local por excelência responsável pela organização do tratamento do doente, e o médico é a sua autoridade máxima.

Mais uma vez o trabalho aparece como prática no processo que envolve o lidar com a loucura. Desta vez o trabalho contribuirá para correção dos desvios e o afastamento da loucura, reaproximando o doente da razão através da normatização. O trabalho mecânico aparece inserido entre a ciência e a moral, de acordo com a terapêutica recomendada pelo médico, num processo legitimador da nova ciência psiquiátrica.

O louco aparece como objeto do médico, não há lugar para ele no campo da autonomia. Por ser incapaz de fazer suas próprias escolhas e decidir sobre sua própria vida, o médico tem o dever de atribuir ao louco suas atividades e impor regras ao seu mundo desorganizado e desarrazoado. O médico decide, o louco executa, não há vez nem voz. A palavra é do médico.

Já o final do século XX é marcado por grandes mudanças e questionamentos sobre a concepção da loucura e do louco. Se o século XVII foi marcado pelas grandes casas correcionais e o final do século XVIII pelos manicômios, o século XX será marcado pela Reforma Psiquiátrica, o paradigma psiquiátrico agora é substituído por um novo paradigma: a Saúde Mental.

Nesta época, alguns estudiosos de grupos fizeram intervenções em hospitais psiquiátricos, "*Movimentos como as Comunidades Terapêuticas na Inglaterra, a Psicoterapia Institucional na Fran-*

SAÚDE MENTAL E ECONOMIA SOLIDÁRIA: CONSTRUÇÃO DEMOCRÁTICA E PARTICIPATIVA DE ... **251**

ça e a Psiquiatria Comunitária nos EUA fundaram críticas internas ao aparato asilar psiquiátrico, buscando, em alguns casos, retomada do vínculo sociofamiliar e comunitário" dos internos (Guerra, 2004:30). Neste momento o louco entra em cena de forma ativa na discussão sobre a loucura e seu tratamento.

Contudo, foi na Itália que surgiram as grandes inovações no campo do cuidado, em especial nas intervenções realizadas por meio do trabalho. Os italianos trazem uma nova lógica pela qual suas ações têm como base práticas e discursos mais políticos que clínicos, as atividades no plano do trabalho são organizadas de forma inédita. São criadas estratégias inclusivas com a participação social, caracterizadas por respostas criativas e inventivas às demandas sociais de ortopedia mental; surge um grande questionamento sobre uso do trabalho (ergoterapia/laborterapia) para manter os internos ocupados ou para explorar sua mão de obra. O trabalho passa a ser pensado a partir das demandas que surgem do contato com o social, a partir da convivência do louco com a realidade fora do ambiente asilar e excludente; a noção de "terapêutico" passa por metamorfoses ideológico-conceituais, da idéia (pineliana) originária de se "curar a doença mental", passando pelo conceito de "promoção da saúde mental" (psiquiatria comunitária), até chegar à noção de "ampliação das possibilidades de trocas na vida pública", associando o caráter político ao clínico com a psiquiatria democrática. Dessa forma, rompe com a base ergoterápica de utilização moral e educativa da atividade e do trabalho dentro do hospital, passando a tocar o território econômico e vivo no qual realmente se dão as trocas sociais (Guerra, 2004:31).

Segundo Amarante (1994), no Brasil o registro mais antigo de internação psiquiátrica data do início do século XIX. O marco da institucionalização da loucura no país foi a inauguração do hospício "Imperador Pedro II", em 1852. Como podemos notar, o contexto nacional não se distancia do contexto do colonizador europeu, onde as práticas são guiadas pelo confinamento e pela exclusão (Amaral, 2006).

Até metade do século XX, o louco era mandado exclusivamente para os manicômios; somente no final do século passado, impulsionadas pelas lutas e reivindicações do movimento social, que novas formas de cuidado redirecionaram a assistência ao louco. O hospital dá lugar aos serviços descentralizados de atenção psicossocial, de base comunitária e com duas grandes premissas: a inclusão social e o cuidado em liberdade. A figura central do médico abre espaço para equipes formadas por diferentes profissionais (psicólogos, terapeutas ocupacionais, enfermeiros, assistentes sociais, artesãos). A lógica do cuidado do louco exclusiva e restrita ao campo da saúde é ampliada e começa a contagiar outros setores da sociedade. Os campos do trabalho, da cultura, entre outras práticas sociais, econômicas e políticas, agregam o cenário de mudança. Se a voz do louco era suprimida pela autoridade médica, o esforço passa a ser em trazer o louco ao protagonismo do processo.

Mais uma vez o trabalho aparece. Contudo, seu papel agora é possibilitar o acesso à autonomia, à emancipação e à cidadania. Atualmente as iniciativas de geração de trabalho e renda fazem parte do processo de reabilitação psicossocial do usuário do serviço de saúde mental. Estas experiências carregam uma série de características importantes, entre elas a participação de pessoas da comunidade, ampliando assim a possibilidade de ressocialização dos usuários; o incentivo à autogestão e a participação democrática, construindo aos poucos, junto com os usuários, a autonomia e o protagonismo dentro e fora dos empreendimentos; o aprimoramento das habilidades profissionais, trazendo aos usuários e construindo junto com eles novas possibilidades de inserção social e descobertas pessoais; a articulação com outros setores, já que o mercado exige qualidade e compromisso, com os empreendimentos dos usuários da saúde mental não seria diferente; e, para não alongar muito, a possibilidade de ganho econômico real para todos os participantes.

Atualmente a inserção pelo trabalho faz parte do conjunto de políticas públicas de Saúde Mental do estado brasileiro. A seguir, apresentaremos como esta política tem sido construída a várias mãos.

A história continua: primeiros passos para a construção de uma política pública

Em setembro de 2004, a Área Técnica de Saúde Mental do Ministério da Saúde iniciou o mapeamento das experiências de geração de trabalho e renda que tinham como público alvo os usuários dos serviços públicos de saúde mental. Os Caps serviram como primeira estratégia para a realização do mapeamento, para os quais foram enviados questionários solicitando que informassem ao Ministério qualquer iniciativa de geração de trabalho e renda envolvendo seus usuários. Os gestores de saúde mental municipais e estaduais também contribuíram com informações sobre suas localidades.

A primeira fase do mapeamento compreendeu os meses de setembro a novembro, sendo interrompida para a realização da "Oficina Nacional de Experiências de Geração de Trabalho e Renda de Usuários de Saúde Mental"[39]. A Oficina teve como objetivo reunir projetos formais e informais nesta área para delinear seus primeiros consensos. O evento aconteceu na Universidade de Brasília, em parceria com a Secretaria Nacional de Economia Solidária, e teve como participantes 78 iniciativas vindas de diferentes regiões do Brasil, representadas por técnicos, coordenadores municipais e estaduais e alguns usuários e familiares. Nesta ocasião foram elaboradas propostas para a construção de uma política pública para subsidiar as ações de interface entre a saúde mental e a economia solidária. Uma das propostas foi a criação de um grupo de trabalho interministerial, com a participação de representantes da sociedade civil e do poder público. Também foi sugerido um grupo de discussão via internet para esclarecimento de dúvidas, bem como troca de experiências e informações.

---

[39] Vide a publicação *Saúde mental e economia solidária: inclusão social pelo trabalho*, publicada em 2005 pelo Ministério da Saúde, que traz este evento na íntegra.

Atualmente o Ministério da Saúde tem mapeadas mais de 200 experiências, o que possibilita traçar um perfil destes projetos. A maioria nasceu dentro dos serviços de saúde mental como parte das ações de reabilitação psicossocial de seus usuários. Esse limiar entre o que é espaço terapêutico e o que é espaço de geração de renda tem sido demarcado principalmente através das trocas com atores do campo da economia solidária.

Algumas exigências que o mercado impõe trouxeram formas de regulação entre os dois campos, uma delas, por exemplo, é a exigência de qualidade da produção. Se agora o pleito é vender o produto e não vender a loucura, algumas mudanças precisam ser feitas. Com isso, surgem outras exigências: a regularidade da produção, o compromisso com os clientes, a responsabilidade com a entrega e com a venda do que é produzido e, o principal, "a remuneração". O trabalho remunerado é um divisor de águas na história entre a loucura e o trabalho; antes compulsório e alienante, agora o dinheiro aparece como moeda de trocas no mundo real e concreto do trabalho na sociedade, muitas vezes mediando e possibilitando trocas subjetivas e relações sociais.

Dentro do mapa que vem sendo desenhado, temos alguns grupos de geração de renda que conseguiram se organizar em cooperativas e associações, outros estão em vias de se tornar empreendimentos. A maior dificuldade tem surgido na fase de formação desses empreendimentos e, logo em seguida, em sua emancipação dos serviços de saúde. Observamos que os empreendimentos são muito frágeis, precisam de apoios constantes. A economia solidária tem auxiliado bastante na organização dos grupos. Neste cenário, as incubadoras tecnológicas de cooperativas populares (ITCPs) têm se destacado, bem como as delegacias regionais do trabalho (DRTs) e os fóruns de economia solidária. Uma discussão mais aprofundada sobre as iniciativas de geração de trabalho e renda em saúde mental será objeto de análise de outro ensaio que já está em processo de elaboração.

O Grupo de Trabalho

A política de saúde do SUS – Sistema Único de Saúde - traz como uma de suas diretrizes a participação dos usuários do sistema de forma ativa no controle e na elaboração das políticas públicas. A gestão participativa no SUS contribui para a ampliação da cidadania, identificando o usuário como pessoa de direitos e deveres, não restringindo sua participação na saúde pública brasileira ao consumo de bens e serviços oferecidos pelo sistema. Com os usuários da Rede Pública de Saúde Mental não poderia ser diferente, assim a Política Nacional de Saúde Mental do Ministério da Saúde foi construída e vem sendo aprimorada através de espaços e dispositivos de gestão participativa, com usuários, profissionais da rede e gestores.

Neste sentido, uma das deliberações da Oficina Nacional de Experiências de Geração de Renda e Trabalho de Usuários de Saúde Mental foi a criação do Grupo de Trabalho Interministerial Saúde Mental e Economia Solidária (GT)[40], que tem como objetivo discutir e implementar as ações voltadas para inclusão produtiva das pessoas que precisam de cuidados em saúde mental. O grupo é constituído por pessoas dos dois movimentos, Saúde Mental e Economia Solidária, com representantes do governo e da sociedade civil.

O processo de escolha dos componentes do GT durou por volta de cinco meses. Cada um dos representantes foi escolhido e indicado por seus coletivos de origem. O grupo de discussão criado na internet, a partir da Oficina realizada em 2004, foi uma importante ferramenta em todo este processo: desde os critérios para as candidaturas, passando pela indicação dos candidatos, até a sua escolha final. Àqueles que não tinham acesso à internet foi recomendado que as mensagens fossem expostas nos murais dos serviços, bem como apresentadas nas reuniões e assembléias aos usuários, técnicos e familiares. No caso do representante dos usuários o Grupo propôs que os cinco candidatos finais formassem um coletivo para trabalhar conjuntamente com o candidato eleito para integrar o GT.

---

[40] Instituído pela Portaria GM n° 353, de 7 de março de 2005.

256   RITA DE CÁSSIA ANDRADE MARTINS

Além das representações instituídas pela portaria, a Coordenação de Saúde Mental do Ministério da Saúde convidou Fernanda Nicácio, professora da Universidade de São Paulo. Também foram convidados três consultores jurídicos: Alex Zitei (Santo André-SP), Eduardo Harder (Curitiba-PR) e Geraldo Amarante da Costa (Campinas-SP).

Em 2005 o GT reuniu-se duas vezes (junho e agosto), além de um encontro sobre legislação, com a participação de parte dos componentes do Grupo e dos consultores jurídicos. Além das reuniões presenciais, o GT desenvolveu discussões via internet. Em fevereiro de 2006 o Grupo realizou uma reunião final para conclusão e avaliação de suas atividades durante os seus seis meses de trabalho.

Os trabalhos do Grupo foram estruturados a partir de quatro eixos, de acordo com as atribuições do GT expostas em portaria, bem como com as propostas elaboradas durante a Oficina de Geração de Renda e Trabalho dos Usuários de Serviços de Saúde Mental.

Seguem os quatro eixos:

Mapeamento, Articulação, Divulgação, Redes de Comercialização e Produção;

Formação, Capacitação, Assessoria e Incubagem;

Financiamento;

Legislação.

Cada um dos quatro eixos contribui de alguma forma com o plano de metas para a construção de uma política pública para a efetiva reabilitação social e econômica dos usuários de saúde mental. Dentro do primeiro eixo podemos destacar o mapeamento das iniciativas de geração de trabalho e renda em saúde mental, bem como a criação de um cadastro que reúne as diversas experiências em andamento em todo país, o que possibilita o acompanhamento paulatino da implementação da política. O mapeamento também é importantíssimo para subsidiar a promoção de parcerias e articulações para as ações de incremento das iniciativas, já que através dele sabemos onde cada um dos grupos precisa de maior investimento. Podemos citar dois processos importantes para o sucesso dos grupos de geração de trabalho e renda: a comercialização e a qualidade da produção.

Ainda no primeiro eixo aparecem a divulgação e a articulação. Dentro destas ações podemos destacar a aproximação com os gestores de políticas públicas de saúde mental e a rede de gestores públicos da economia solidária, bem como dos fóruns locais de economia solidária, e a participação dos usuários de saúde mental na Campanha Nacional de Economia Solidária[41], que tem sido utilizada largamente para a sensibilização dos grupos de geração de renda formados pelos usuários.

O segundo eixo traz a formação, a capacitação, a assessoria e a incubagem. No campo da formação e da capacitação foi realizada a Turma Nacional de Formação em Economia Solidária para Gestores da Saúde Mental, que reuniu representantes de 40 municípios, durante uma semana de intensos trabalhos. Falaremos com mais detalhes desta experiência no próximo capítulo.

Dentro de assessoria e incubagem podemos citar uma importante articulação, pela qual o Ministério da Saúde foi convidado a participar do comitê gestor do PRONINC (Programa Nacional de Incubadoras), coordenado pela Secretaria Nacional de Economia Solidária. Outra ação que se destaca é o convênio celebrado entre a Incubadora Tecnológica de Cooperativas Populares da Universidade Federal do Rio de Janeiro e o Ministério da Saúde para criação de um projeto piloto chamado "Saúde Mental: a formação de uma rede de oportunidades", que apresentará como produto a sistematização de todo o processo, bem como da metodologia desenvolvida e aplicada.

O terceiro eixo propõe discutir o financiamento destas iniciativas. Em julho de 2005 foi publicada a portaria 1169 que institui incentivo financeiro para municípios que investem em projetos de inclusão social pelo trabalho. Atualmente 23 municípios já foram contemplados com o recurso.

---

[41] A campanha pode ser acessada pela página eletrônica do Fórum Brasileiro de Economia Solidária: www.fbes.org.br.

258 RITA DE CÁSSIA ANDRADE MARTINS

Por fim, o quarto eixo que debate sobre a legislação neste campo. Várias questões surgem neste ponto, uma delas é a perda de benefícios sociais, como a aposentadoria por invalidez. Outra seria a forma jurídica dada aos empreendimentos da saúde mental, já que a clientela é vista pela lei como incapaz e inválida. Podemos destacar as discussões em torno da lei de cooperativas sociais, que sofreu uma série de vetos, impossibilitando sua efetiva implementação.

O GT entregou seu relatório final em cerimônia realizada em Brasília no mês de março de 2006. Apesar de oficialmente encerrado, o GT continua seus trabalhos junto ao Programa de Saúde Mental e Economia Solidária.

A Turma Nacional

Partindo dos princípios da descentralização e da participação das três esferas do governo na construção e na implementação da política, o GT elaborou a proposta de uma turma de formação em economia solidária. Seguindo este caminho, em março de 2006, logo após a cerimônia de entrega do relatório final do GT, foi iniciada a aula inaugural da Turma Nacional de Formação em Economia Solidária. A turma foi composta por gestores públicos da saúde mental, representando 40 municípios de todas as regiões do país.

Os municípios foram escolhidos a partir do CIST – Cadastro de Iniciativas de Inclusão Social pelo Trabalho; alguns gestores das regiões Norte e Nordeste foram convidados para estimular o fomento de experiências em seus municípios.

O objetivo geral da turma foi capacitar gestores da saúde mental a fomentar, incrementar e apoiar iniciativas de inclusão social pelo trabalho, norteadas pela economia solidária, criando assim multiplicadores locais. Como objetivos específicos o programa da Turma previu a elaboração de um Plano de Ação Local para Inclusão Social pelo Trabalho Solidário em Saúde Mental e a criação de uma Rede Nacional de Saúde Mental e Economia Solidária.

SAÚDE MENTAL E ECONOMIA SOLIDÁRIA: CONSTRUÇÃO DEMOCRÁTICA E PARTICIPATIVA DE ... 259

Os participantes receberam todas as ferramentas necessárias para a elaboração dos Planos, desde um apanhado geral sobre a trajetória histórica da economia solidária no Brasil, passando por seus principais conceitos e por experiências de empreendimentos econômicos solidários formados por usuários da saúde mental, até a metodologia para a construção de um plano de ação local.

Umas das recomendações repassadas pelo GT aos gestores foi a criação de comissões intersetoriais para a discussão e a elaboração destas articulações locais para a inclusão produtiva dos usuários, de acordo com as possibilidades dos contextos locais. A Comissão Intersetorial[42] Saúde Mental (Secretaria de Saúde) e Economia Solidária (Secretaria de Trabalho e Emprego) seria de âmbito municipal ou intermunicipal e teria a participação paritária de gestores, trabalhadores, organizações de usuários, experiências de geração de renda e trabalho, universidades, incubadoras tecnológicas, organizações não-governamentais, movimentos sociais, em particular da luta antimanicomial e da economia solidária. As principais atribuições da Comissão seriam:

• Fomentar e incentivar as iniciativas de geração de renda e trabalho que visem à inclusão social e ativar parcerias para a produção de empreendimentos econômicos e solidários com a inserção de pessoas com transtornos mentais e/ou com transtornos decorrentes do uso de álcool e outras drogas, garantindo os recursos humanos e financeiros para seu pleno desenvolvimento;

• Criar e manter atualizado um banco de dados de experiências de geração de trabalho e renda com a inclusão de pessoas com transtornos mentais e/ou com transtornos decorrentes do uso de álcool e outras drogas;

• Promover a divulgação das experiências;

• Promover a criação de espaços de formação de usuários, trabalhadores, gestores, pessoas e instituições da comunidade, dentre os quais a formação de multiplicadores em economia solidária e a qualificação profissional;

---

[42] Vide Relatório Final do Grupo de Trabalho Interministerial Saúde Mental e Economia Solidária, instituído pela PT GM n°353/2005.

- Participar dos Fóruns de Economia Solidária;
- Incentivar a incubação de novos empreendimentos solidários de inclusão
- Promover o debate público sobre a inserção das pessoas em situação de desvantagem no universo do trabalho na perspectiva da economia solidária e, em particular, das pessoas com transtornos mentais e/ou com transtornos decorrentes do uso de álcool e outras drogas.

Uma equipe de tutores tem acompanhado a elaboração do produto final dos participantes através de grupos eletrônicos criados na internet. A equipe tutorial é formada por um subgrupo do GT Interministerial Saúde Mental e Economia Solidária, sendo que cada um dos tutores ficou responsável pela supervisão de oito alunos, devendo submeter seus trabalhos ao coletivo que compõe o GT.

A entrega oficial dos planos pelos prefeitos ou secretários de saúde está prevista para o final do ano de 2006. Durante esta primeira fase da Turma pelo menos 10 municípios não conseguirão finalizar seus planos. Diversos problemas foram identificados, desde a falta de técnicos para a elaboração do documento, até mudanças políticas locais.

Os municípios que terminarem esta primeira etapa estarão automaticamente inscritos para a segunda fase dos trabalhos. Esta fase consistirá no acompanhamento da implementação do plano. Será feito um monitoramento via internet, onde um sistema construído pela ITCP/COPPE/UFRJ fará o acompanhamento diário dos grupos de produção. Estão previstos também encontros presenciais com aulas de cidadania e direitos, introdução à informática e aulas sobre temas relativos ao dia-a-dia de um empreendimento, tais como: qualidade do produto, comercialização, atendimento ao cliente, marketing, entre outros. O público alvo desses encontros será formado por usuários participantes de grupos de geração de trabalho e renda, técnicos e familiares.

Todo o percurso do tutorial tem sido registrado para aperfeiçoamento da metodologia, bem como sua replicação se necessária.

Considerações finais

De acordo com a III Conferência de Nacional de Saúde Mental[43], o processo de Reforma Psiquiátrica requer a implementação de políticas públicas que garantam e consolidem a criação de Programas de Geração de Renda e Trabalho e de Cooperativas e Associações de Usuários. A criação do projeto de Inclusão Social pelo Trabalho visa a implementação destas diretrizes através de dispositivos de gestão participativa.

A opção pela economia solidária não é por acaso: os usuários de saúde mental, que agora são trabalhadores solidários, estão conseguindo não só apoio para suas incursões no mundo social e comunitário, como também, para suas participações nas decisões e na gestão de suas próprias vidas. Uma prática que incentiva a autogestão, a justiça social, o trabalho coletivo e as relações solidárias, além de propiciar um caminho de inclusão social para as populações que estão em desvantagem econômica.

Não podemos esquecer que grande parte das pessoas que precisam de cuidados em saúde metal sofrem demasiadamente com a exclusão e com a idéia hegemônica de que são incapazes. Esta idéia leva, conseqüentemente, à falsa necessidade de tutela e proteção. A autogestão é um dos caminhos para a resolução deste impasse.

Neste sentido, o governo federal vem construindo uma política pública de interface entre a saúde mental e a economia solidária, de acordo com as premissas das políticas de saúde do SUS. A gestão participativa se configura como importante ferramenta nesta construção, confluindo ideários da economia solidária e da saúde mental.

---

[43] Ocorrida em Brasília, 2001.

Referências

Amaral, M. C. M. (2006).*Narrativas de reforma psiquiátrica e cidadania no Distrito Federal.* Brasília. Dissertação (mestrado) – Universidade de Brasília.

Brasil. MS/DAPE/SAS (2005). *Saúde mental e economia solidária: inclusão social pelo trabalho.* Brasília: Ed MS.

Brasil. Ministério da Saúde/ Conselho Nacional de Saúde (2005). 12ª Conferência Nacional de Saúde: Conferência Sérgio Arouca, 7 a 11 de dezembro de 2003: relatório final. Brasília: Ministério da Saúde.

Brasil. Ministério da Saúde/ Conselho Nacional de Saúde (2002). III Conferência Nacional de Saúde Mental, 11 a 15 de dezembro de 2001: relatório final. Brasília: Ministério da Saúde.

Guerra, A M. C. (2004). *Oficinas em saúde mental: percurso de uma história, fundamentos de uma prática.* In: Costa, C. M & Figueiredo, A. C. P.23-59. Rio de Janeiro: Contra Capa Livraria.

Guimarães, G; Schwengber, A (ORG) (2004).. *Diretrizes para políticas públicas de economia solidária: a contribuição dos gestores públicos.* Promoção: Rede de Gestores de Políticas Públicas de Economia Solidária. Rio de Janeiro: ITCP/COPPE/UFRJ.

Mance, E. A. (2000). *A revolução das redes: a colaboração solidária como alternativa pós-capitalista à globalização atual.* Petrópolis, RJ: Ed Vozes.

Nicácio, F. (1994). *O processo de transformação da saúde mental em Santos: desconstrução de saberes institucionais e cultura.* Mestrado em ciências sociais. São Paulo: PUC.

Pitta, A (org) (2001). *Reabilitação psicossocial no Brasil* São Paulo: Editora Hucitec.

Singer, P. (2002). *Introdução à economia solidária.* São Paulo: Ed Fundação Perseu Abramo.

Sítios na internet:

www.saude.gov.br

www.mte.gov.br

www.fbes.gov.br

www.cooperativismopopular.ufrj.br

O GT Interministerial Saúde Mental e Economia Solidária no Fórum Brasileiro de Economia Solidária

Oscarina Camillo[44]

Resumo

Esta apresentação no II Congresso Brasileiro de Psicologia – Ciência e Profissão: Enfrentando as Dívidas Históricas da Sociedade Brasileira, descreve a construção do Fórum Brasileiro de Economia Solidária (FBES), no eixo Psicologia e Economia Solidária: Desafios e Possibilidades, no simpósio **"Saúde Mental e Economia**

---

[44]Psicóloga cooperada da Coop Mútua-Ação – Cooperativa de Psicologia e representante do Fórum Brasileiro de Economia Solidária no GT Interministerial Saúde Mental e Economia Solidária.

264 Oscarina Camillo

Solidária: Inclusão Social pelo Trabalho", que teve o objetivo de contextualizar a formação da economia solidária no Brasil, apresentar relatos de experiências de empreendimentos solidários na Saúde Mental e os fundamentos da Reforma Psiquiátrica e inserção no trabalho.

Palavras-chave: economia solidária, saúde mental, inclusão social, trabalho associado, empreendimento solidário.

Segue a transcrição da fala durante o evento:

"Bom dia a todas e a todos. Agradeço a organização pela oportunidade de estar nessa mesa. Sou cooperada da Mútua-Ação – Cooperativa de Psicologia e represento os empreendimentos do Fórum Brasileiro de Economia Solidária (FBES) no GT, conforme anunciou a Rita.

Falarei um pouco sobre o FBES como uma instância de organização do movimento da economia solidária (ES), que vem de uma trajetória de discussões, que tem um tempo; e vou resumir essa trajetória fazendo uma linha do tempo.

Essa cronologia do Fórum Brasileiro inicia a partir de discussões no Fórum Social Mundial (FSM), com a constituição de um GT Brasileiro[45], que sistematizou o acúmulo do que seria a ES no Brasil. A partir daí tivemos várias plenárias para construir uma plataforma, uma carta de princípios da ES e, ao final de 2002, o GT deparou-se com a vitória de Luis Inácio Lula da Silva e produziu um documento 'A carta ao governo Lula'.[46]

Às vésperas da terceira plenária, em Junho de 2003, tivemos a criação da SENAES – Secretaria Nacional de Economia Solidária e a instalação do Fórum Brasileiro de Economia Solidária (FBES) para dar organicidade e propor políticas públicas para o movimento.

Em 2004 aconteceram vários eventos em que os empreendimentos solidários do FBES se mostraram em diferentes espaços: a

---

[45] Grupo de Trabalho Brasileiro da Economia Solidária, criado em 2001 para articular a participação nacional e das redes internacionais da economia solidária no I FSM.

[46] Carta indicando diretrizes gerais para o desenvolvimento da economia solidária e pleiteando a criação da Secretaria Nacional de Economia Solidária.

realização do I Encontro Nacional dos Empreendimentos da Economia Solidária que foi um marco importante para o movimento de ES, reunindo mais de 2 mil pessoas em Brasília; a participação na URBIS e I Conferência Internacional e Mostra de Tecnologia Social em São Paulo[47].

Já em 2005, a ES ocupou um espaço específico dentro do V FSM, e como o Jorge pontuou na sua fala, com a participação de uma cadeia de empreendimentos produzindo as bolsas desse evento internacional. Também em 2005 aconteceu o I Encontro Ibero-americano de Cooperativas, em Caracas. Nesse evento discutiu-se a criação de redes ibero-americanas para os diferentes eixos da ES, como finanças solidárias, comunicação, produção e comercialização, dentre outros.

No Fórum das Américas de 2006, em Caracas, esses contatos foram estreitados e alguns meses depois o Banco Palmas de Fortaleza organizou um seminário, com a participação do Ministro da Economia Solidária da Venezuela facilitando o intercâmbio de tecnologias sobre finanças solidárias, moeda social, trocas solidárias. Pudemos perceber que além de avançar no acúmulo da plataforma da ES, o movimento tem mostrado a potencialidade de formação de redes intercontinentais tanto como rede de trocas de tecnologias sociais como de comercialização, evidenciando a força e a organização do trabalho associado no Brasil.

Consideramos pontos fundamentais para o movimento no que se refere à articulação, seja a forma como o movimento está hoje no processo de interlocução com o governo, na negociação para fora; seja o fortalecimento, a visibilidade, a identidade dos empreendimentos para dentro dos territórios com a divulgação pelas feiras de ES que têm ocorrido no Brasil.[48]

Vimos, ao longo desse processo, a preparação dos grupos a partir do fortalecimento dos fóruns estaduais e regionais, habilitando-

---

[47] Informações detalhadas podem ser obtidas consultando o sítio do FBES: www.fbes.org.br.

[48] Programa Nacional de Feiras de Economia Solidária.

se para articular com o Estado, com o poder público, a fim de dar conta das necessidades locais, propondo estratégias para a sustentabilidade do movimento. Alguns desafios se colocam, especialmente a questão do marco legal, que envolve uma série de problemas, como os tributos, as dificuldades para formalização jurídica, as compras estatais. Para exemplificar, existe o PL 171/99 que afeta diretamente os pequenos empreendimentos no que se refere à sua permanência frente às exigências colocadas num artigo que praticamente transpõe artigos da CLT (Consolidação das Leis do Trabalho) para dentro das cooperativas; dos pequenos empreendimentos solidários além dos grupos informais que trabalham de forma associada.

Dentro disso, a realização da I Conferência Nacional de Economia Solidária (I CONAES), em junho de 2006, consolidou a necessidade de criação do estatuto da economia solidária, dando a consistência para o acúmulo construído pelo movimento, na ação conjunta SENAES e FBES. E, reforçando o que Jorge Pacheco pontuou na sua fala, já com a participação de empreendimentos da saúde mental. Silvia Mendes e eu estivemos na conferência e acompanhamos as discussões nos grupos, além de fazer contatos com técnicos e usuários dos serviços que também participaram da conferência. Percebemos que muitas realidades têm sido influenciadas de forma positiva pela ES, tanto no que se refere aos seus princípios e diretrizes, quanto às oportunidades que têm sido criadas. Assim, a organização dos fóruns estaduais e toda a preparação para a I CONAES possibilitaram um debate enriquecedor e propositivo para as políticas públicas demandadas pelo movimento, incluindo a saúde mental.

Aqui vou pontuar alguns itens relativos à saúde mental apresentados no documento base da conferência e reforçados pelos participantes durante as plenárias.[49] No Eixo I parágrafo 4, as cooperativas sociais estão situadas dentre as manifestações da ES como uma das formas de organização do trabalho para pessoas em situação de desvantagem social, dentre elas as pessoas com deficiência e com

---

[49] Conforme Documento Base da I Conferência Nacional de Economia Solidária, 2006.

transtorno mental; no item Marco Jurídico parágrafo 4, o texto diz:

'Revisão da legislação previdenciária que impede aos beneficiários de BPC (benefício de prestação continuada), a participação em cooperativas' Da mesma forma que se propôs também *'articular ações entre saúde do trabalhador e saúde mental e trabalho. Promover seminários temáticos entre a saúde do trabalhador e saúde mental e trabalho para o estabelecimento de pautas de discussão e desenvolvimento de ações conjuntas na ES'.*

Percebemos assim que a saúde mental na economia solidária como estratégia para inclusão social pelo trabalho, foi pautada e discutida nas várias conferências locais, micro e macrorregionais e estaduais, preparatórias para a Conferência Nacional. Pudemos observar que essas contribuições possibilitaram a ampliação do debate e a elaboração de propostas em muitos grupos de trabalho, o que viabilizou a aprovação das emendas aditivas nas plenárias. Aqui, salientamos a incorporação de um parágrafo específico da saúde mental no eixo III, no item que trata sobre a institucionalidade da política de ES, com a proposição de que

'as políticas municipais de saúde mental e economia solidária deverão observar as orientações e diretrizes constantes do relatório final do GTI Saúde Mental e Economia Solidária instituído pela Portaria interministerial 353 de 07/03/2005 que estabelece estratégias para o desenvolvimento de geração de trabalho e renda junto aos serviços de saúde mental de acordo com os princípios da ES.'

Além disso, entendemos a importância de salientar alguns pontos do documento base que suscitaram maiores debates; por exemplo, as expressões 'direitos trabalhistas' e 'salário mínimo', de cunho capitalista, do Marco Jurídico, parágrafo 53, que tiveram espaço de discussão no grupo temático 'Direitos Trabalhistas e Cooperativismo', em que as falas provocativas aconteceram no sentido de promover a reflexão sobre esses termos, que numa certa medida podem remeter ao vínculo empregatício e relações assalariadas e de subordinação ao capital, consideradas incompatíveis nas relações de trabalho associado, dentre outros.

A Conferência Nacional foi uma etapa importante na construção da sociedade que queremos, e situada como estratégia e política de desenvolvimento atinge outro patamar que vai além de alternativa para populações vulneráveis e pessoas em situação de desvantagem.

Nesse sentido, o movimento da ES demonstrou o amadurecimento político construído ao longo dos últimos anos, com a criação da SENAES, com o fortalecimento do FBES e do movimento de ES que incorporaram na sua agenda de ações e atividades, a discussão da saúde mental e economia solidária como estratégia de inclusão social pelo trabalho.

Para finalizar, falar de economia solidária é falar do significado do trabalho associado, é falar sobre o trabalho a partir das pessoas que o produzem. Certamente a centralidade no humano como opção política, constrói uma sociedade melhor. Obrigada."

Referências

Do Fórum Social Mundial ao Fórum Brasileiro de Economia Solidária – Uma publicação do Grupo de Trabalho Brasileiro de Economia Solidária/FSM (2004).

Documento Base da I Conferência Nacional de Economia Solidária (06/ 2006).

Sites da Internet:

www.fbes.org.br

www.sies.mte.gov.br

www.mte.gov.br